# Cours d'Harmonie

## pratique et raisonné

suivi d'un abrégé historique des développements
de cette science à travers les siècles

par

**Daniel Fleuret**

**Professeur au Conservatoire national de Musique.**

> A proprement parler, il n'y a dans toute la musique que deux accords fondamentaux: l'accord dissonant de septième et l'accord parfait harmonique; tous les autres peuvent s'y ramener.
>
> *(Le monde comme volonté et comme représentation.)* SCHOPENHAUER.

**Prix: net 6 fr.**

**JANIN FRÈRES, Éditeurs,**
**Lyon, 10, rue Président-Carnot.**

Imp. C. G. Röder, Paris.

A Monsieur **A. Savard**

**Directeur du Conservatoire National de Musique de Lyon**

---

Vous avez bien voulu accepter la dédicace de cet ouvrage, je vous en remercie. C'est là une preuve nouvelle de l'intérêt que vous portez au Conservatoire et en particulier aux classes d'Harmonie. Votre nom est célèbre dans l'histoire de l'Harmonie et vous avez hérité des dons précieux de votre regretté père.

Les Ouvrages didactiques laissés par lui feront toujours loi: aussi n'est-ce point un nouveau Traité d'Harmonie que j'entreprends de publier. Comme le titre l'indique, c'est le résumé du Cours qui m'a été confié et que je professe au Conservatoire de Lyon.

Les élèves sont parfois des enfants terribles; ils demandent souvent à leur maître le pourquoi des choses et cherchent l'explication des phénomènes harmoniques sur lesquels la plupart des traités restent muets. Il faut avouer que l'enseignement de l'Harmonie est parfois bien empirique; on inculque à l'élève des règles inflexibles auxquelles il doit se soumettre sans raisonner. C'est un mode d'éducation déplorable, qui ne peut que le déconcerter, le décourager, et finalement le rebuter.

J'ai cherché à faire la synthèse de la science, à ramener les faits harmoniques à une grande loi, un principe directeur qui est le *maintien de l'unité tonale au milieu de la variété des effets harmoniques.* Toutes les règles émanent de cette cause première, ou sont dictées par la correction et l'élégance de l'écriture; car en musique, si l'oreille a un rôle prépondérant, l'œil a aussi son importance.

J'ai cherché à simplifier la classification des accords en les ramenant à trois accords types dont tous les autres ne sont que des transformations.

Enfin j'ai joint à ce Cours un abrégé historique des progrès et des transformations de l'Harmonie à travers les siècles. Un musicien ne doit pas plus ignorer l'histoire de son art qu'un Français l'histoire

*

de son pays. Malheureusement, la plupart des élèves méconnaissent le passé musical. L'art existe depuis longtemps, les formes seules ont varié.

Comment peut-on juger sainement l'œuvre des Beethoven et des Wagner, si l'on ignore celle de leurs devanciers, depuis les premiers essais des déchanteurs jusqu'aux combinaisons contrapuntiques les plus complexes des Bach et des Palestrina? Comment peut-on marcher sûrement vers l'avenir musical si l'on n'est pas soi-même fortement trempé par l'étude des anciens maîtres? Comment se former une idée exacte de l'œuvre si on ne se reporte pas à l'époque où elle à été écrite?

Mes efforts seront récompensés si je suis parvenu à éclairer l'élève dans l'étude de l'Harmonie qui est l'une des branches les plus importantes de la science musicale, et qui reste l'enseignement primaire s'adressant à tout compositeur.

**Daniel Fleuret.**

# Table des Matières

I



II



APPENDICE

# Cours d'Harmonie
## pratique et raisonné

# I
# Introduction
## Harmonie, tonalité, gammes, intervalles

1. L'Harmonie est la science qui enseigne à former et à enchaîner les combinaisons de sons nommées accords, conformément aux lois de la tonalité. Le mot harmonie (grec αρμονια: ajustement assemblage) désigne une superposition de sons. De là les dérivés: harmonique et harmoniquement. Le mot mélodie (grec μελος: chant) désigne au contraire une succession de sons, de là les dérivés: mélodique et mélodiquement.

2. On appelle également harmonie une succession d'accords.

3. L'harmonie est un art et une science: un art, car dans toute production musicale, l'idée mélodique se présente au compositeur toujours accompagnée des agrégations harmoniques qui viennent la rehausser et qui varient suivant les impressions de l'artiste, son goût personnel et une éducation approfondie. L'harmonie est une science, car il appartient au théoricien de chercher à saisir les différents phénomènes harmoniques, de les coordonner, enfin de les rattacher à des causes premières.

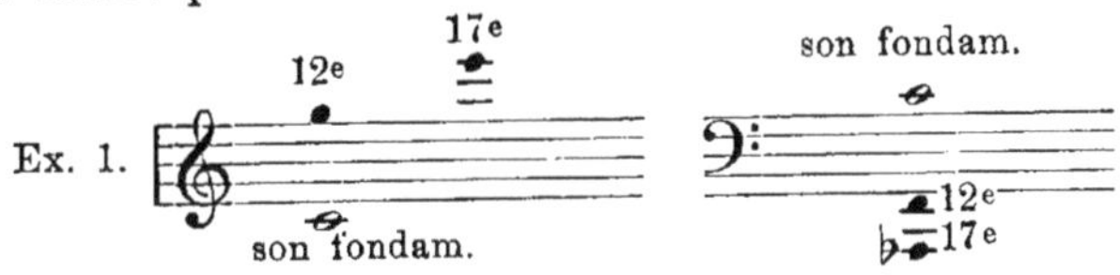


4. Et tout d'abord remarquons ceci: En principe, les accords ont une formation naturelle. Faites vibrer un corps sonore: à côté du son principal on entend d'autres sons plus faibles appelés harmoniques, qui sont — nous le verrons plus loin — dans un rapport de 12ème et de 17ème supérieures et inférieures du son générateur. Tous les autres accords sont formés symétriquement par rapport aux premiers ou ne sont que des modifications de ceux-ci. (1) [Ex. 1.]

5. Un traité d'harmonie n'est en somme que le résumé des principes auxquels ont obéi les compositeurs, principes dictés par la

(1) Cette théorie, pour les harmoniques inférieurs, est due à Hugo Riemann.

tonalité moderne, depuis trois siècles qu'elle s'est substituée à l'ancienne tonalité grégorienne.

6. La tonalité moderne repose sur une gamme dite diatonique, dans laquelle les notes se succèdent suivant un certain ordre par tons et demi-tons. Cette gamme a deux manières d'être: deux *modes*. Suivant la place qu'occupent les tons et les demi-tons le mode est *majeur* ou *mineur*. [Ex. 2.]

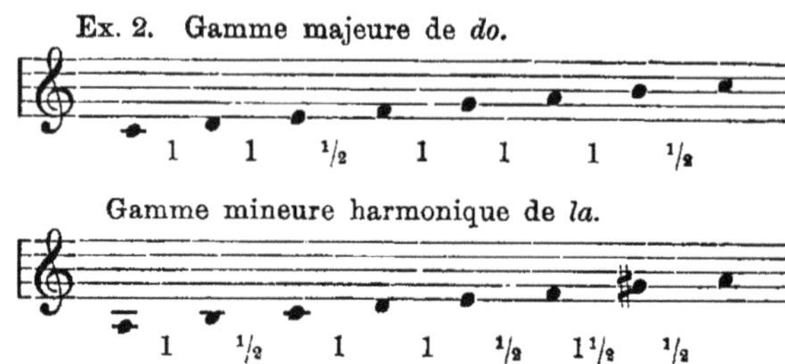


7. La gamme mineure peut se présenter sous deux formes:

1° Gamme harmonique dans laquelle l'altération de la note sensible est conservée en montant comme en descendant. [Ex. 2.]

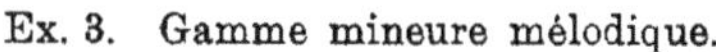
Ex. 3. Gamme mineure mélodique.

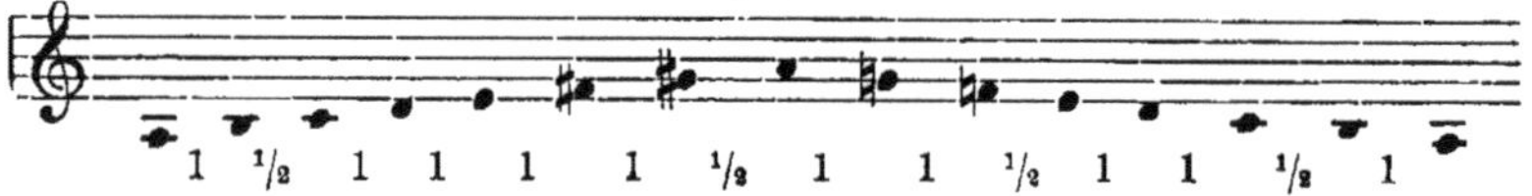


2° Gamme mélodique qui admet, mais seulement en montant, l'altération du sixième et du septième degré. [Ex. 3.]

8. En partageant chaque ton de la gamme diatonique en deux demi-tons, au moyen d'une altération, on obtient une nouvelle gamme nommée chromatique. [Ex. 4.]

Ex. 4. Gamme chromatique.

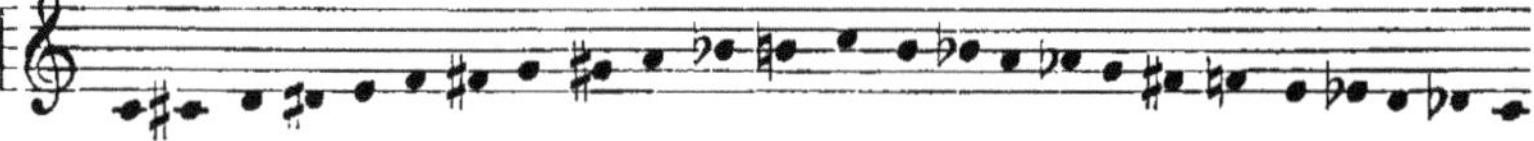

9. Enfin le progrés des instruments à clavier, pendant les siècles précédents, a donné naissance à une nouvelle gamme dite *tempérée*. La gamme tempérée procède du principe suivant: confondre le $\frac{1}{2}$ ton majeur et $\frac{1}{2}$ ton mineur et considérer comme identique le ♯ d'une note et le ♭ de la note suivante (Blaserna et Helmholtz: *Le son et la musique*). D'après ce principe deux sons comme ré ♭ et do ♯ qui au point de vue acoustique ne sont pas les mêmes ($\frac{1}{9}$ de ton de différence) se trouvent donc identifiés et réunis sur une seule et même touche du

clavier. Cette synonymie, cette similitude se nomme *Enharmonie* [Ex. 5].

Ex. 5. Gammes enharmoniques.

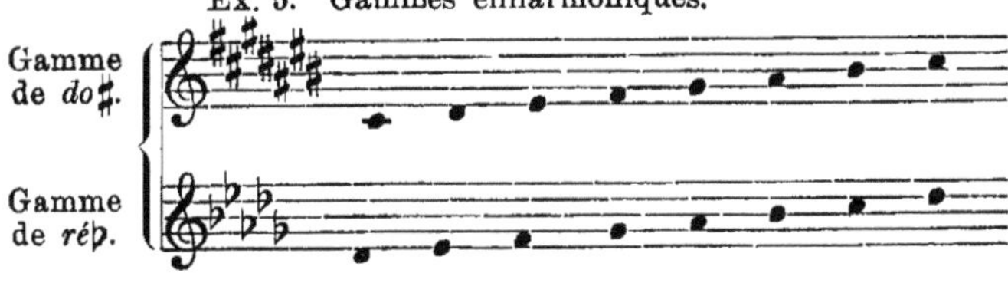


10. Les différentes gammes que nous venons d'exposer donnent naissance aux trois genres suivants: *diatonique*, *chromatique* et *enharmonique*.

La tonalité, dit justement Fétis, se forme de la collection des rapports nécessaires, successifs, ou simultanés des sons de la gamme.

11. Le caractère essentiel de la tonalité moderne réside en ce que certaines notes, certains degrés de la gamme donnent l'impression de repos et que d'autres au contraire, possédant un caractère attractif, donnent l'idée de mouvement. La première note de la gamme se nomme *Tonique*. C'est elle qui, son nom l'indique, donne le mieux la connaissance de la tonalité, et par suite, la sensation de repos. Le *cinquième* degré ou dominante est également une note de repos, non pas définitif, mais momentané. C'est, comme son nom l'indique, le degré le plus important d'une gamme avec la tonique. Ces deux degrés sont les deux notes initiales de chacun des deux *tétracordes* entre lesquels la gamme est divisée.

La tonique et la dominante sont les deux points d'appui de la gamme, la base de toute composition musicale. Le IV^ème^ degré (sous-dominante) suffisamment éloigné de la tonique peut donner l'idée de repos, mais d'un repos transitoire, moins assuré que la dominante.

De même le VI^ème^ degré (sus-dominante) possède, parfois, le caractère de repos, sans doute parce qu'il est la même note que la tonique du mineur relatif, ou bien encore parce qu'étant placé en mineur il peut être regardé comme le IV^ème^ degré du relatif majeur. — Le II^ème^ degré (sus-tonique) trop rapproché de la tonique ne peut être une note de repos, sauf s'il se présente par degré disjoint. Le III^ème^ degré (médiante) est placé à distance de 3^ce^ de la tonique et de la dominante et participe en quelque sorte de ces deux degrés. En effet le III^ème^ degré est un des harmoniques (17^ème^) de la tonique, considéré comme son fondamental; le second harmonique (12^ème^) n'est autre que la dominante. [Ex. 6.]

Ex. 6.

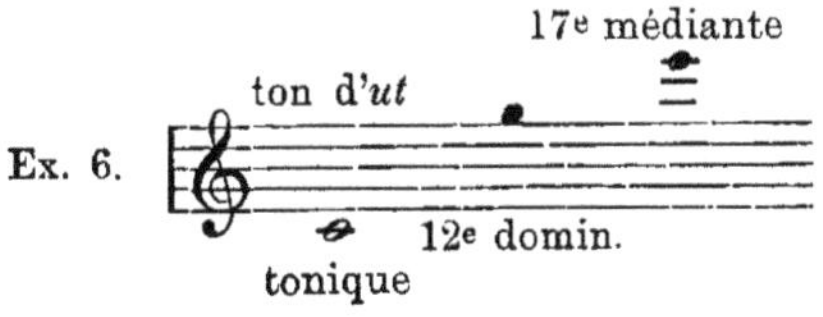

Le VIIème degré (note sensible) est tout à fait opposé au sentiment de repos et c'est là le caractère distinctif de la tonalité moderne. Prenez une gamme, supprimez la tonique qui se trouve répétée après le VIIème degré, et la gamme sera inachevée. Enlevez au chant la dernière note d'un morceau et le sens en sera tronqué, en quelque sorte décapité: c'est que la sensible fait pressentir la tonique, le VIIème degré amène après lui le Ier. De là un système tonal différent de l'ancien et qui donne naissance à une musique mouvementée, dramatique, passionnée: la musique moderne.

12. Le caractère de chaque degré nous amène à classer suivant leur importance les différentes notes de la gamme en trois catégories:

1° degrés de premier ordre = Ier et Vème
2° degrés de second ordre = IIème, IVème, VIème
3° degrés de troisième ordre = IIIème et VIIème

13. *Intervalles.* — On nomme intervalle la distance qui existe entre deux sons. L'intervalle se mesure d'après le nombre de notes qu'il renferme. L'intervalle est *mélodique* si les deux notes sont entendues séparément, *harmonique* si elles sont entendues simultanément. Les intervalles se mesurent généralement du grave à l'aigu. [Ex. 7.] Les intervalles tirent leur nom du nombre des notes qu'ils renferment.

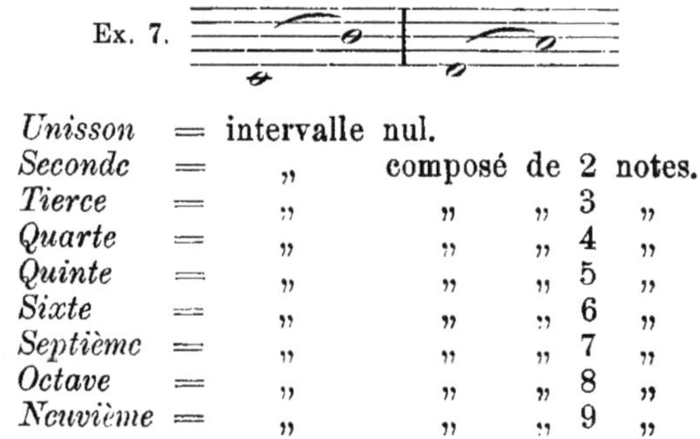


| | | | | | | |
|---|---|---|---|---|---|---|
| *Unisson* | = | intervalle nul. | | | | |
| *Seconde* | = | „ | composé | de | 2 | notes. |
| *Tierce* | = | „ | „ | „ | 3 | „ |
| *Quarte* | = | „ | „ | „ | 4 | „ |
| *Quinte* | = | „ | „ | „ | 5 | „ |
| *Sixte* | = | „ | „ | „ | 6 | „ |
| *Septième* | = | „ | „ | „ | 7 | „ |
| *Octave* | = | „ | „ | „ | 8 | „ |
| *Neuvième* | = | „ | „ | „ | 9 | „ |

Ex. 8.

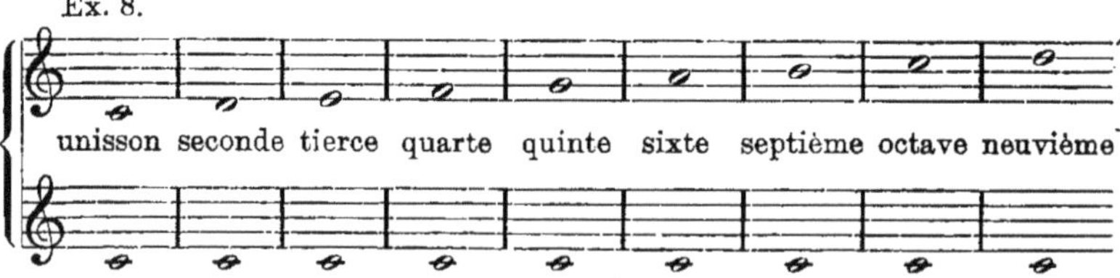


14. On appelle intervalles *simples* ceux qui ne dépassent pas l'étendue de l'octave et intervalles *redoublés* ceux qui dépassent l'octave.

Au point de vue harmonique on ne compte que les intervalles simples. Exception est faite pour la 9ème comme on le verra plus loin.

Pour retrouver un intervalle simple d'après l'intervalle redoublé il suffit de retrancher 7 du chiffre servant à représenter l'intervalle. Par exemple la dixième: 10 — 7 = 3: la tierce. [Ex. 9].

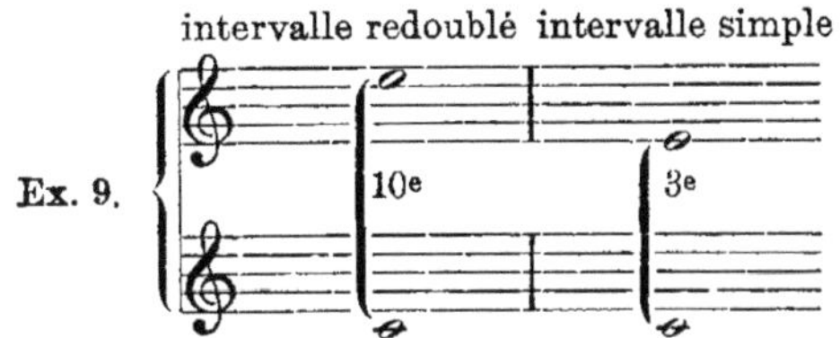


15. On renverse un intervalle en transportant la note grave à l'aigu ou réciproquement en plaçant la note supérieure une octave au dessous de la note inférieure. [Ex. 10.] Le total formé par les

Ex. 10. 6e tierce

chiffres qui servent à représenter les intervalles (renversés et renversables) donne 9.

| | | | | | | | | |
|---|---|---|---|---|---|---|---|---|
| | 1. | 2. | 3. | 4. | 5. | 6. | 7. | 8. |
| | 8. | 7. | 6. | 5. | 4. | 3. | 2. | 1. |
| Total | 9. | 9. | 9. | 9. | 9. | 9. | 9. | 9. |

16. Parmi les intervalles, certains donnent le sentiment de repos; d'autres au contraire donnent l'idée de mouvement. Les 1ers sont *consonants*, les seconds *dissonants*. Les consonants sont:

la 3ce; 4te; 5te; 6te; 8ve.

Les dissonants sont:

la 2e et 7ème.

Il est à noter que le renversement d'une consonance donne une consonance et que le renversement d'une dissonance donne une dissonance. Remarquons de même que la dissonance est formée par le choc de 2 notes voisines: do et ré; mi et fa.

Certaines consonances donnent une idée de repos plus complet que d'autres. Ces intervalles sont la 5te et l'8ve. En raison de leur constitution, ils déterminent le ton (voir § 11). Ces consonances sont appelés *parfaites* ou invariables. Car elles ne sont consonances que sous une seule forme: elles sont justes.

D'autres consonances satisfont l'oreille et donnent également une idée de repos, moins complet cependant. Elles déterminent le *Mode*. Ce sont la 3ce et la 6te. Pouvant exister sous 2 formes, elles sont appelées consonances *imparfaites* ou variables. Elles sont mineures et majeures. Un intervalle de quinte juste: do — sol par exemple détermine la tonalité; la tierce, mi, suivant qu'elle est majeure ou mineure détermine le mode. La quarte est appelée par certains théoriciens consonance mixte. Elle participe en effet de 2 catégories: des consonances puisqu'elle est le renversement de la 5[te]; et des dissonances puisqu'elle ne donne pas l'impression de repos et appelle une autre consonance ayant un caractère plus défini.

On a donné parfois à la 5[te] diminuée et à la 4[te] augmentée le nom de consonance attractive ce qui, à notre avis, est un non-sens.

17. Les différents intervalles peuvent être modifiés au moyen des signes d'altération (♯; ♭; ♮; ×; ♭♭). On obtient ainsi différentes variétés du même intervalle d'après le nombre des tons et demi-tons diatoniques et chromatiques; on a alors les catégories suivantes, en commençant par les intervalles les plus petits: sous-diminué, diminué, mineur, majeur ou juste, augmenté et sur-augmenté.

*Tableau des intervalles.*

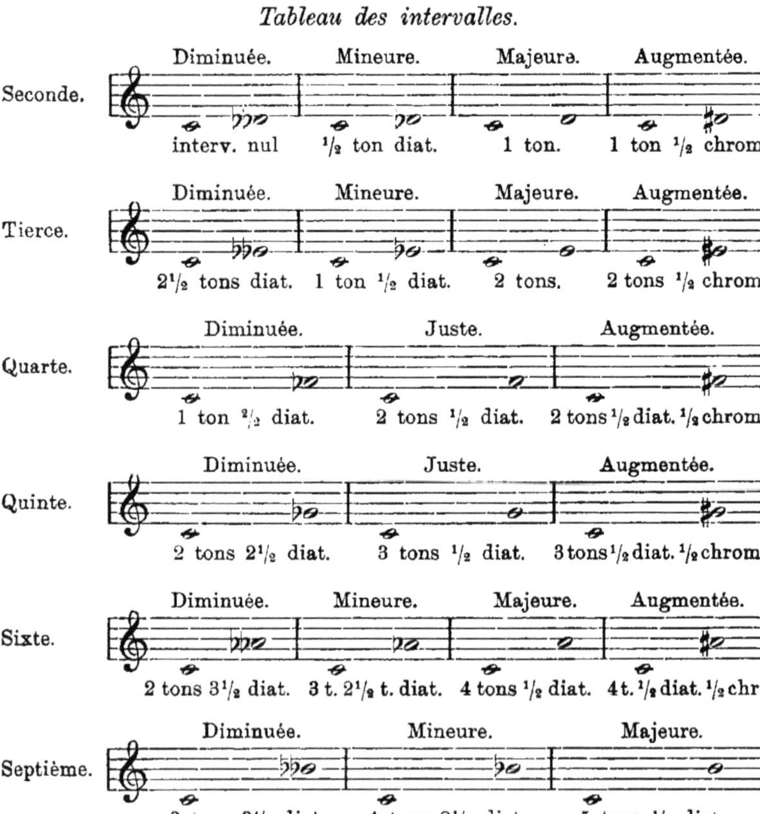

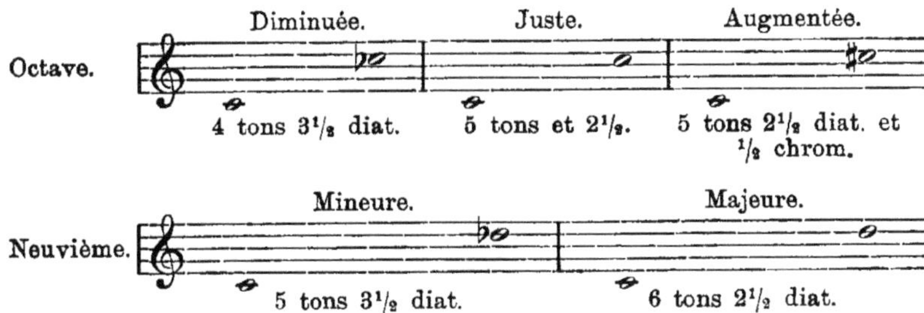


18. *Remarques:*

1⁰ Le nombre des tons et des demi-tons renfermés dans un intervalle est inférieur de 1 au chiffre qui exprime l'intervalle. Exemple: la septième (7) renferme six intervalles.

2⁰ La 4^te^, la 5^te^ et l'8^ve^ sont invariables, consonantes sous une seule forme: elles sont justes. La 3^ce^ et la 6^te^ sont variables, consonantes sous 2 formes, majeure et mineure.

3⁰ Etant donnée une note fondamentale comme tonique d'une gamme majeure, tous les intervalles formés par cette tonique et les différents degrés sont majeurs ou justes. [Ex. 11.]

Ex. 11.

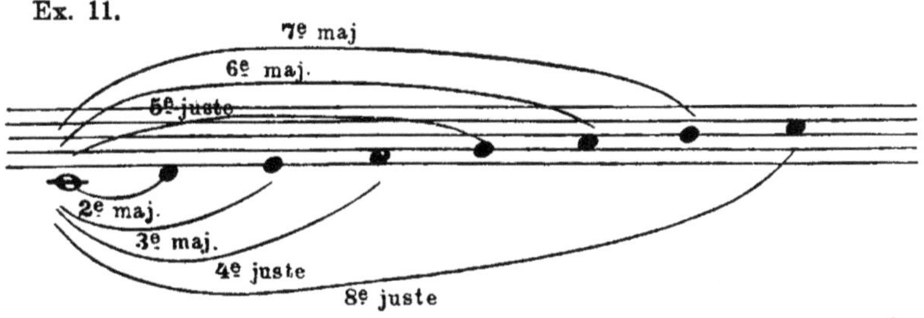


4⁰ Tous les intervalles majeurs jusqu'à la 4^te^ exclusivement, renferment un nombre de tons inférieur de 1 au chiffre exprimant l'intervalle.

5⁰ Tous les intervalles majeurs ou justes à partir de la 4^te^, renferment toujours un ½ ton diatonique. (1)

La constitution même de la gamme moderne donne ce résultat, car elle possède un ½ ton entre le III^ème^ et le IV^ème^ degré et un autre entre le VII^ème^ et le VIII^ème^.

6⁰ Un intervalle majeur a pour renversement un intervalle mineur, un intervalle diminué a pour renversement un intervalle augmenté, et vice versa. Le renversement d'un intervalle juste est juste luimême.

7⁰ Les intervalles mineurs et diminués s'obtiennent en retranchant un ½ ton chromatique à l'intervalle majeur ou juste, il reste donc le ½ ton diatonique.

8⁰ Les intervalles augmentés s'obtiennent en ajoutant un ½ ton chromatique à l'intervalle majeur ou juste.

---

(1) Exception est faite pour l'8ve qui renferme deux ½ tons diatoniques, provenant de la constitution même de la gamme.

9° Le tempérament donne lieu à certaines considérations sur les intervalles enharmoniques; par exemple la 5te augmentée do—sol♯, jouée sur un instrument à clavier, est pour l'oreille identique à la 6te mineure do—la♭. Mais suivant la tonalité dans laquelle se trouve cet intervalle, suivant les successions harmoniques auxquelles il est mêlé, il change complètement de nature. Dissonant dans le premier cas, il est consonant dans le second. L'intervalle do—sol♯ en la mineur est attractif: le sol♯ demande le la; au contraire l'intervalle do—la♭ en ut mineur n'est pas appellatif. Les tendances imprimées par les tonalités diffèrent dans l'un et l'autre cas.

---

# Chapitre I

## Ecriture harmonique. Mouvement mélodique Mouvement harmonique

19. L'harmonie a pour objet, nous l'avons dit plus haut, d'étudier la formation et l'enchaînement des accords.

Les différentes successions mélodiques, qui forment par leur réunion un ensemble harmonique, se nomment parties. La partie la plus haute est la première partie; la partie la plus grave se nomme basse; les autres sont les parties intermédiaires. [Ex. 12.]

Ex. 12.

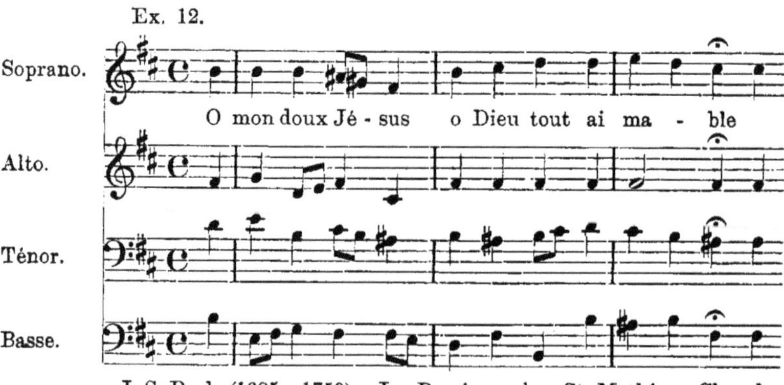


J.-S. Bach (1685—1750). La Passion selon St. Mathieu: Choral.

20. L'harmonie se dispose pour les voix ou pour les instruments; chaque partie est confiée à une voix ou à un instrument. Elle peut s'écrire également pour un instrument à clavier (piano ou orgue).

Le style vocal est adopté pour l'étude élémentaire de l'harmonie et du contrepoint, parce qu'il est plus rigoureux et plus difficile, en raison de l'étendue limitée des voix et de la difficulté de certaines intonations.

*Tableau de l'étendue des voix.*

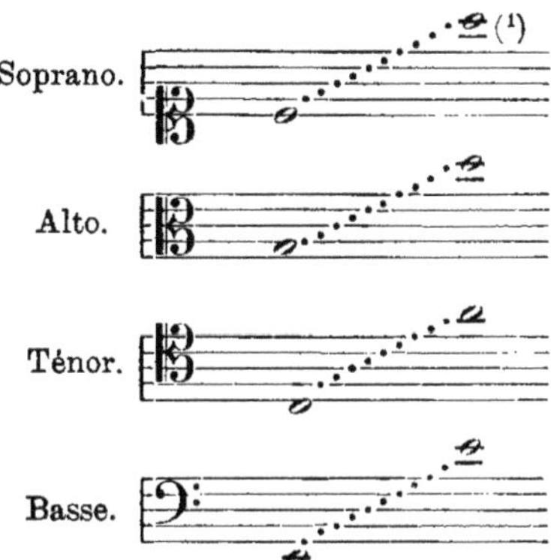


21. On appelle mouvement mélodique, le mouvement de translation d'une note à une autre. (Voir l'exemple 12. — Dès le début la basse fait un mouvement mélodique descendant de quinte, la 3ème partie un mouvement ascendant de seconde.) Le mouvement mélodique doit donc être aisé et naturel. Les exigences de la voix humaine donnent naissance aux règles suivantes:

*Règle I.* Les intervalles simples seuls sont permis. Les intervalles majeurs, mineurs ou justes le sont tous depuis la seconde mineure jusqu'à la 6te mineure inclusivement. La 6te majeure est défendue comme intervalle trop étendu pour les voix. L'octave juste est permise comme permutation de la même note.

*Règle II.* Certaines successions mélodiques restent défendues, bien que les deux notes extrêmes soient séparées par une note intermédiaire. Cette règle est un corollaire de la précédente.

1° Les successions mélodiques dont les deux notes extrêmes forment un intervalle de 7ème ou de 9ème sont défendues. [Ex. 13.]

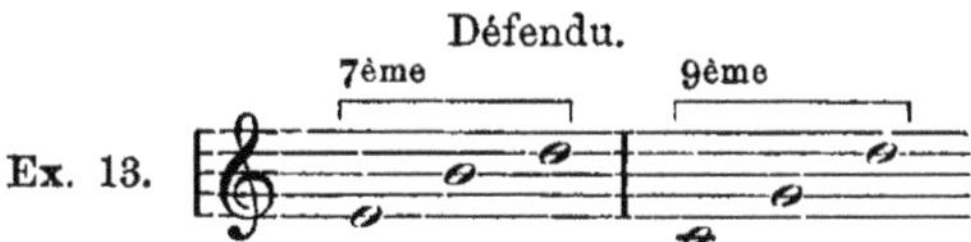


*Exception:* Ces intervalles deviennent permis lorsque la note intermédiaire est conjointe à l'une des deux notes extrêmes. [Ex. 14.]

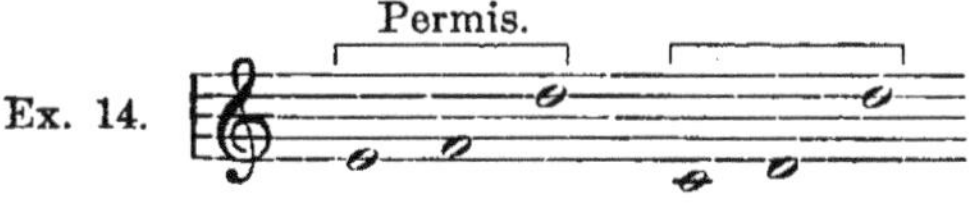


(1) On doit rarement se servir des notes extrêmes.

En effet l'oreille perçoit, par suite de cette correction, un intervalle de 6[te] dans le premier cas et d'8[ve] dans le second.

2⁰ Sont défendues les successions mélodiques dont les deux notes extrêmes forment un intervalle de 4[te] augmentée ou de 5[te] diminuée. [Ex. 15.]

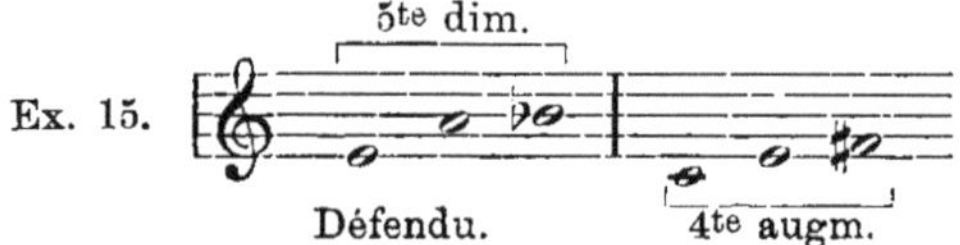


*Exceptions:* Ces successions deviennent permises si la note intermédiaire excède l'étendue de l'intervalle. [Ex. 16.]

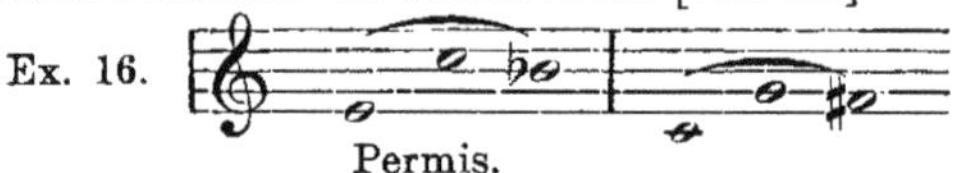


*Explication:* Dans le premier cas l'oreille perçoit un intervalle de 6[te], dans le second un intervalle de quinte.

Etant formée par le rapport du IVème et du VIIème degré, cette succession mélodique de 4[te] augmentée ou de 5[te] diminuée devient permise lorsque la sensible monte à la tonique ou que le IVème degré descend immédiatement au IIIème. [Ex. 17.]

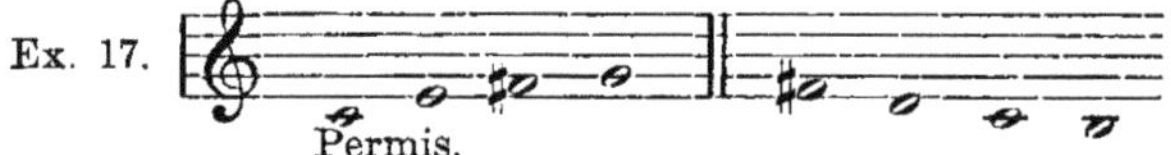


*Explication:* Dans l'exemple précédent le fa♯ monte d'un demiton en raison de son attraction (sensible de sol). Dès lors, la note extrême de l'intervalle n'est plus le fa♯ mais bien le sol (tonique). L'impression de repos que fait naître cette tonique enlève à la succession mélodique ce qu'elle avait de désagréable. Dans la deuxième partie de l'exemple, l'attraction que possède le do (sous-dominante en sol) en raison du rapport dissonant existant entre la sous-dominante et la sensible, oblige le do à descendre d'un $\frac{1}{2}$ ton sur la médiante. Comme dans le premier cas, le repos obtenu sur cette dernière note fait disparaître le caractère défectueux de cette succession mélodique.

22. La superposition de plusieurs mouvements mélodiques forme un mouvement harmonique. La direction que peut suivre chaque partie mélodique donne lieu à 3 mouvements harmoniques différents:

1⁰ Le mouvement direct ou semblable, qui se produit lorsque deux parties montent ou descendent à la fois. [Ex. 18.]

Ex. 18.

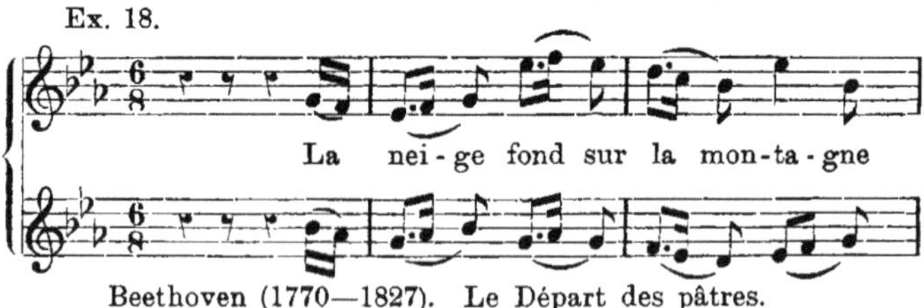


Beethoven (1770—1827). Le Départ des pâtres.

2⁰ Le mouvement oblique, formé par une partie qui monte ou descend tandis que l'autre reste immobile. [Ex. 19.]

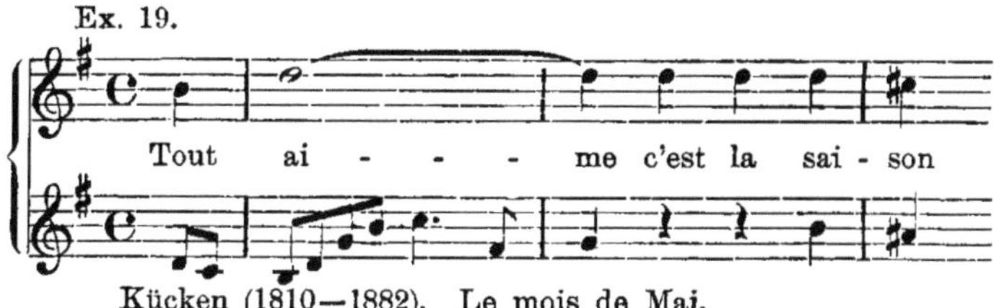


Kücken (1810—1882). Le mois de Mai.

3⁰ Le mouvement contraire, qui est formé par une partie qui monte tandis que l'autre descend. [Ex. 20.]

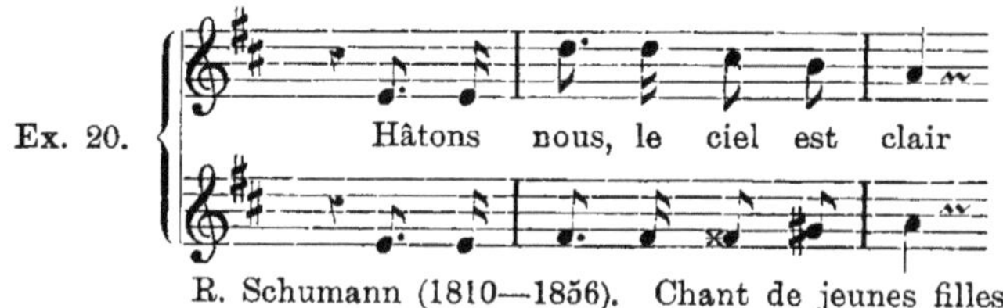


R. Schumann (1810—1856). Chant de jeunes filles.

En raison de son élégance le mouvement contraire est le meilleur, puis vient le mouvement oblique et enfin le mouvement direct. Le mouvement direct, pour des raisons de tonalité que nous formulerons tout à l'heure, est le moins bon de tous.

---

# Chapitre II

## Contrepoint à deux parties

23. Allant du simple au composé, il est préférable que l'élève s'exerce d'abord à l'écriture à deux parties. Le style rigoureux d'école convient spécialement à ce genre de travail. Les règles de ce style ne sont autres que celles du contrepoint de première espèce, c'est-à-dire note contre note à deux parties.

La science du contrepoint (étymologie: *contrapunctum,* point contre point, note contre note) est le résumé des règles auxquelles se sont soumis les compositeurs qui ont écrit dans le style sévère appliqué à l'ancienne tonalité. L'étude du contrepoint sert aujourd'hui de préparation à la fugue et à la composition libre. Si l'harmonie enseigne au sens strict à former et à enchaîner les accords, le contrepoint enseigne à donner à chaque partie un sens mélodique et à former dans la suite, les artifices qui servent de base au développement musical moderne. (1)

24. *Règles du contrepoint à deux parties.* Le contrepoint se construit sur une basse donnée (chant donné). La 1re mesure de la basse commence par la tonique. L'avant-dernière doit faire entendre la sensible dans l'une des deux parties et la dernière la tonique.

*Règle I.* Il faut observer les principes du mouvement mélodique énoncés dans le chapitre I.

*Règle II.* Deux quintes et deux octaves consécutives par mouvement direct ou par mouvement contraire sont défendues.

*Démonstration* [Ex. 21]. Écrivons sur une portée la gamme de *do*. Sur une portée supérieure plaçons la quinte juste de chaque note, puis examinons chaque ligne séparément. La partie inférieure forme la gamme de *do*, la partie supérieure celle de *sol*. Il y a donc

Ex. 21.
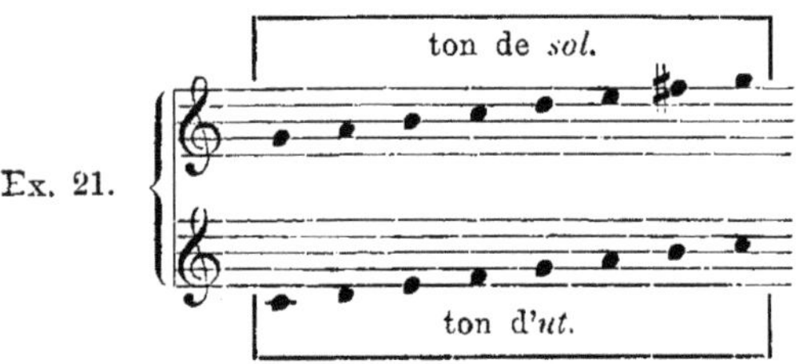


coexistence de deux tonalités étrangères l'une à l'autre. La musique moderne ne permet pas d'entendre simultanément deux tonalités différentes. Si une succession pareille reste défendue, il en sera de même de deux quintes par mouvement direct. Cette impression demeure lorsque les quintes sont présentées par mouvement contraire.

*Règle III.* Il est défendu de faire deux octaves consécutives par mouvement direct ou par mouvement contraire. [Ex. 22.]

Ex. 22.
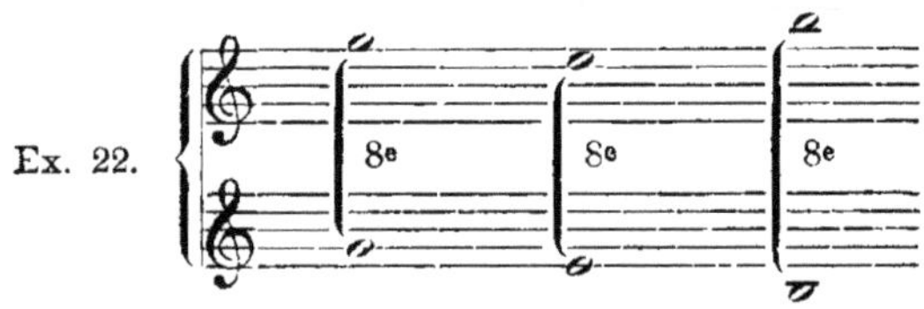


*Explication.* Dans un ensemble harmonique chaque partie doit avoir une existence propre, concourir à l'effet total et non pas servir

(1) Notons en passant qu'il est regrettable que la science du contrepoint ne soit pas rajeunie. Il serait à souhaiter que les théoriciens fassent une distinction entre l'ancien contrepoint basé sur la tonalité grégorienne et le contrepoint appliqué à la musique actuelle. Il y a là une question intéressante à élucider.

de doublure. Deux octaves consécutives forment donc une pauvreté harmonique. Il ne faut pas confondre ici les octaves réelles avec les octaves qui se rencontrent dans les partitions d'orchestre, morceaux de piano etc., dans lesquels certains passages sont renforcés à l'octave supérieure ou inférieure. [Ex. 23.] Nous ne parlons ici que du style rigoureux.

Ex. 23.

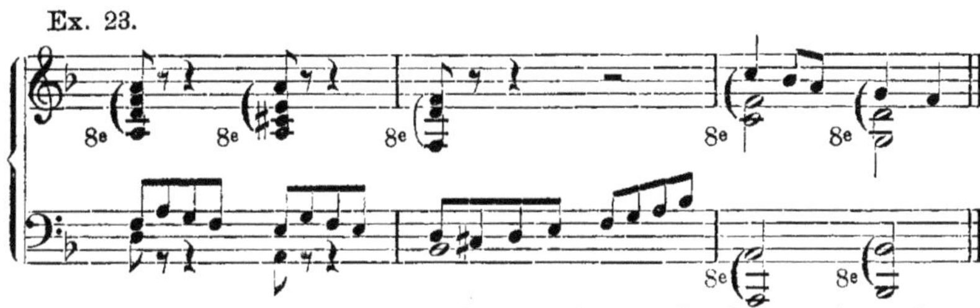


J.-S. Bach. Bourrée en ré maj. transcrite par I. Philipp (Janin frères, éditeurs).

*Règle IV.* Il est défendu d'aboutir à la 5<sup>te</sup> ou à l' 8<sup>ve</sup> par mouvement direct. C'est ce qu'on appelle les 5<sup>es</sup> et 8<sup>es</sup> cachées. Cette règle est un corollaire de la précédente. [Ex. 24 et 25.]

Ex. 24. Ex. 25.

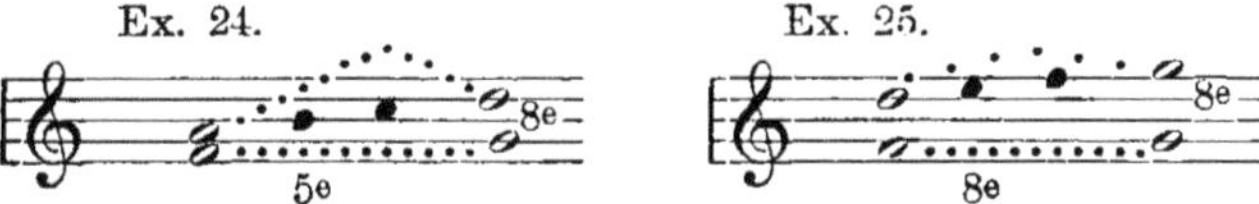


*Démonstration.* En effet il y a pour l'oreille dans les deux exemples précédents une première 5<sup>te</sup> et une première 8<sup>te</sup> qui sont dissimulées. Les chanteurs eurent sans doute, à l'origine du contrepoint, l'habitude de remplir par des notes de passage l'intervalle mélodique existant entre deux notes disjointes comme *la* et *ré* [v. ex. 24] et déterminaient ainsi deux quintes consécutives. Par habitude l'oreille «*sous-entend*» la première quinte et conserve l'impression désagréable résultant de cette succession harmonique. La même démonstration s'appliquerait aux octaves cachées. [Ex. 25.]

Par mouvement contraire la succession du même intervalle est bonne, car la première quinte ou la première octave cachée n'existe plus. [Ex. 26 et 27.]

Ex. 26. Ex. 27.

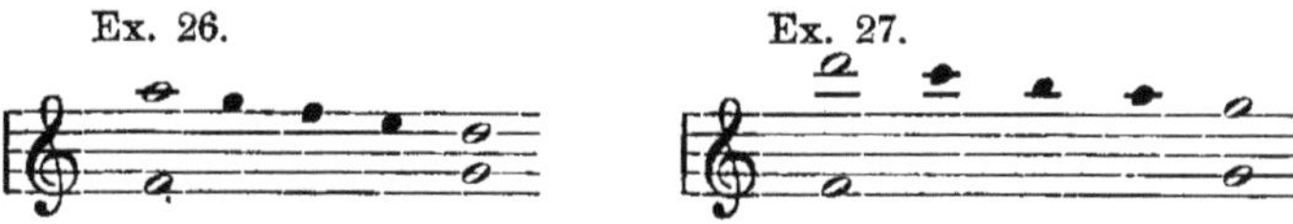

*Règle V.* La fausse relation d'octave et la fausse relation chromatique sont défendues. On nomme relation harmonique un rapport existant entre deux notes placées chacune dans un intervalle différent et dans deux parties distinctes. La fausse relation d'octave existe lorsqu'une note naturelle se trouve dans une partie, et que la même note altérée est placée dans une autre, ces deux notes se trouvant dans des intervalles successifs. [Ex. 28.] Il y a donc entre la note

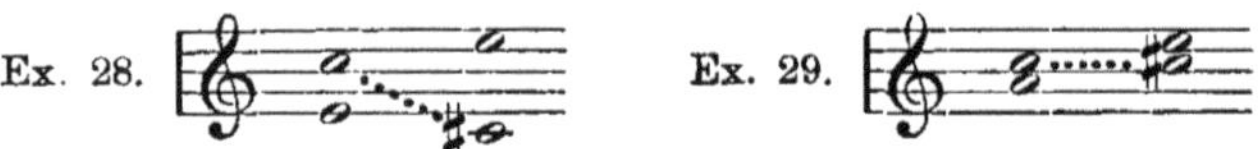


naturelle et la note altérée un rapport d'$8^{ve}$. La fausse relation est chromatique si les deux notes sont à distance d'un demi-ton chromatique. [Ex. 29.]

*Démonstration.* Dans les exemples 28 et 29 les deux intervalles successifs donnent l'impression de deux tonalités différentes. Le premier appartient au ton d'*ut*, le second au ton de *la*. La règle qui défend les fautes de $5^{tes}$ a été dictée par la même loi: deux tonalités étrangères ne peuvent coexister. Ces successions harmoniques peuvent être corrigées en mettant la note naturelle à la même partie que la note altérée. [Ex. 30.]

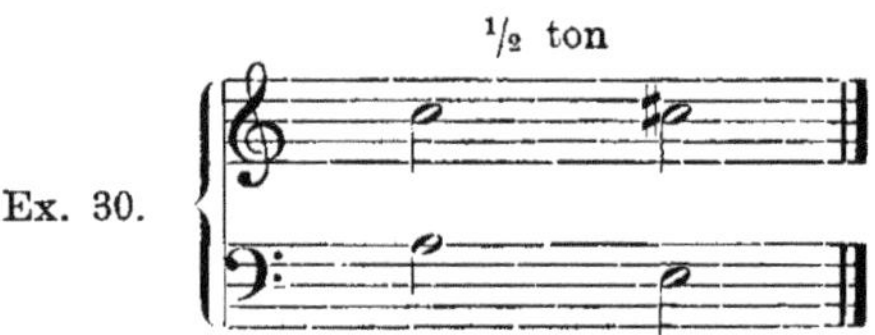


La tonalité moderne, dont l'une des bases est la gamme chromatique, admet les corrections suivantes. Le rapport des tonalités différentes (*ut* et *la* majeur) est établi par le demi-ton chromatique, principe de la modulation, comme on le verra plus tard. Le contrepoint ancien usité dans les écoles n'admet pas ce genre de modulation. On devra donc s'en abstenir jusqu'à nouvel ordre. En résumé le principe de l'unité tonale est le principe directeur de toute l'harmonie.

*Règle VI.* La fausse relation de triton est défendue. Elle est formée par le rapport du $IV^{ème}$ et du $VII^{ème}$ degré; chacune de ces notes se trouvant dans des parties différentes et des intervalles successifs.

Elle se présente dans trois cas:

$1^{0}$ Lorsque la $5^{te}$ sur le $IV^{ème}$ degré est précédée ou suivie de la $3^{ce}$ sur le $V^{ème}$. [Ex. 31.]

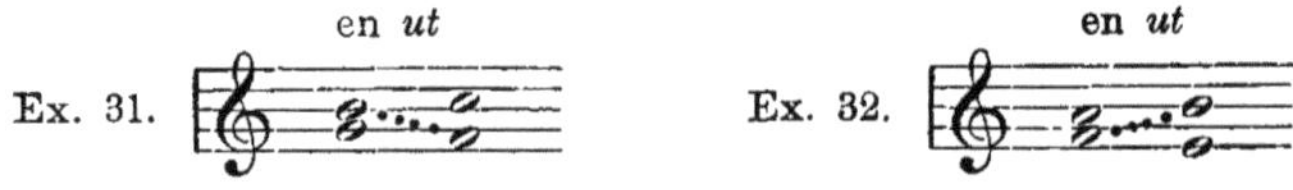


$2^{0}$ Lorsque la $3^{ce}$ sur le $IV^{ème}$ degré est précédée ou suivie de la $5^{te}$ sur le $III^{ème}$. [Ex. 32.]

3$^{0}$ Lorsque la 3$^{ce}$ sur le IV$^{ème}$ degré est précédée ou suivie de la 3$^{ce}$ sur le V$^{ème}$. [Ex. 33.]

Dans les trois exemples précédents il y a un rapport de triton (4$^{te}$ augmentée) entre le *si* et le *fa* IV$^{ème}$ et VII$^{ème}$ degré d'ut.

*Démonstration:* Dans l'exemple 31 la tierce (sol—si) donne l'impression du ton de sol; la 5$^{te}$ (fa—do) l'impression du ton de fa. Si le premier intervalle appartient à sol il doit être suivi de la

5$^{te}$ diminuée fa ♯—do. [Ex. 34.] De même si le second intervalle appartient à fa, il doit être précédé de la 3$^{ce}$ sol—si ♭. [Ex. 35.] Le si, note sensible en do, appelle la tonique et l'accord propre à ce degré. Les exemples 32 et 33 se démontrent de la même façon; car deux tonalités différentes ne peuvent coexister.

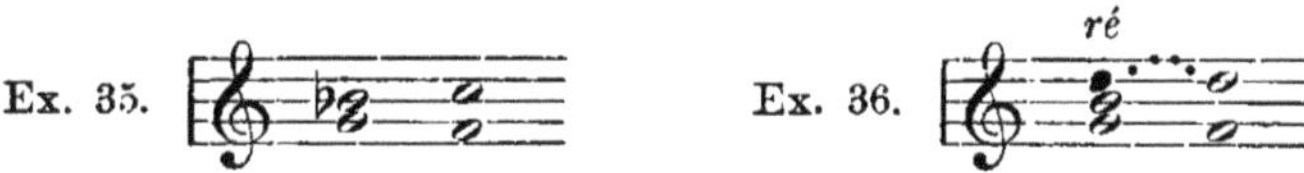


On peut corriger le mauvais effet des successions harmoniques précédentes en changeant une note dans l'un des deux intervalles. [Ex. 36.]

L'oreille en effet sous-entend ici une note *ré* qui se placerait dans l'écriture à trois parties et qui, étant commune aux deux accords, établirait ainsi un lien de tonalité entre ces deux successions harmoniques.

Le rapport de triton n'est pas désagréable pour l'oreille lorsque dans le mode mineur il est produit par le rapport du VI$^{ème}$ et du II$^{ème}$ degré. [Ex. 37.]

(en *la*)

Ex. 37.

*Démonstration:* Ici la note sensible n'existe pas pour déterminer le ton; la tonique n'est plus attirée par elle comme on l'attendait dans les exemples 31, 32, 33.

*Règle VI.* Les consonances seules sont admises comme intervalles harmoniques dans le contrepoint.

Les consonances *parfaites* ou invariables donnent une sensation de repos plus complet que les consonances *imparfaites* ou variables.

Le I$^{er}$ degré peut porter l'unisson dans la première et dans la dernière mesure.

1$^{0}$ Les degrés de 1$^{er}$ ordre (I$^{er}$ et V$^{ème}$) reçoivent la 5$^{te}$, l'8$^{ve}$. Ils prennent également la 3$^{ce}$ dans le courant du contrepoint.

2$^{\text{o}}$ Les degrés de 2$^{\text{ème}}$ ordre (II$^{\text{ème}}$, IV$^{\text{ème}}$ et VI$^{\text{ème}}$), si la basse procède par mouvement disjoint, procurent un repos momentané et prennent la 5$^{\text{te}}$ ou l'8$^{\text{ve}}$. Présentés par mouvement conjoint, ils perdent ce caractère, deviennent transitoires, notes de passage et portent la 6$^{\text{te}}$ ou la 3$^{\text{ce}}$.

3$^{\text{o}}$ Les degrés de 3$^{\text{ème}}$ ordre, l'un sans importance (la médiante) et l'autre attractif (la sensible) réclament la 6$^{\text{te}}$ ou la 3$^{\text{ce}}$.

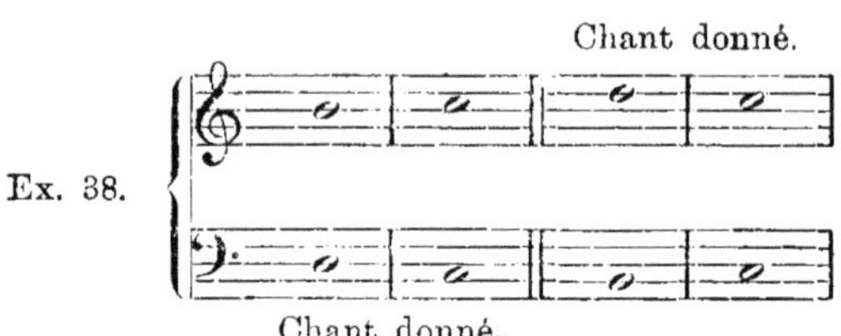

Ex. 38.

*Règle VII.* L'avant-dernière mesure doit faire entendre la sensible et la dernière la tonique, ce qui donne naissance aux formules suivantes: lorsque *le chant donné* est à la basse on a la 6$^{\text{te}}$ suivie de l'8$^{\text{ve}}$ et lorsqu'il est placé à la partie supérieure on a la 3$^{\text{ce}}$ suivie de la 8$^{\text{ve}}$. [Ex. 38.] L'unisson n'est permis que dans la première et dans la dernière mesure.

*Règle VIII.* On doit éviter de faire des 3$^{\text{ces}}$ et des 6$^{\text{tes}}$ par degrés disjoints, lorsque les deux parties procèdent par mouvement direct. [Ex. 39.] Eviter aussi de faire plus de trois tierces ou plus de trois sixtes de suite par degrés conjoints.

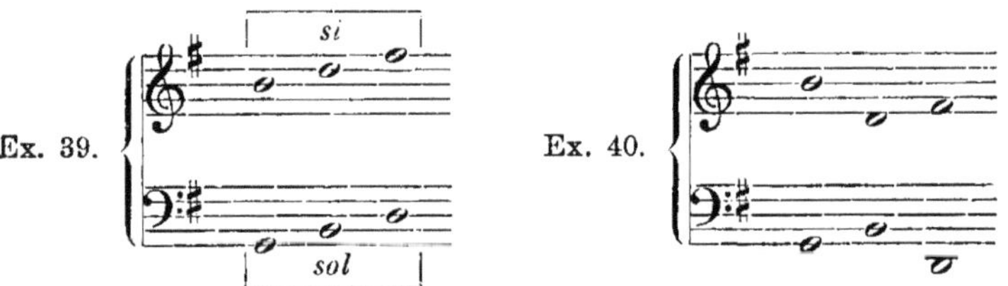

Ex. 39. Ex. 40.

*Démonstration:* L'exemple 39 présente deux successions mélodiques donnant l'impression de deux tonalités différentes, *sol* et *si.* Même démonstration pour les 6$^{\text{tes}}$. De plus c'est un défaut d'élégance qui n'est racheté que par le mouvement contraire. [Ex. 40.]

*Règle IX.* Pour une raison d'élégance et pour donner plus de mouvement aux parties, on ne peut répéter une note plus de deux fois.

*Règle X.* On devra employer dans le mode mineur la gamme mélodique avec altérations du VI$^{\text{ème}}$ et du VII$^{\text{ème}}$ degré, mais seulement en montant.

*Règle XI.* Le croisement des parties est défendu, car il amène un renversement des intervalles.

*Règle XII.* L'élève devra placer le chant donné à la basse et trouver trois contrepoints différents, puis le reporter à la partie supérieure et trouver encore trois contrepoints différents. [Ex. 41.]

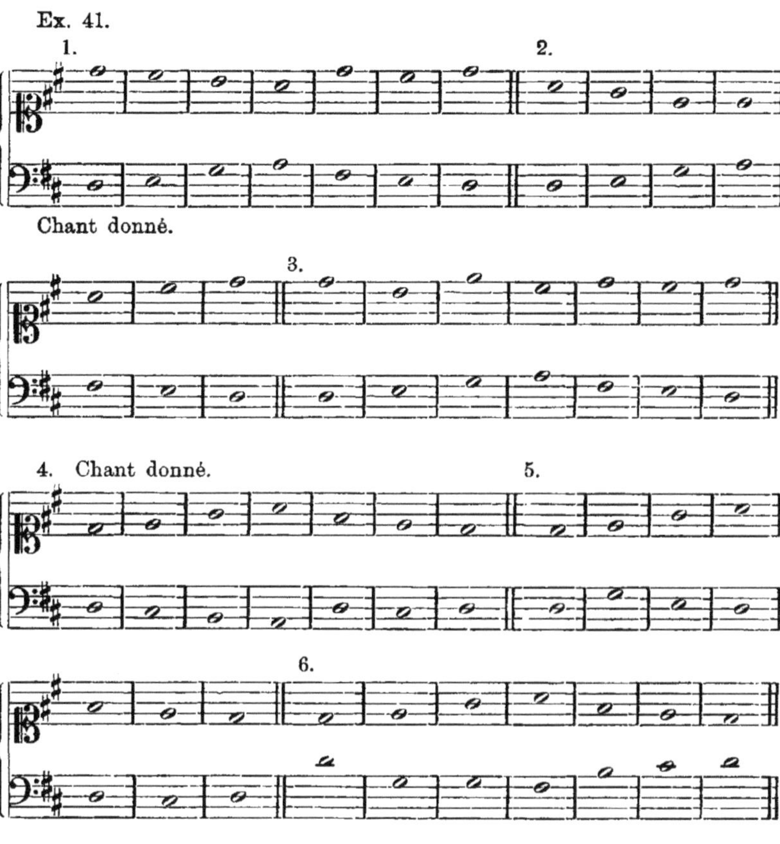


# Chapitre III

## Accords. Division de l'harmonie. Chiffrage

25. Comme il a été dit plus haut un *accord* est une combinaison de sons et par suite d'intervalles, érigée sous forme de tierces superposées (voir § 3). La note la plus grave de l'accord se nomme fondamentale.

Les différents intervalles se comptent à partir de la basse. [Ex. 42.]

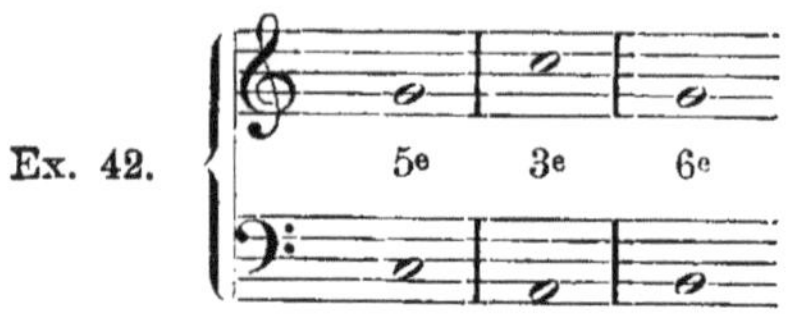


Un accord est à l'état fondamental lorsque le son fondamental est à la basse; il est renversé lorsque ce son fondamental est à une autre partie. [Ex. 43.]

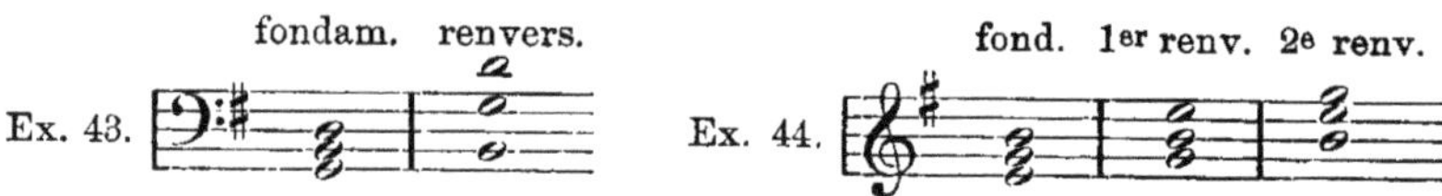


Donc, si l'accord a 3 notes il peut se présenter sous trois états différents: un état fondamental, deux renversements. [Ex. 44.]

S'il a quatre sons il se manifeste sous quatre formes: un état fondamental, 3 renversements. [Ex. 45.]

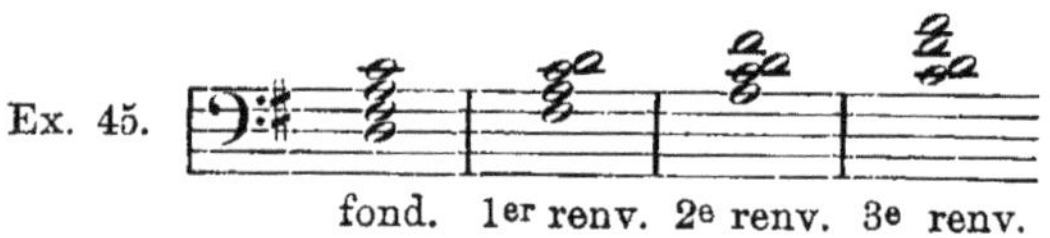


Pour retrouver un accord fondamental d'après un renversement on fait passer à tour de rôle chacune des notes à la basse, jusqu'à ce qu'on obtienne une superposition de 3ces.

Le redoublement d'une ou plusieurs notes de l'accord ne compte pas. [Ex. 46.]

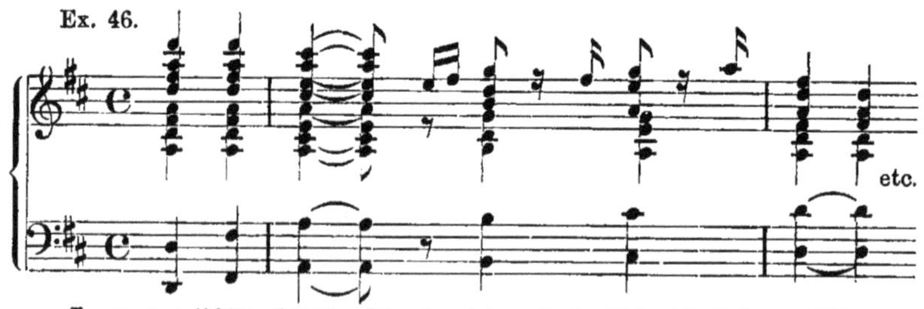


Lemmens (1823—1881). Marche triomphale (Schott's Söhne, éditeurs).

L'accord de *ré* n'a en réalité que 3 notes. Un accord est plaqué

lorsque toutes les notes sont émises simultanément; brisé, arpégé, lorsqu'elles sont émises successivement [Ex. 47 a et 47 b].

Ex. 47 a).

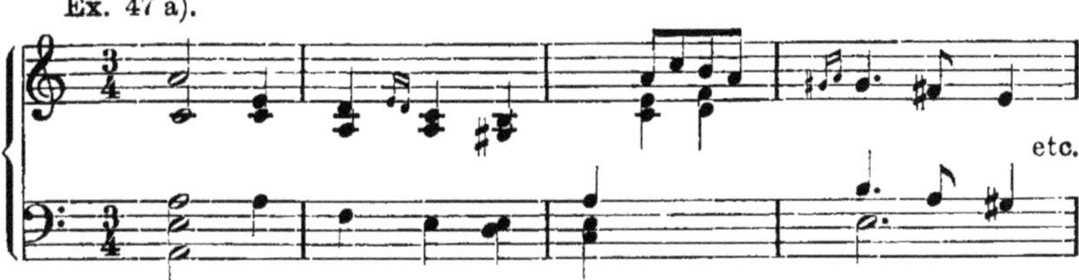


H. Eymieu. Sarabande (Janin frères, éditeurs).

Ex. 47 b).

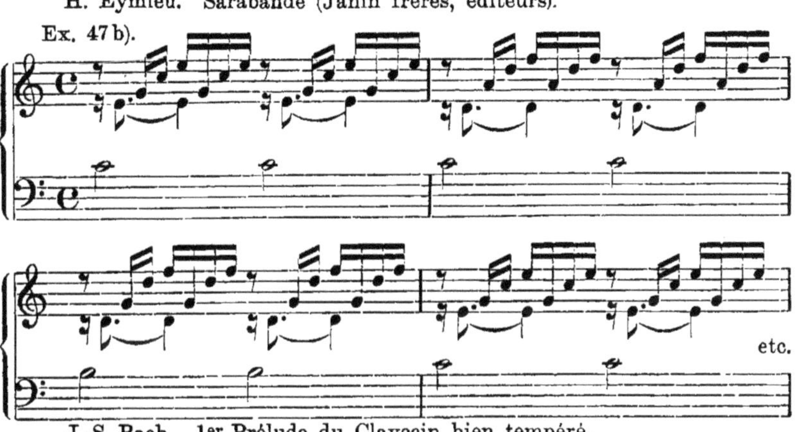


J.-S. Bach. 1er Prélude du Clavecin bien tempéré.

26. Un accord est consonant s'il ne renferme que des consonances; dissonant s'il renferme une ou plusieurs dissonances. Cette observation nous amène à diviser l'étude de l'harmonie en deux sections:

1° Harmonie consonante qui a pour objet l'étude des accords consonants.

2° Harmonie dissonante qui s'occupe des accords dissonants.

27. Comme tous les accords se comptent à partir de la basse, on se sert d'une sténographie musicale appelée *basse chiffrée* qui est destinée à les représenter. Procédé purement conventionnel, la basse chiffrée a varié suivant les époques et suivant les écoles. Le procédé adopté dans les conservatoires de France, est le suivant: *Tout intervalle est représenté par le chiffre afférent:* 3 par exemple représente la tierce; 5 la quinte. [Ex. 48.]

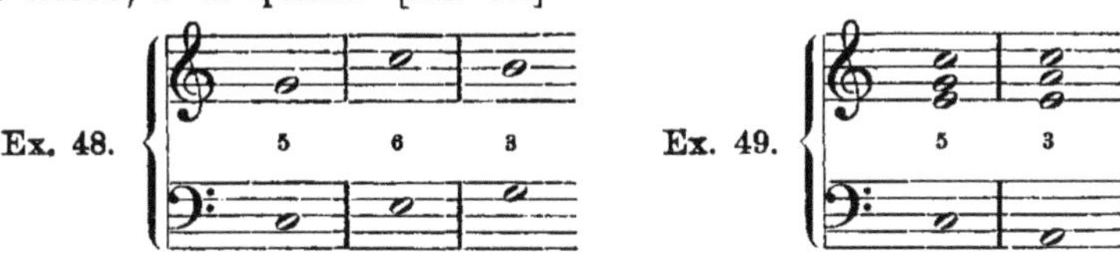


Par extension un seul chiffre désigne un accord tout entier. [Ex. 49.]

Le 0 désigne l'absence d'intervalles et d'accords.

Les signes accessoires sont:

+ qui désigne un intervalle augmenté et parfois la note sensible.

/ qui signifie un intervalle diminué. [Ex. 50.]

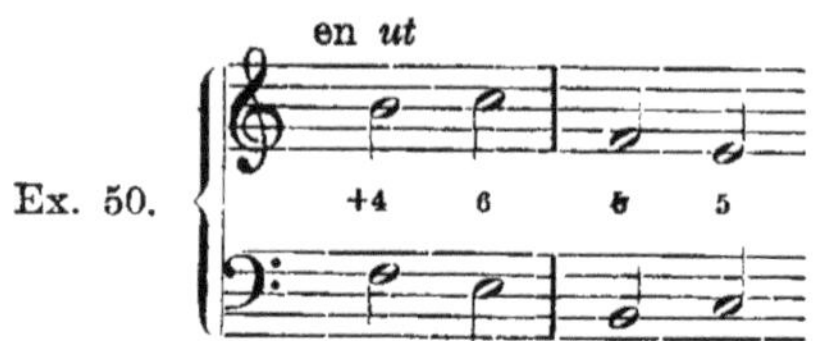


Les altérations (♯, ♭, ♮, ×, ♭♭) s'appliquent aux chiffres servant à représenter les intervalles. [Ex. 51.] Une altération placée isolément s'applique au chiffre 3 sous-entendu. [Ex. 52.]

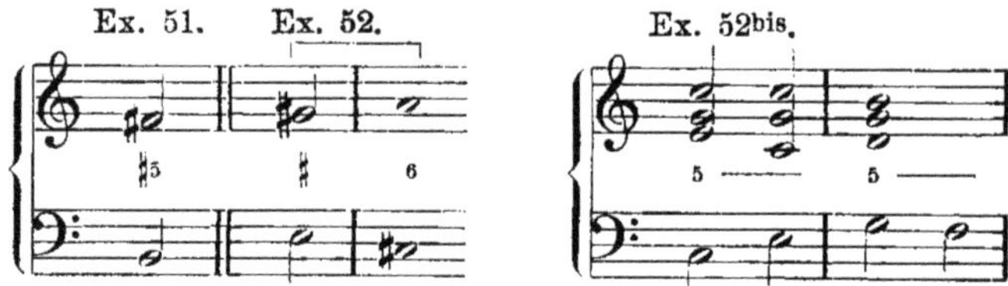


On sous-entend généralement le chiffre 3.

Le mot *tasto solo* désigne la basse seule.

La ligne horizontale placée après un chiffre indique la prolongation de l'harmonie représentée par ce chiffre. Elle se nomme barre de prolongation. [Ex. 52bis.]

---

# PREMIÈRE PARTIE

# HARMONIE CONSONANTE

## Chapitre IV

### Accords de trois sons fondamentaux

28. Dans cette première section sont compris seulement les accords de 3 sons (le quatrième son formant avec la basse une dissonance de 7ème).

Les accords consonants sont au nombre de deux:

1° l'accord parfait majeur.

2° l'accord parfait mineur.

On peut y joindre l'accord de quinte diminuée, accord mixte participant de l'harmonie consonante et de l'harmonie dissonante.

C'est le seul accord de trois sons qui, *en raison de la conformation de notre tonalité,* prenne place sur le VII^e degré des deux modes et sur le II^ème degré du mode mineur. Pour cette raison il mérite d'être placé dans la première section; mais renfermant une dissonance, il prend place également dans la deuxième section.

L'accord parfait majeur est formé d'une 3^ce majeure et d'une 5^te juste. [Ex. 53.]

L'accord parfait mineur est formé d'une 3^ce mineure et d'une 5^te juste. [Ex. 54.]

L'accord de quinte diminuée est formé d'une 3^ce mineure et d'une 5^te diminuée. [Ex. 55.]

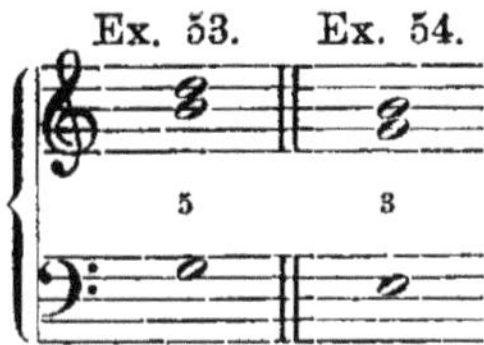


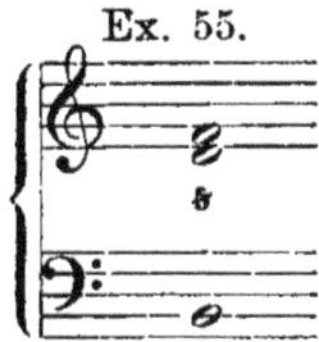


Dans les deux premiers la 3^ce est la note caractéristique de l'accord et détermine le mode.

Comme il a été dit plus haut, les accords ont une formation physique qui s'explique, ainsi que nous l'avons vu, par la résonnance d'un corps sonore dont les deux harmoniques supérieurs donnent la 12^ème juste et la 17^ème majeure, c'est à dire la tierce et la quinte. Hugo Riemann explique la formation de l'accord parfait mineur par une série d'harmoniques inférieurs. D'après le savant théoricien allemand, la consonance mineure est formée par les harmoniques suivants: tierce majeure inférieure et quinte juste inférieure, et cela d'après le principe des vibrations sympathiques.

L'accord de quinte diminuée est formé d'après la constitution même de la tonalité et symétriquement par rapport aux précédents. (Voir marches d'harmonie.) En majeur il est obtenu par le rapport du IV^ème degré au VII^ème. En mineur ce rapport de quinte diminuée est conservé par l'altération de la 7^ème note. Sur le second degré du même mode le rapport et le nombre des demi-tons donne un second accord de quinte diminuée, le même que celui qui était placé sur la sensible du mode relatif. [Ex. 56.]

Ex. 56.

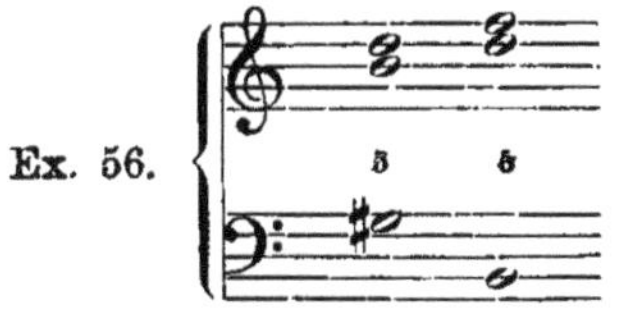

Ex. 57.

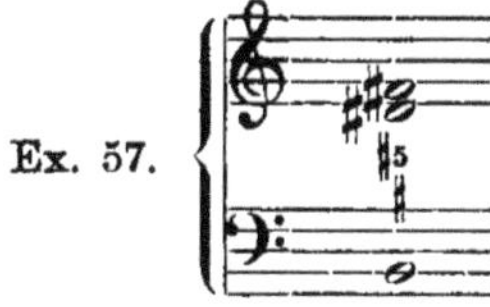

29. L'accord parfait majeur se chiffre par un 5, avec les altérations nécessaires placées devant la tierce et la quinte s'il y a lieu. [Ex. 57.]

L'accord parfait mineur se chiffre par un 3 avec altération s'il y a lieu. [Ex. 58.]

L'accord de quinte diminuée se chiffre par $\not{5}$. [Ex. 59.]

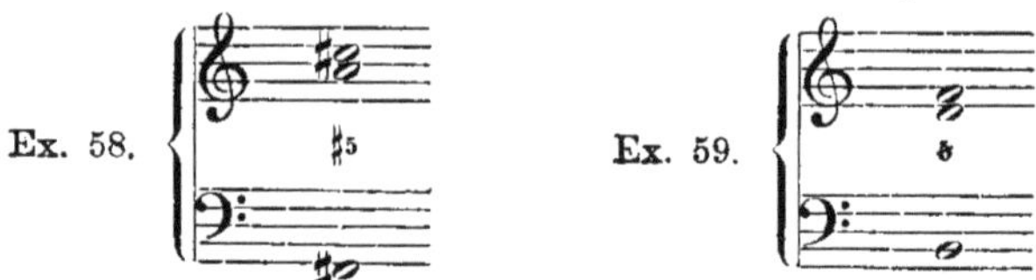


Plaçons sur chaque degré d'une gamme majeure un accord de 3 sons; on aura ainsi la série suivante: [Ex. 60.]

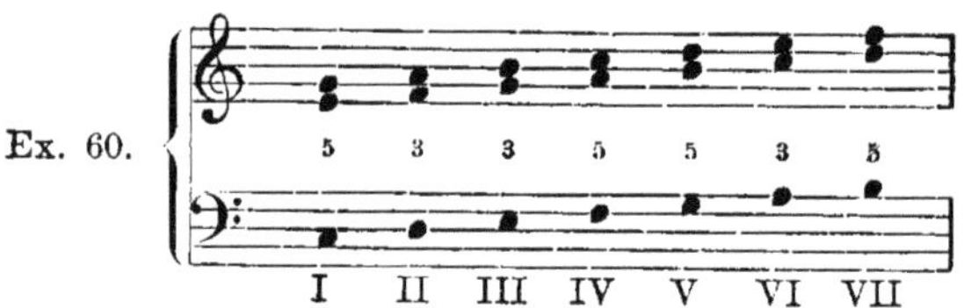


En résumé: 3 accords parfaits majeurs, sur le Ier, IVème et Vème degré.

3 accords parfaits mineurs, sur le IIème, IIIème et VIème degré; un accord de quinte diminuée sur le VIIème degré.

Examinons la gamme mineure qui peut se présenter sous 2 formes: *gamme mélodique* et *gamme harmonique*. [Ex. 61.]

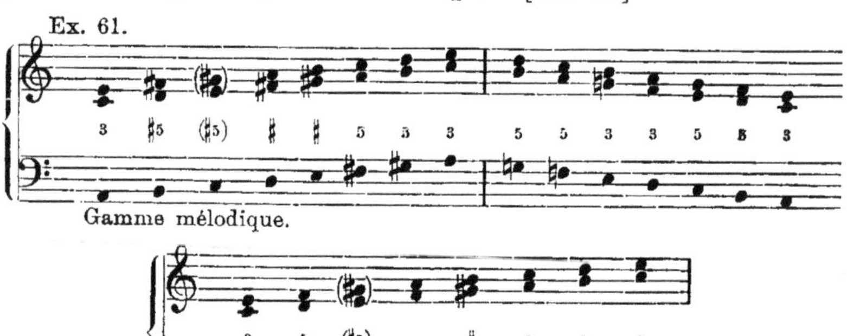


Plaçons sur chaque degré de la gamme mineure un accord de 3 sons. En employant la gamme mélodique on aurait, en montant et cela en raison des altérations affectées au VIème et au VIIème degré:

deux accords parfaits mineurs sur le Ier et IIème degré,
deux accords de quinte diminuée sur le VIème et VIIème degré,
deux accords parfaits majeurs sur le IVème et le Vème degré.

*Remarque:* L'accord de 3 sons ne peut être obtenu sur le IIIème degré qu'au moyen d'une altération de quinte augmentée. Cette agrégation, par son caractère, rentre dans l'harmonie dissonante.

En descendant on obtient avec la même gamme:

- trois accords parfaits majeurs sur le VIIème, le VIème et le IIIème degré.
- trois accords parfaits mineurs sur le Vème, le IVème et le Ier degré.
- un accord de quinte diminuée sur le IIème degré.

La gamme harmonique donne en montant et en descendant:

- deux accords parfaits mineurs sur le Ier et le IVème degré.
- deux accords parfaits majeurs sur le Vème et le VIème degré.
- deux accords de quinte diminuée sur le IIème et le VIIème degré.

L'accord de 5̸ du VIIème degré est différent de l'accord de même espèce formé sur le IIème degré du mode mineur. Le premier est éminemment *attractif, dissonant,* car il est basé sur le rapport du IVème et VIIème degré. C'est la base de toute l'harmonie dissonante moderne. [Ex. 62.]

Ex. 62. L'évangéliste.

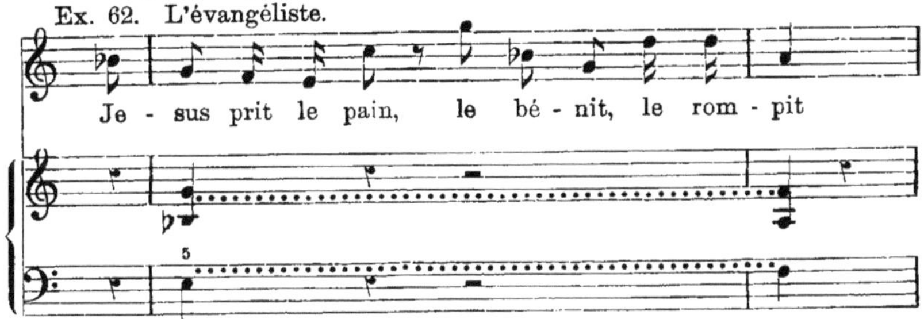


J.-S. Bach (1685—1750). La Passion selon St. Mathieu.

La sensible placée à la basse appelle la tonique; la sous-dominante formant dissonance avec la basse est attirée par elle sur la médiante.

L'accord de 5̸ pour employer un terme technique se *résoud* sur l'accord parfait de tonique. Mais c'est un accord particulier: il est le radical de l'accord de 7ème de dominante. Il est presque inusité à 4 parties, et appelle le plus souvent l'adjonction de la dominante. [Ex. 63.]

Ex. 63.

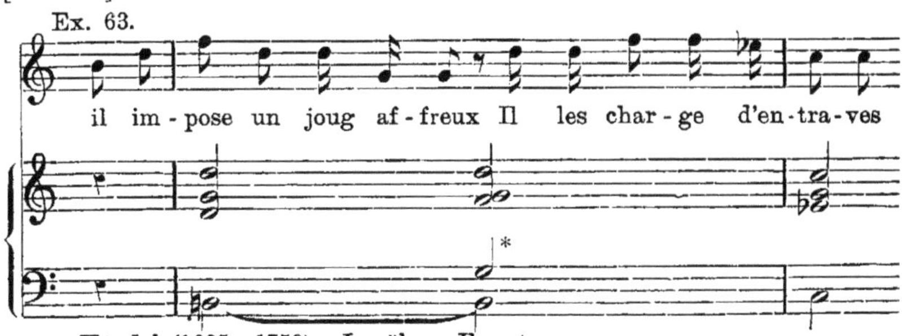


Händel (1685—1759). Israël en Egypte.

Tout autre est l'accord de 5 du IIème degré en mineur. Ne renfermant point la sensible il n'a point d'attraction. Par suite pas besoin de résolution: il n'est pas dissonant. Du reste il n'est pas immuable car il n'est dû qu'à la suppression de l'altération placée devant le VIème degré du mode mineur.

30. *Règles de l'écriture à trois parties.* On sait qu'un accord est à l'état fondamental tant que la fondamentale est à la basse. Un accord peut donc se présenter sous différents aspects, tout en conservant le même état, suivant la place qu'occupent les autres notes de l'accord par rapport à la basse. Les différentes faces sous lesquelles se présente un accord se nomment *positions.* Un accord peut être disposé dans trois positions selon que la partie supérieure est occupée par la 3ce, la 5te ou l'8ve de la basse. [Ex. 64.]

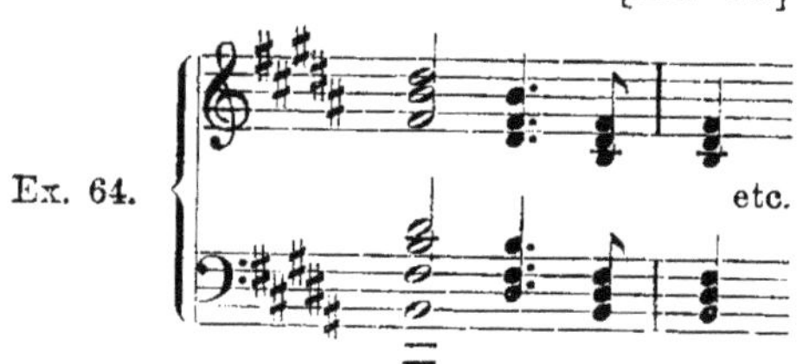


R. Wagner (1813—1883). Marche du Tannhäuser (A. Durand & fils, éditeurs).

Les différentes positions que prend l'harmonie sont larges, moyennes ou serrées, suivant l'écartement des notes. [Ex. 65.]

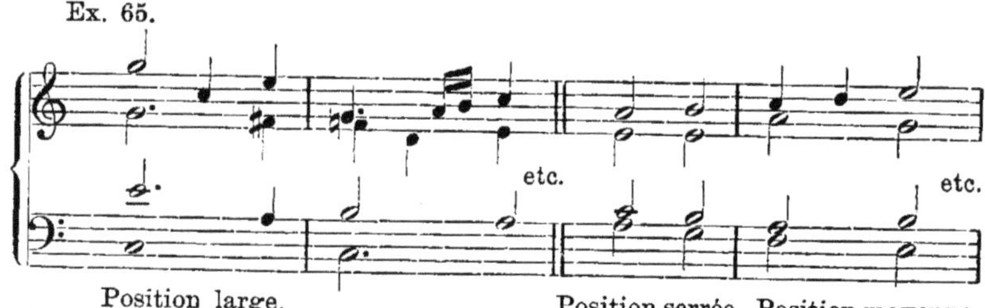


R. Wagner (1813—1883). Les Maîtres chanteurs, 1er acte
(A. Durand & fils, éditeurs).

Et constatons d'abord qu'il est impossible d'avoir deux accords de suite à l'état fondamental et dans la même position. [Ex. 66.]

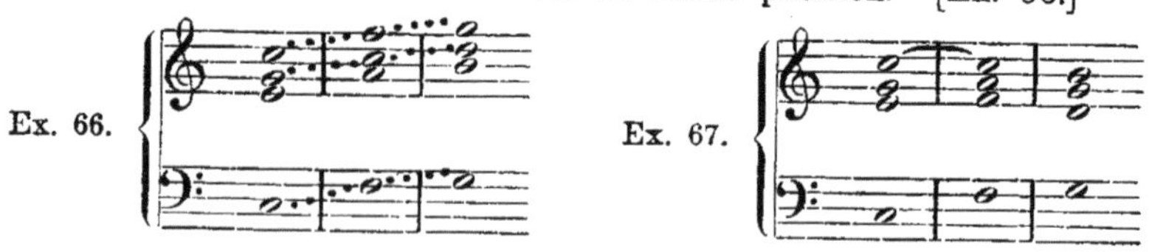


En effet ces successions harmoniques, comme celles qui sont indiquées dans l'exemple précédent, engendreraient les 5tes et les

8$^{ves}$ consécutives. Il faut donc varier les positions, sans toutefois s'écarter longtemps de celle qu'on a adoptée au début. Par conséquent on doit procéder en employant les intervalles mélodiques les plus petits, se servir des notes communes aux accords en les conservant à la même partie. [Ex. 67.]

31. Les règles exposées au sujet du contrepoint à deux parties deviennent applicables à l'écriture à trois parties. Mais au fur et à mesure qu'on augmente le nombre des parties et le choix des accords les règles prennent plus de latitude. Nous sortons du domaine du contrepoint sévère pour adopter l'écriture harmonique à plusieurs parties.

*Règle 1.* Aucune note attractive ne peut être doublée.

*Démonstration:* En effet toute note attractive obéissant à son mouvement obligé dans plusieurs parties à la fois détermine des octaves consécutives. [Ex. 68.]

Ex. 68.

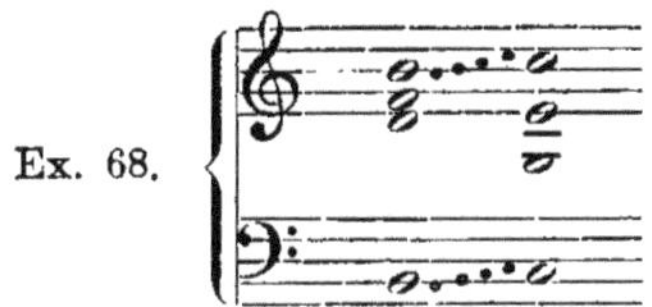

*Règle 2.* Les 5$^{tes}$ et 8$^{ves}$ consécutives demeurent prohibées. Cependant une 5$^{te}$ juste peut être suivie d'une 5$^{te}$ diminuée, car elles sont de nature différente. Mais l'inverse ne se peut. Pour la même raison deux quintes diminuées sont permises, car elles ne donnent pas l'impression de deux tonalités consécutives.

*Règle 3.* Les 5$^{tes}$ et 8$^{ves}$ cachées sont permises sous certaines réserves. Il y a lieu ici d'examiner les deux parties extrêmes, puis la partie intermédiaire par rapport à l'une des deux autres.

I$^{0}$. Entre les parties extrêmes, les plus visibles et les plus sensibles à l'oreille, la 5$^{te}$ directe est permise lorsque la partie supérieure descend d'un degré [Ex. 69], et cela principalement sur la tonique et sur la dominante.

Ex. 69. Ex. 70.

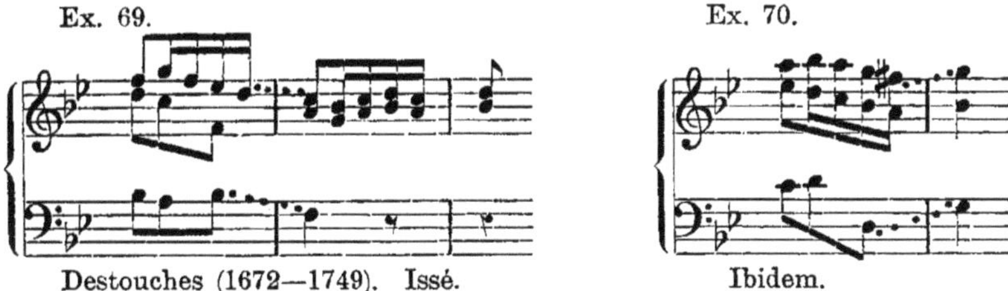

Destouches (1672—1749). Issé. Ibidem.

*Démonstration:* Une note commune aux deux accords, sous entendue dans le second, établit entre eux un lieu de tonalité qui supprime l'impression désagréable de la quinte cachée.

II$^{0}$. L'octave directe est permise entre les parties extrêmes lorsque la partie supérieure monte d'un $\frac{1}{2}$ ton. [Ex. 70.]

*Démonstration:* Ici le $\frac{1}{2}$ ton qui se trouve dans l'intervalle mélodique *fa♯—sol* donne à la première des deux notes le caractère attractif de la sensible. Aucune note attractive ne pouvant être doublée l'oreille ne peut supposer la doublure d'une note à mouvement obligé et par suite la première octave cachée provenant de cette doublure. [Ex. 71.]

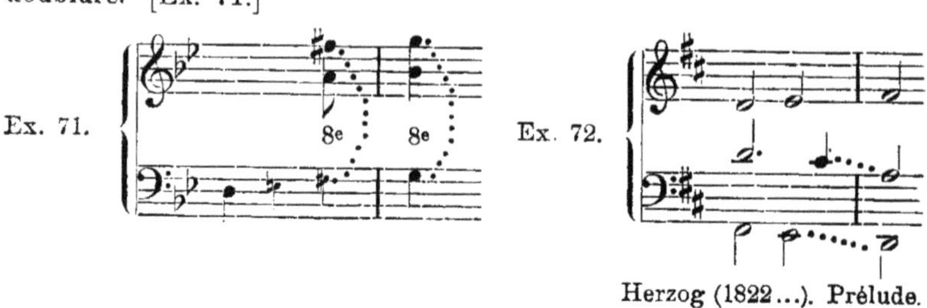


Herzog (1822...). Prélude.

III⁰. Quant à la partie intermédiaire, moins en évidence que les deux autres, elle est soumise à des règles moins sévères. Toute $5^{te}$ et $8^{ve}$ directe entre la seconde partie et l'une des parties extrêmes est permise lorsque l'une d'elles procède par degrés conjoints. [Ex. 72.]

*Règle 4.* Le mouvement direct est permis à trois parties.

*Règle 5.* Une $5^{te}$ diminuée ne peut être suivie d'une $5^{te}$ juste. Le mouvement résolutif de la dissonance accuse encore la quinte cachée. D'une manière générale *une dissonance ne peut se résoudre par mouvement direct sur une consonance parfaite.*

*Règle 6.* Les notes communes à deux accords, établissant un lien tonal entre deux harmonies même différentes permettent la $5^{te}$ directe, lorsqu'aucune partie ne procède par degré conjoint. [Ex. 73 et $73^{bis}$.]

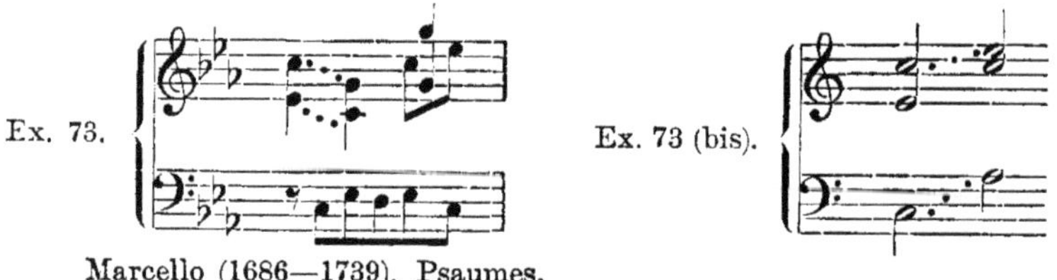


Marcello (1686—1739). Psaumes.

*Règle 7.* L'unisson est défendu à trois parties, en raison de sa pauvreté qui réduit l'harmonie à deux parties.

32. *Du redoublement et de la suppression des notes dans les accords.*

Comme on ne peut enchaîner deux accords dans la même position, on est amené parfois à supprimer certaines notes et à en redoubler d'autres.

*Notes à supprimer.* — Dans les accords parfaits on ne peut supprimer ni la basse, note essentielle, ni la tierce, note caractéristique;

la quinte seule peut l'être. Dans ce cas on redouble la fondamentale. Les accords de quinte diminuée, principalement celui du VIIème degré, doivent être complets. En effet on ne peut doubler les deux notes attractives et par conséquent on ne peut supprimer la 3ce. Cette attraction de la note sensible se retrouve dans l'accord de dominante suivi de l'accord de tonique. Par conséquent la 3ce de l'accord de dominante ne peut être doublée. [Ex. 74.]

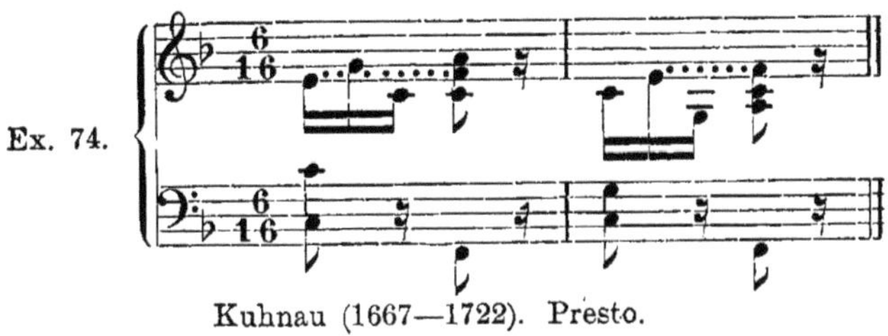

Kuhnau (1667—1722). Presto.

# Chapitre V

## Renversement des accords

33. On obtient le renversement d'un accord en plaçant à la basse une autre note que la fondamentale.

Le 1er renversement des accords de trois sons s'obtient en plaçant la seconde note de l'accord à la basse.

Le 1er renversement de l'accord parfait majeur est formé d'une 3ce et d'une 6te mineures. [Ex. 75.]

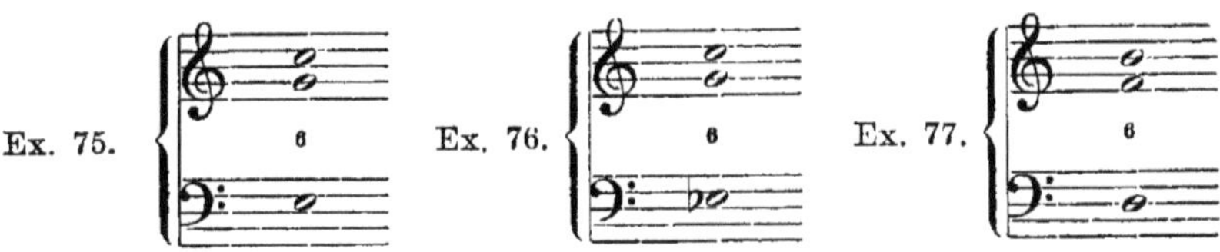


Le 1er renversement de l'accord parfait mineur est formé d'une 3ce et d'une 6te majeures. [Ex. 76.]

Le 1er renversement de l'accord de 5te diminuée est formé d'une 3ce mineure et d'une 6te majeure. [Ex. 77.]

Cet accord s'appelle dans les trois cas: accord de sixte; chiffrage: 6 avec altérations s'il y a lieu.

L'accord de 6te du IIème degré, étant le renversement de l'accord de 5te diminuée placé sur la sensible, possède les mêmes qualités dissonantes que l'accord fondamental.

Cependant le caractère dissonant de l'accord est atténué, car aucune des notes attractives ne se trouve à la basse. Lorsqu'il se résoud sur l'accord de tonique, la 6[te] (VIIème degré) doit monter à la tonique, la 3[ce] (IVème degré) doit descendre à la médiante. [Ex. 78].

Ex. 78.

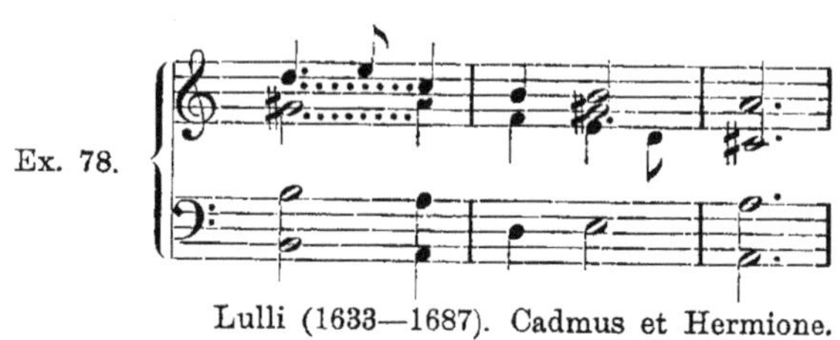

Lulli (1633—1687). Cadmus et Hermione.

Lorsque l'accord de 6[te] du IIème degré se résoud sur l'accord de 6[te] de médiante il est permis, afin d'avoir les deux accords complets, de faire monter le IVème degré. (Ex. 78 bis.) Ces remarques ne s'appliquent pas au 1er renversement de l'accord de quinte diminuée du IIème degré en mineur, lequel ne renferme aucune note attractive.

34. Le 2me renversement des accords de trois sons s'obtient en plaçant la 3me note de l'accord à la basse.

Le 2me renversement de l'accord parfait majeur est formé d'une 4[te] juste et d'une 6[te] majeure, on l'appelle accord de 4[te] et 6[te]; chiffrage: $^{6}_{4}$. [Ex. 79.]

Ex. 78 bis.

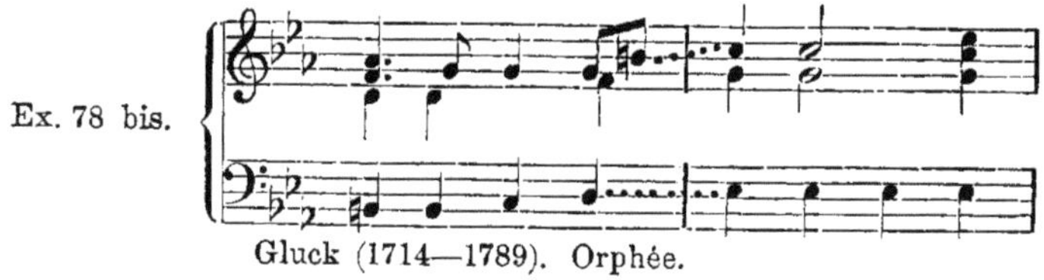

Gluck (1714—1789). Orphée.

Le 2me renversement de l'accord parfait mineur est formé d'une 4[te] juste et d'une 6[te] mineure; chiffrage comme le précédent. [Ex. 80.]

Le 2me renversement de l'accord de $\not 5$ est formé d'une 4[te] augmentée et d'une 6[te] majeure, on le nomme accord de 4[te] augmentée et sixte; chiffrage: $^{6}_{+4}$. [Ex. 81.]

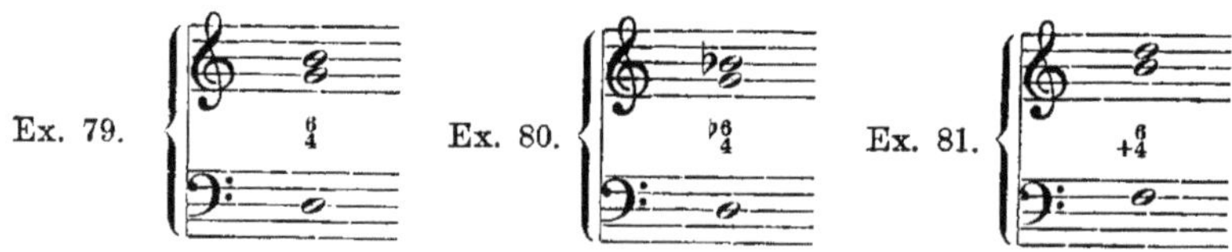


Dans ce renversement des accords parfaits la 4[te] juste, consonance mixte, est admise sous certaines réserves et traitée comme dissonance. Aussi, comme toute dissonance, elle demande à être *préparée* et *résolue.*

Préparation: Elle consiste à faire entendre l'une des deux notes formant l'intervalle de $4^{te}$ dans l'accord qui précède et à la même partie.

Résolution: Elle se fait en conservant l'une des deux notes qui composent cet intervalle. [Ex. 82.]

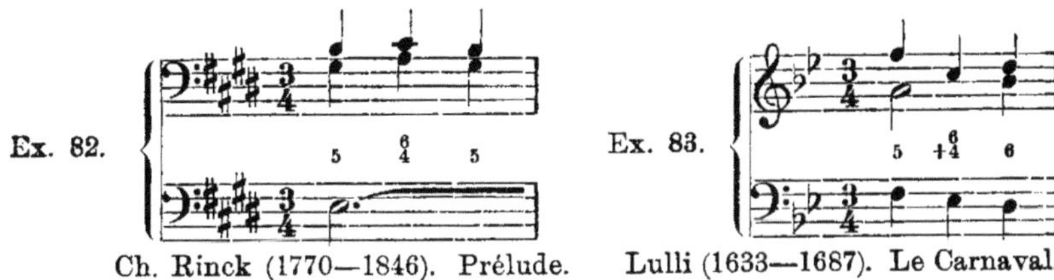

Ch. Rinck (1770—1846). Prélude. Lulli (1633—1687). Le Carnaval.

L'accord de $_{+4}^{6}$ placé sur le $IV^{ème}$ degré de chaque mode a un caractère dissonant bien marqué. Dès lors la basse ($IV^{ème}$ degré) descend et la $4^{te}$ augmentée (sensible) monte à la tonique. [Ex. 83.]

La dissonance de $4^{te}$ augmentée oblige également à descendre d'un degré la basse du même accord placé sur le $VI^{ème}$ degré du mode mineur. Ici la $4^{te}$ augmentée n'a plus de tendance, car elle n'est pas formée par la sensible. [Ex. 84.]

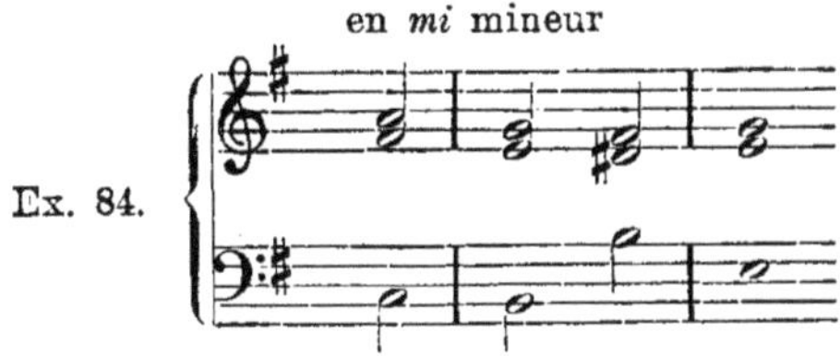


35. Les renversements doivent toujours être complets; en effet on ne peut supprimer la note de basse sans détruire l'accord. Dans l'accord de $6^{te}$ la $3^{ce}$ est nécessaire pour déterminer la nature de l'accord, la $6^{te}$ est indispensable, car elle est la fondamentale.

Dans le $2^{me}$ renversement les mêmes raisons subsistent.

---

# Chapitre VI

## Harmonie à 4 parties. Choix des accords

Dans l'écriture à quatre parties il n'y a pas lieu de supprimer aucune note des accords de trois sons. Il est même nécessaire d'en redoubler une.

*Notes à redoubler:* Dans un accord parfait on redouble de préférence la fondamentale ou la quinte. D'une façon générale, une note est d'autant meilleure à redoubler qu'elle a une plus grande importance au point de vue tonal. [Ex. 85.]

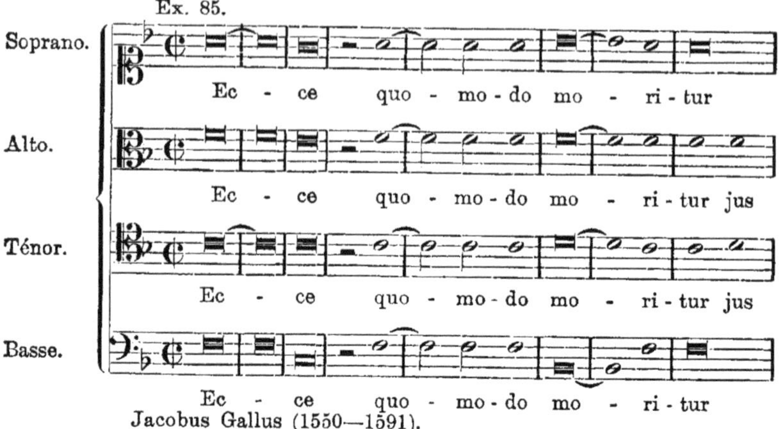

Jacobus Gallus (1550—1591).

D'après ces observations on double de préférence les degrés de 1er ordre, quelquefois les degrés de second ordre, très rarement la médiante (3me ordre) et jamais la sensible (on ne double jamais la basse ni la 5te d'un accord de $\not{5}$). Pour les mêmes raisons il est préférable de ne pas doubler la basse d'un accord de 6te. (3ce de la fondamentale.) Cependant à quatre parties, pour faciliter la réalisation, on peut doubler la basse, en choisissant autant que possible dans ce cas un degré de 1er ordre. [Ex. 86.]

Ex. 86.

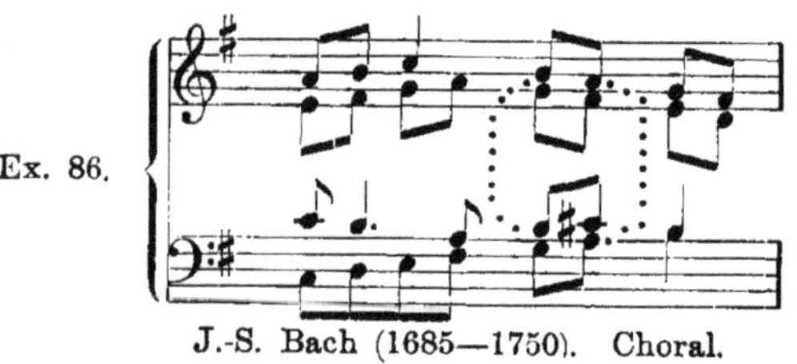
J.-S. Bach (1685—1750). Choral.

L'accord de 6te du second degré renferme deux notes attractives qui ne peuvent être doublées. On double alors la basse. [Ex. 87.]

**Ex. 87.**

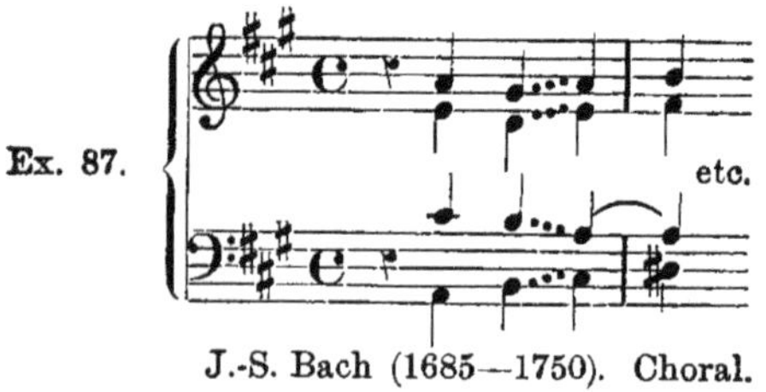

J.-S. Bach (1685—1750). Choral.

Cependant il est permis de doubler la tierce, dont le caractère dissonant est peu accusé, pourvu qu'elle obéisse à sa tendance descendante à la partie supérieure qui est le plus en évidence. Doublée à une partie intermédiaire, la tierce peut suivre une tendance opposée, c'est à dire monter d'un degré. [Ex. 88.]

Ex. 88.

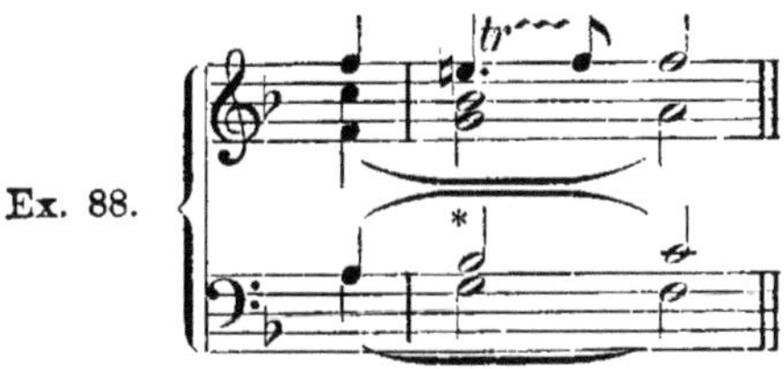

Händel (1685—1759). 2me Concerto d'orgue.

Dans les accords de $\frac{6}{4}$ on double de préférence la basse (5ème de la fondamentale). La 4te peut cependant être doublée, car elle est la fondamentale de l'accord, mais sous certaines réserves. En effet la 4te, consonance mixte est traitée comme dissonance. La préparation dans ce cas se fait à la partie la plus élevée qui a la note supérieure de la quarte. [Ex. 89.]

Ex. 89.

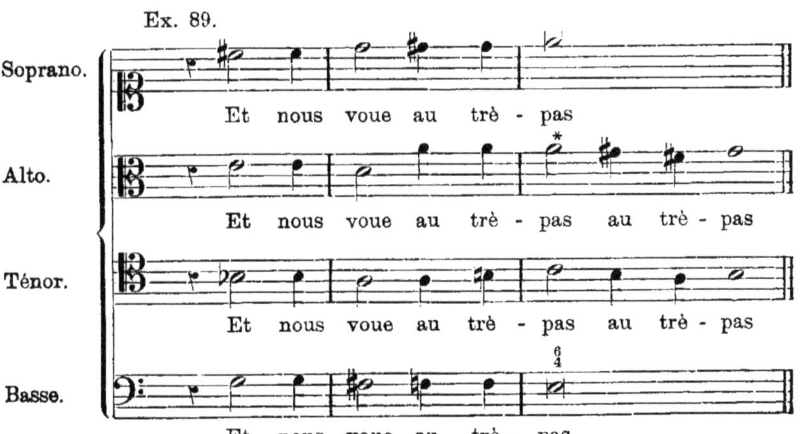


Händel (1685—1759). Le Messie.

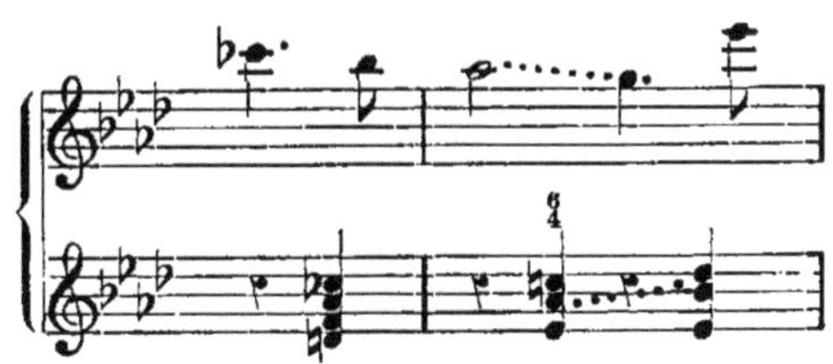

Beethoven (1770—1827). 1re Sonate.

Dans l'accord de $_{+4}^{6}$ du IV$^{me}$ degré on ne peut doubler les deux notes attractives. La 6$^{te}$ seule peut être doublée. [Ex. 90.]

Ex. 90.

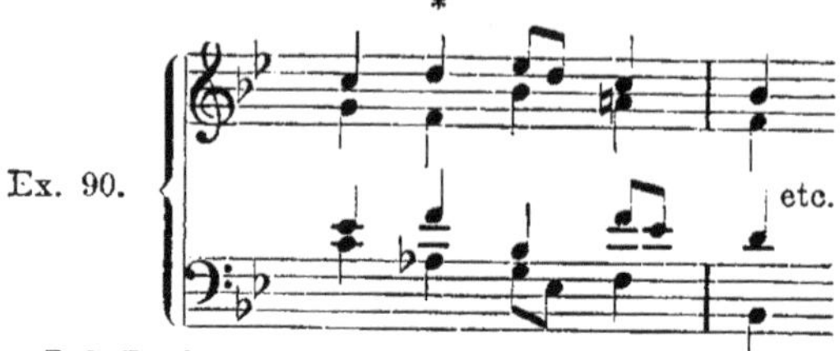


J.-S. Bach (1685—1759). La Passion selon St. Mathieu.

Dans le même accord placé sur le sixième degré du mode mineur, on ne peut, en raison du caractère très dissonant de l'accord, redoubler la basse. [Ex. 91.]

en *la* min.

Ex. 91.

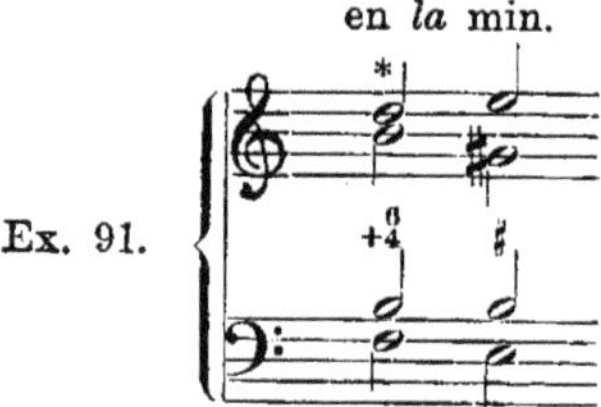

37. Pour éviter les fautes de 5$^{te}$ et d'8$^{ve}$, et par élégance, le mouvement direct est défendu à quatre parties à la fois.

38. Afin d'équilibrer le rythme on ne peut syncoper en même temps les deux parties extrêmes.

39. *Choix des accords à placer sur les différents degrés.*

Le contrepoint à deux parties nous a donné les notes essentielles de chaque accord, et en quelque sorte le squelette de l'harmonie. Pour le placement des accords à trois et à quatre parties, il suffira de se reporter à la division des degrés en trois catégories et au choix des différents intervalles dans le contrepoint note contre note.

*Les degrés de 1$^{er}$ ordre (I$^{er}$ et V$^{ème}$)* portent l'accord parfait, c'est à dire la superposition des trois intervalles usités dans le contrepoint (3$^{ce}$, 5$^{te}$ et 8$^{ve}$). Ils peuvent également porter l'accord de $_{4}^{6}$.

L'accord de $_{4}^{6}$, accord dissonant, est permis sur la tonique lorsqu'il est préparé et résolu sur la basse. [Ex. 92.]

en *si* min.

Ex. 92.

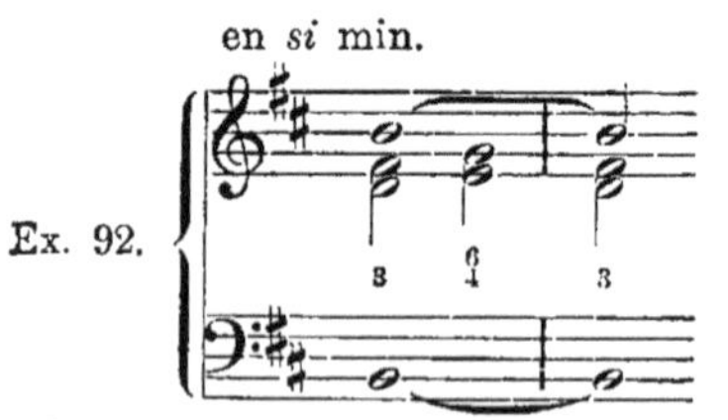

Ch. Rinck (1770—1846). Ecole d'orgue.

L'accord de $^6_4$ placé sur la dominante est le renversement de l'accord de tonique. Aussi, en raison de son importance tonale, on est dispensé de le préparer. Il suffit de le résoudre sur la dominante. [Ex. 93.]

Ex. 93.

R. Schumann (1810—1856). Choral.

*Les degrés de 2ème ordre* (IIème, IVème, VIème) procédant par degrés disjoints, portent l'accord parfait (en contrepoint la 3ce, la 5te et l'8ve). Dans le mode mineur, le second degré porte l'accord de $\not{5}$. Les degrés de second ordre, procédant par degrés conjoints, portent l'accord de 6te (en contrepoint la 3ce et la 6te).

Le second degré peut, dans le même cas, porter l'accord de $^6_4$ (renversement de l'accord de dominante), pourvu que la quarte soit préparée et résolue par la note supérieure de cet intervalle. [Ex. 94.]

(en *ut*)

Ex. 94.

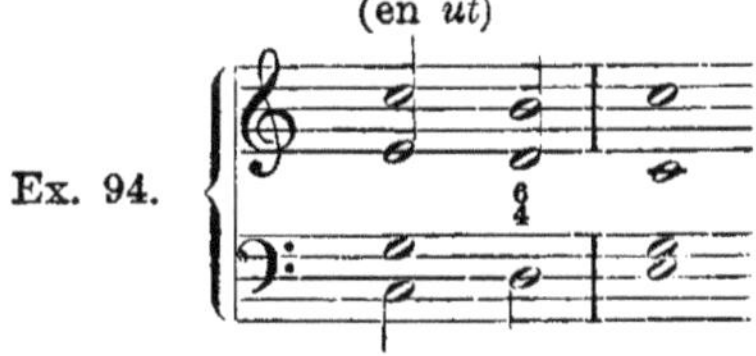

Dans ce cas c'est un accord de passage.

Le 4ème degré descendant à la médiante, peut également porter l'accord de $^6_{+4}$. (2ème renversement de l'accord de $\not{5}$, placé sur la sensible.)

Le 6ème degré en mineur descendant à la dominante, peut porter l'accord de $^6_{+4}$. (2ème renversement de l'accord de $\not{5}$ du IIème degré.)

*Les degrés de troisième ordre* (IIIème et VIIème) portent l'accord de 6te (en contrepoint la 3ce et la 6te).

Le 7ème degré, montant à la tonique, peut porter l'accord de $\not{5}$ et l'accord de 6te dans tous les cas.

40. Pendant la durée d'un même accord on peut changer la position des notes. [Ex. 95.] Un changement de position ne modifie

Ex. 95.

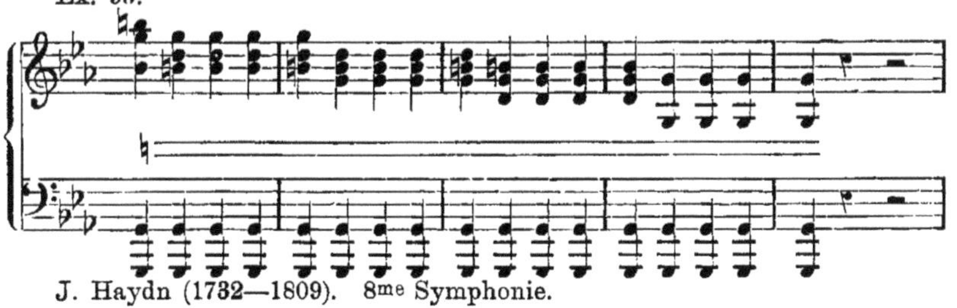

J. Haydn (1732—1809). 8me Symphonie.

pas l'état de l'accord, puisque la basse reste la même. Lorsqu'on change la note de basse, l'accord n'est plus dans le même état, mais la même harmonie persiste. Les différentes modifications de l'accord, changements de position et renversements, n'excluent pas les fautes de $5^{te}$ et d'$8^{ve}$. [Ex. 96.]

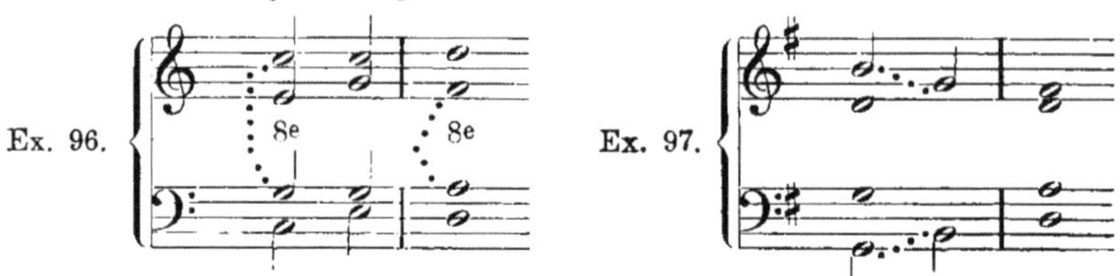

Ex. 96. Ex. 97.

Lorsqu'on change la position ou l'état de l'accord, on peut faire un *échange de notes,* c'est à dire opposer entre deux parties, un mouvement mélodique ascendant au même mouvement mélodique descendant. [Ex. 97.]

On passe facilement de l'état fondamental des accords à l'un des deux renversements. Le passage de l'accord de $^{6}_{4}$ à l'accord fondamental se fait plus difficilement, en raison de la dissonance de quarte.

41. L'unisson ne réduisant l'harmonie qu'à trois parties, est toléré sur le temps faible, le moins accentué, le moins sensible pour l'oreille, à condition qu'il soit amené par mouvement oblique, ou par deux parties procédant par mouvement contraire de la tierce à l'unisson. [Ex. 98.]

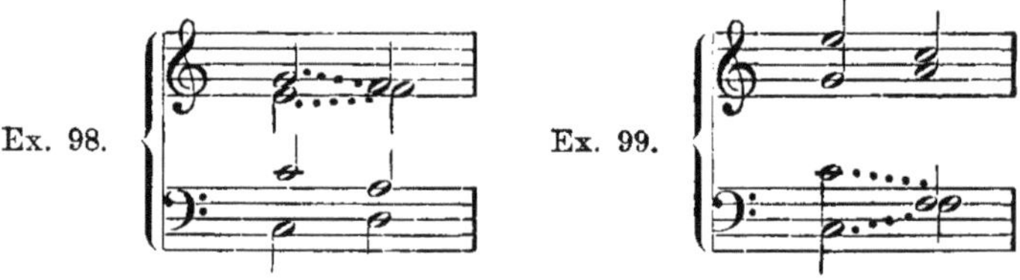
Ex. 98. Ex. 99.

Tout autre emploi de l'unisson est prohibé, en raison de sa pauvreté harmonique. C'est ainsi qu'il est défendu d'enchaîner une $8^{ve}$ et un unisson; faute qui serait analogue à celle que présenteraient deux $8^{ves}$ consécutives (l'unisson étant le renversement de l'$8^{ve}$). [Ex. 99.] Pendant le changement d'état d'un accord on peut aboutir à la $5^{te}$ par mouvement direct, lors même qu'une des deux parties ne procède pas par degrés conjoints, car il n'y a pas impression de deux harmonies différentes. [Ex. 99 bis.]

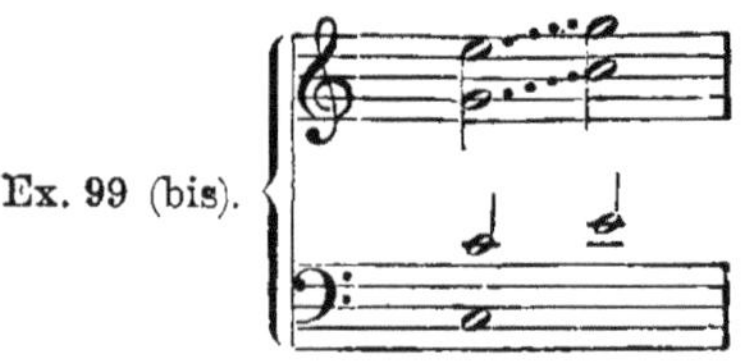
Ex. 99 (bis).

On ne doit jamais syncoper à la fois les deux parties extrêmes.

On doit éviter les syncopes boiteuses, c'est à dire les liaisons dans lesquelles la première note est moins longue que la seconde.

Dans une succession d'accords, présentés sous forme arpégée ou brisée, seule la première note de basse compte au point de vue harmonique. Les quintes ou octaves qui pourraient s'y présenter, ne sont réelles que si elles coïncident avec chaque changement d'harmonie. [Ex. 100.]

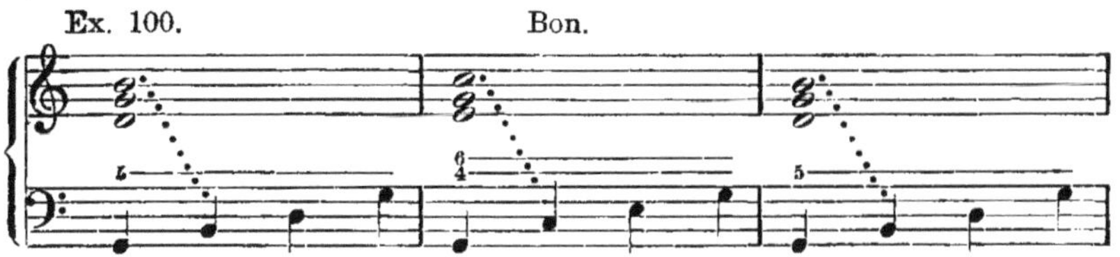


## Chapitre VII

### Cadences

42. Le mot cadence (*lat. cadere: tomber*) signifie chute. Une cadence est le mouvement d'un accord vers un autre. Ce mouvement détermine un repos dans la phrase. La cadence sert à ponctuer le discours musical et à en délimiter les différentes parties. Chaque cadence, suivant le repos plus ou moins complet qu'elle présente, correspond à un point, un point et virgule, un point d'interrogation, un point d'exclamation. Par ce moyen les différentes parties du discours musical sont divisées en périodes, phrases, membres de phrase, incises. Les différents groupes sont placés d'une façon symétrique et régulière, comme en poésie, les vers avec leurs césures et leur nombre de pieds déterminés. Les cadences répondent aux repos qui se trouvent dans la mélodie et sont généralement placées d'une façon symétrique. Une cadence est formée par le mouvement de la basse et le choix des accords placés sur cette basse. Les degrés sur lesquels s'établissent les cadences sont ceux qui donnent le mieux l'impression de repos: d'abord le I^er^ et le V^ème^, puis le IV^ème^ et le VI^ème^.

Les cadences sont au nombre de sept.

1° *Cadence parfaite*, 2° *cadence imparfaite*, 3° *cadence à la dominante ou demi-cadence*, 4° *cadence rompue*, 5° *cadence plagale*, 6° *cadence suspendue*, 7° *cadence évitée*.

43. 1° *La cadence parfaite* est formée par le mouvement de la dominante à la tonique, chaque note portant accord parfait. *La*

*dominante, comme on le verra plus tard, peut porter un accord dissonant.* Etablie sur deux degrés de 1er ordre, cette cadence détermine la tonalité d'une façon complète et donne un repos définitif. De là son nom de cadence parfaite. Pour lui conserver son caractère, au point de vue mélodique, il vaut mieux placer la sensible suivie de la tonique, à la partie supérieure. [Ex. 101.]

Ex. 101.

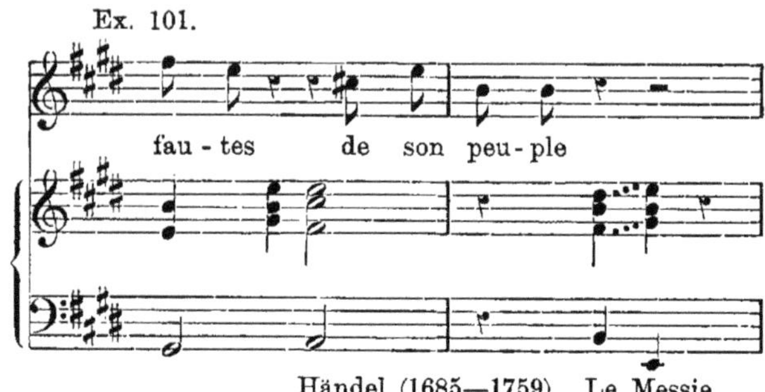


Händel (1685—1759). Le Messie.

2⁰ *La cadence imparfaite* est une modification de la précédente. Elle s'obtient de différentes façons: 1⁰ en enchaînant l'accord parfait de dominante à l'accord de 6[te] de médiante. [Ex. 102.] 2⁰ en enchaînant l'accord de 6[te] de sensible à l'accord parfait de tonique. [Ex. 103.] Elle est donc formée par le renversement de l'accord de tonique ou de celui de dominante.

Ex. 102. Ex. 103.

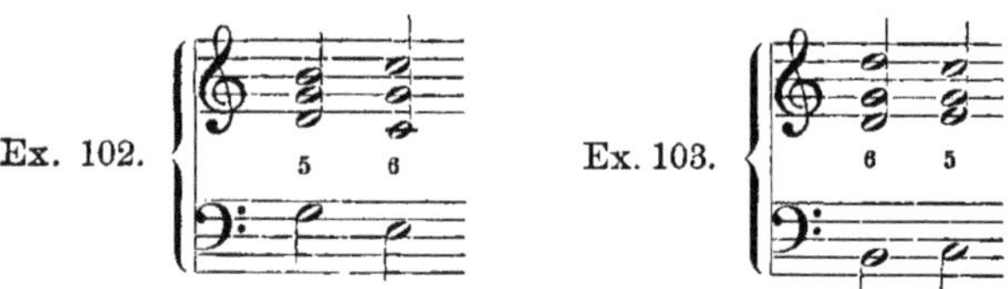


Si l'on substitue l'accord de 5̸ à l'accord parfait de dominante, on obtient les cadences suivantes:

1⁰ en enchaînant l'accord de 5̸ du septième degré à l'accord parfait de tonique. [Ex. 104.]

Ex. 104. Ex. 105.

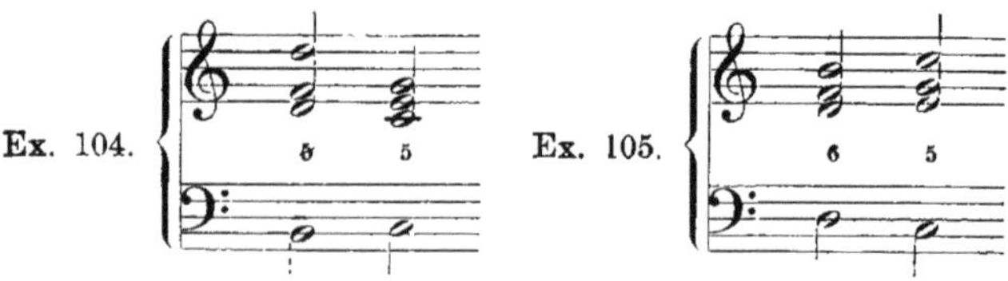


2⁰ en enchaînant l'accord de 6[te] du second degré à l'accord parfait de tonique. [Ex. 105.]

3° en enchaînant l'accord de $^{6}_{+4}$ du IV^ème degré à l'accord de 6^te de médiante. [Ex. 105 bis.]

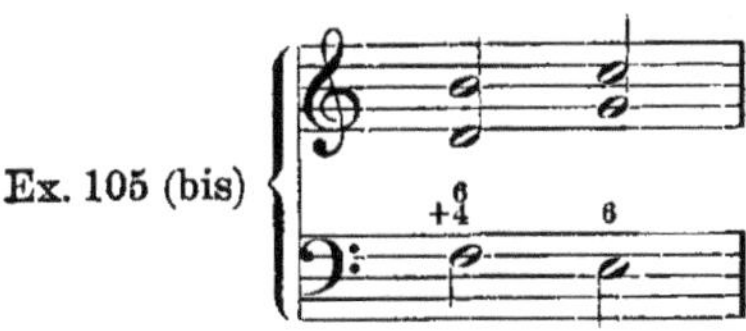


On verra plus tard, que l'on peut varier les différentes formes de cadences, au moyen des accords dissonants.

La cadence imparfaite, en raison du mouvement de basse, donne un repos moins complet que la cadence parfaite.

3° *La cadence à la dominante ou demi-cadence* est, son nom l'indique, un repos sur la dominante, portant accord parfait, quelque soit l'accord qui précède. Ce repos n'est point définitif et fait pressentir la cadence parfaite. [Ex. 106.]

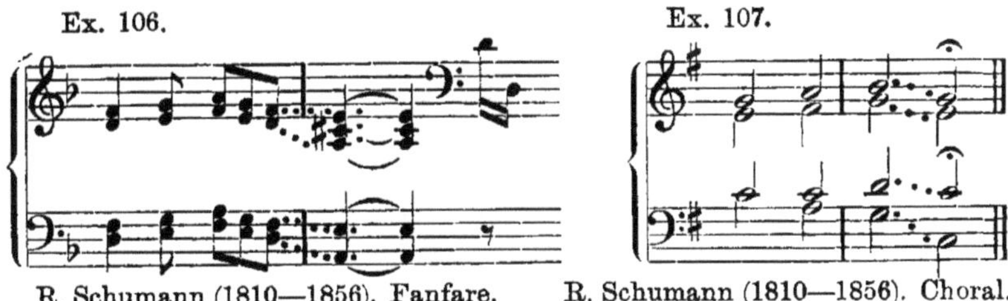

R. Schumann (1810—1856). Fanfare. R. Schumann (1810—1856). Choral.

On peut également faire une demi-cadence sur le 4^ème degré portant accord parfait. [Ex. 107.]

4° *La cadence rompue* est le mouvement de la dominante, portant accord parfait vers la sus-dominante, portant également accord parfait.

Ici la dominante n'est plus suivie de la tonique, mais du 6^ème degré qui est la tonique du relatif mineur. Le lien qui existait entre la tonique et la dominante est rompu, le sentiment musical est «étonné». De là, le nom de cadence rompue. [Ex. 108.]

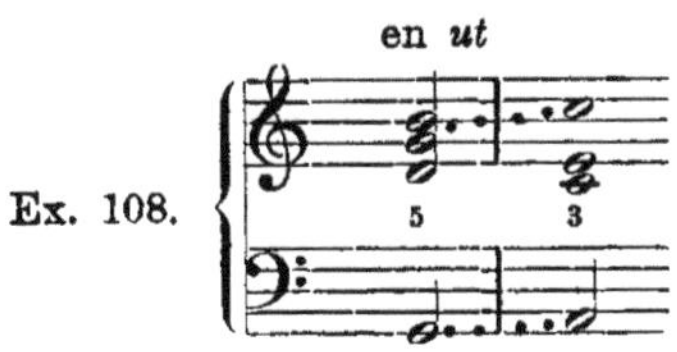

Le changement d'harmonie est encore plus saisissant, lorsque dans le mode majeur on varie cette cadence, en empruntant l'accord du VIème degré au mode mineur. [Ex. 109].

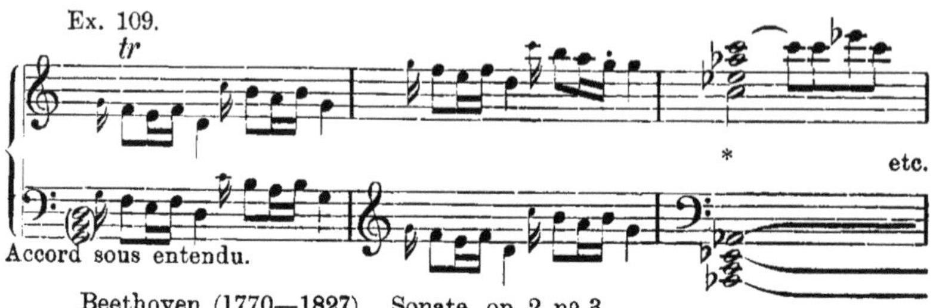


Beethoven (1770—1827). Sonate, op. 2 nº 3.

L'inverse de cet emprunt, fréquent en musique, et dont nous reparlerons, ne peut avoir lieu. Une cadence rompue, placée en mineur, ne peut emprunter l'accord du 6ème degré au mode majeur, et celà en raison de la fausse relation. [Ex. 110.]

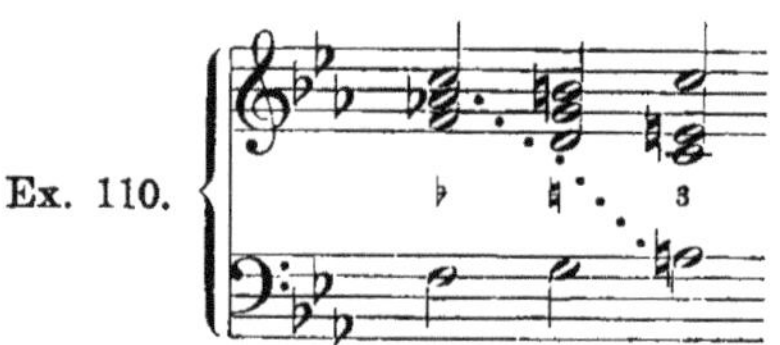


La cadence rompue peut être variée au moyen des accords dissonants.

5° *La cadence plagale* est le mouvement de la sous-dominante à la tonique, chaque note portant accord parfait. [Ex. 111.]

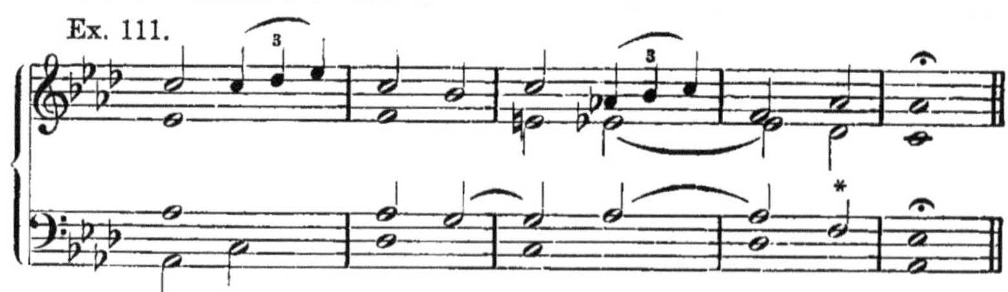


Daniel Fleuret. Sonate pour orgue (Janin frères, éditeurs).

(Le mot de plagal vient de πλαγιος, latéral). Dans la tonalité grégorienne les huit modes sont divisés en deux catégories: modes authentiques ou modes impairs, c'est à dire le 1er, le 3ème, le 5ème et le 7ème; modes plagaux ou pairs, c'est à dire le 2ème, le 4ème, le 6ème et le 8ème. La gamme d'un mode impair est formée des mêmes notes que celles du mode pair correspondant. Ainsi le 1er mode est formé des mêmes notes que le second. La note finale des deux modes est la même. Chaque mode comprend l'étendue d'une octave. Mais, dans le mode plagal, cette octave commence une quarte au dessous du mode authentique correspondant. [Ex. 112.]

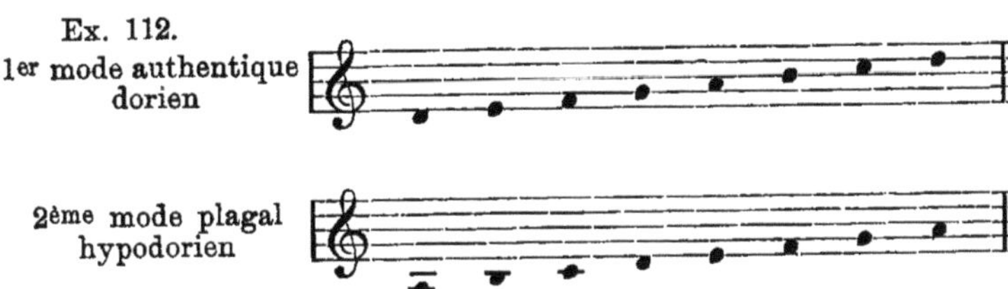


Or, la cadence plagale consiste justement dans un mouvement descendant de quarte, ou ascendant de quinte. Une cadence plagale dont le premier accord est mineur, peut être conclue avec un accord majeur, et cela dans les deux modes. [Ex. 113.]

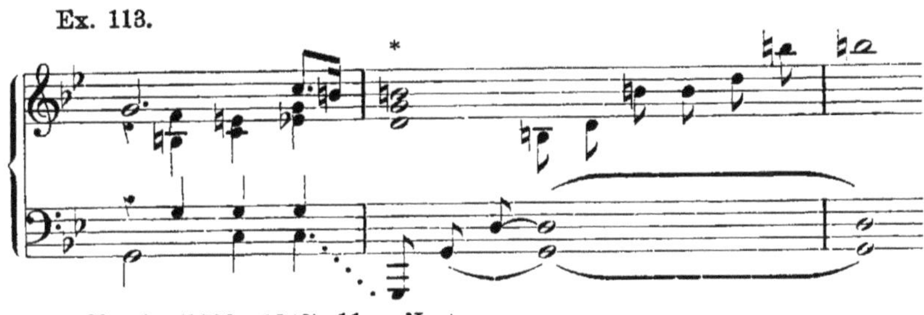

Chopin (1809—1849). 11me Nocturne.

L'inverse ne peut avoir lieu, en raison de la fausse relation. [Ex. 114.]

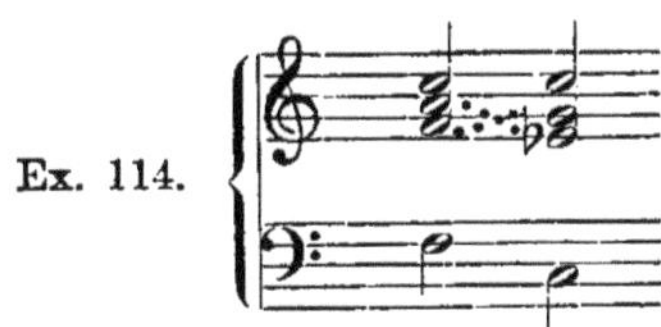


La cadence plagale s'ajoute à la cadence parfaite pour confirmer l'idée de repos exprimée par la première.

On peut varier la cadence plagale en présentant l'accord de sous-dominante sous la forme de l'un ou de l'autre renversement. [Ex. 115.]

Ex. 115.

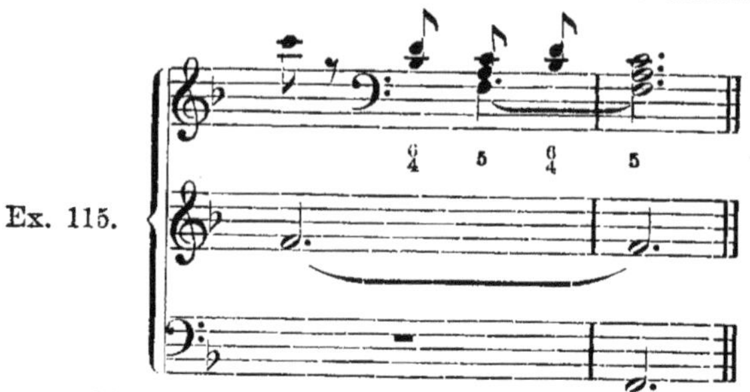

Mendelssohn (1809—1847). 4me Sonate pour orgue.

Ces cadences peuvent être variées au moyen des accords dissonants.

6° *La cadence suspendue* est une répétition de la cadence imparfaite, sous sa première forme; elle ne fait que retarder la cadence parfaite. [Ex. 116.]

Ex. 116.

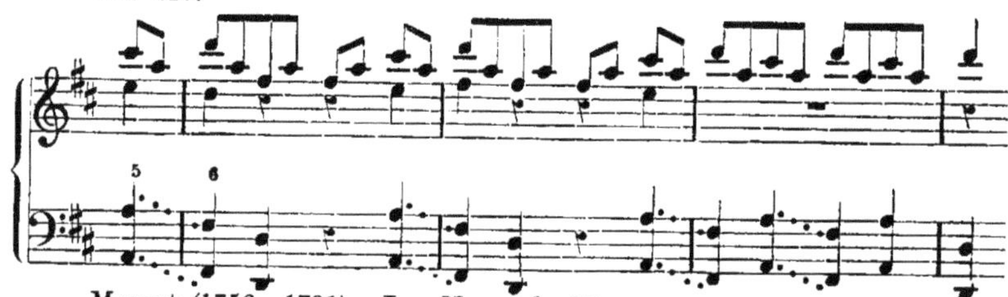

Mozart (1756—1791). Les Noces de Figaro.

7° *La cadence évitée* est formée par le mouvement de la dominante sur un accord modulant, c'est-à-dire changeant de ton. On évite le premier degré du ton où l'on est, pour se porter vers un autre ton, qui sera déterminé par une modulation. Comme on le voit, cette cadence fait partie du chapitre des modulations et sera étudiée plus tard. [Ex. 117.]

Ex. 117.

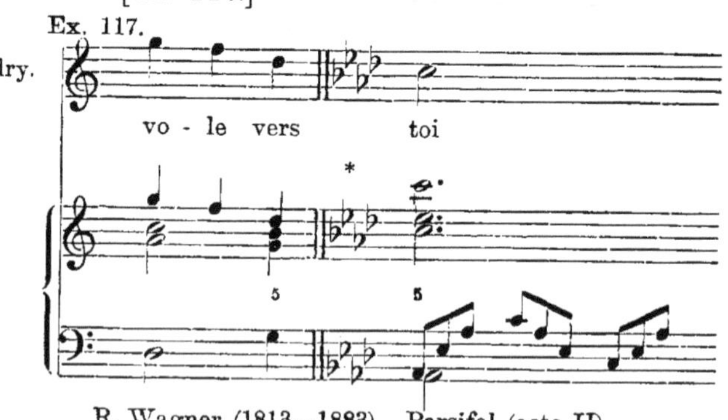


R. Wagner (1813—1883). Parsifal (acte II).

# Chapitre VIII

## Modulation

44. La modulation consiste dans le passage d'un ton à un autre, dans le rapprochement des différents tons et des différents modes. La cause qui détermine la modulation réside dans le rapport chromatique qui existe entre une note naturelle, d'une part, et cette même note altérée, d'autre part.

Ces deux notes servent à caractériser les deux tonalités mises en présence.

La modulation est essentiellement liée aux cadences. Il n'y a en effet modulation, que si l'on passe réellement dans une autre tonalité, et par conséquent, si on affirme cette nouvelle tonalité par un repos, une cadence. Si cette sensation de repos n'existe pas, il y a seulement modulation passagère, un emprunt de tonalité qui ressort du genre chromatique.

Les deux notes qui déterminent la modulation sont nommées notes *caractéristiques* et servent à différencier les deux tonalités mises en rapport. [Ex. 118.]

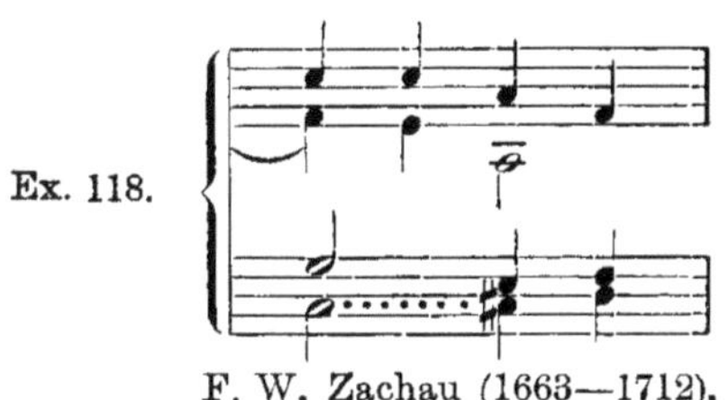

F. W. Zachau (1663—1712).

Ainsi do♯ est caractéristique du ton de ré mineur, par rapport à celui de do majeur, et inversement, do♮ est caractéristique de do majeur, par rapport à ré mineur. Suivant l'éloignement des tonalités, il peut y avoir plus d'une caractéristique de différence.

45. On nomme *tons voisins,* ceux qui ont entre eux une altération constitutive, ou une altération modale de différence. Par exemple, do majeur est voisin de sol majeur (une altération constitutive de différence fa ♯). Sol majeur est voisin de mi mineur (une altération modale de différence ré ♯).

On appelle *tons éloignés,* ceux qui diffèrent l'un de l'autre, par plus d'une altération constitutive (do et ré majeur).

Cette classification nous amène à diviser le chapitre des modulations en deux sections:

1° Modulation aux tons voisins, 2° Modulation aux tons éloignés.

## PREMIÈRE SECTION

## MODULATION AUX TONS VOISINS

46. D'après ce qui a été dit plus haut, un ton quelconque possède trois tons voisins: 1° le ton relatif, 2° le ton qui a une altération de plus, 3° celui qui en a une de moins. Les trois premiers tons sont dits *voisins directs.* Ils n'ont donc avec le ton principal qu'une caractéristique de différence qui, dans le premier cas, est une altération modale, dans les deux cas suivants, une altération constitutive. [Ex. 119.]

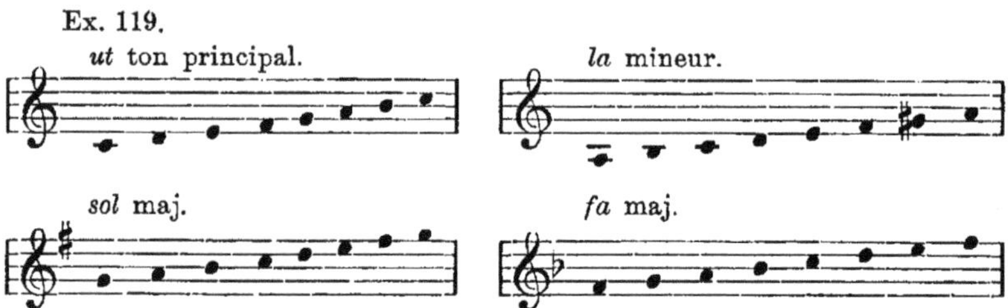


De plus, les relatifs des deux tons, ayant avec la tonalité principale la différence d'une altération, sont reliés à celle-ci par l'intermédiaire des deux premiers.

Ces relatifs sont dits *tons voisins indirects.*

D'après ces considérations, deux tons sont voisins directs lorsqu'il n'y a entre eux qu'une altération différentielle (constitutive ou modale). Deux tons sont voisins indirects lorsqu'il y a entre eux la différence d'une altération constitutive et d'une ou plusieurs altérations modales. En résumé, un ton possède toujours 5 tons voisins. [Voir Ex. 120.]

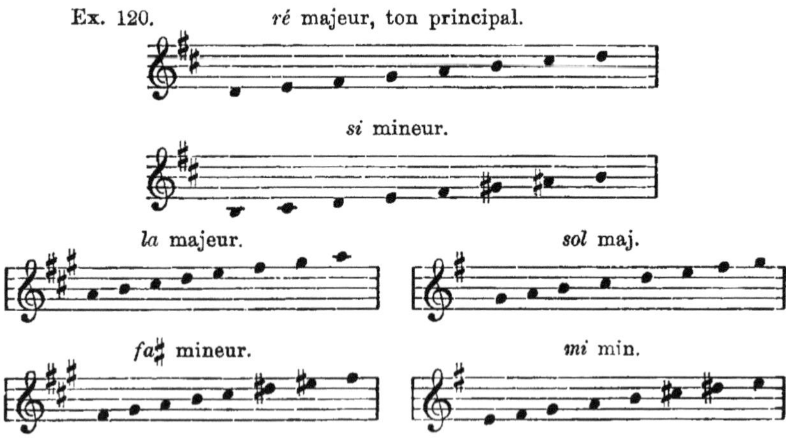

47. *Moyens de moduler aux tons voisins.* La modulation résidant en un rapport chromatique qui existe entre une note naturelle et cette même note altérée, il suffira, pour moduler à un ton voisin, de mettre en rapport chromatique les caractéristiques de chaque ton et de les faire entendre chacune dans deux accords successifs. [Ex. 121.]

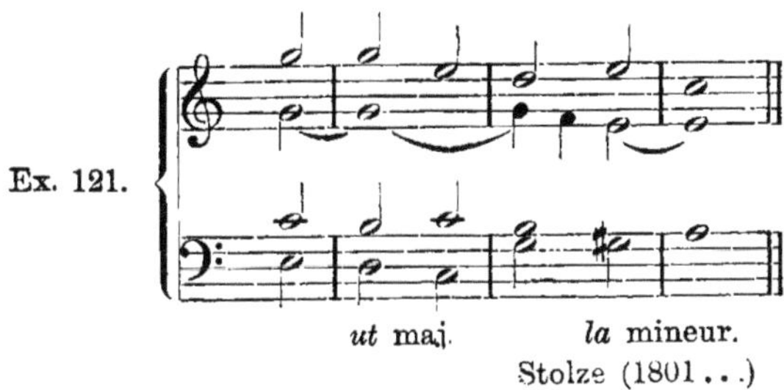


*Observation.* L'emploi du demi-ton chromatique permet le mouvement direct à quatre parties; car la note qui procède ainsi d'un demi-ton est considérée comme note commune. [Ex. 122.]

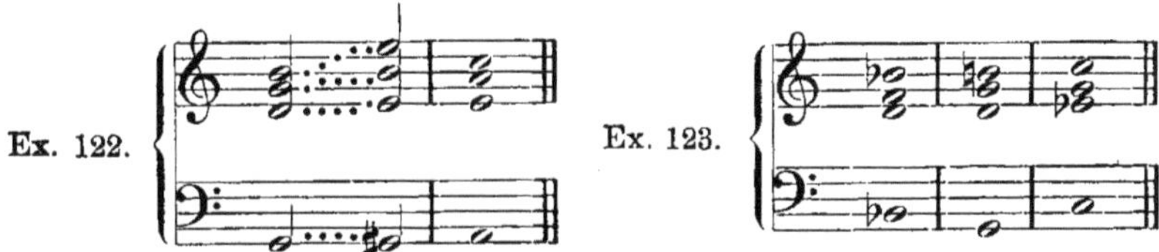


On ne doit doubler aucune des notes se suivant chromatiquement, à moins que la note doublée soit la fondamentale de l'un des deux accords. [Ex. 123.]

Si l'on passe du ton majeur à son relatif mineur, et réciproquement, une note naturelle et cette même note altérée, placées dans deux parties différentes, ne forment pas fausse relation. L'altération modale en effet ne suffit pas à détruire les rapports étroits qui existent entre les deux relatifs. [Ex. 124.]

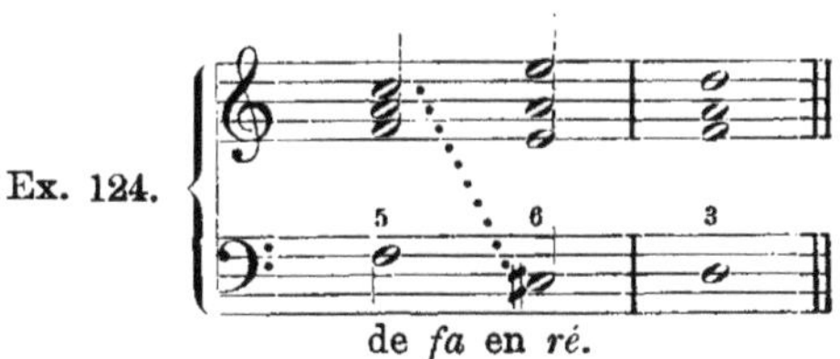


Le procédé que nous venons de donner peut être simplifié. On peut sous-entendre le premier accord qui renferme une des caractéristiques pour ne faire entendre que celle qui représente le nouveau ton auquel on module. Les accords les plus propres à moduler sont, pour les tonalités dont l'armure est formée de ♯, l'accord de dominante et celui de 5 de sensible. Quant à celles qui ont une armure formée de ♭, les accords que l'on emploie sont ceux du IIème degré, du IVème et 5 du VIIème. Remarquons ceci: la note sensible du ton que l'on abandonne, ou celle du ton dans lequel on passe, est toujours le facteur essentiel de la modulation. [Ex. 125.]

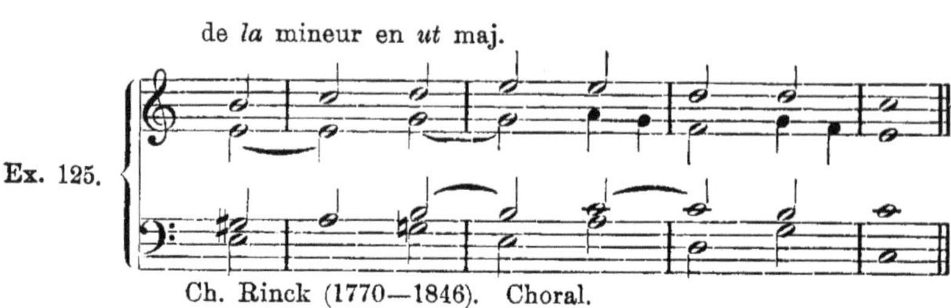


Enfin il existe un troisième procédé de modulation. Certains accords ont la propriété d'appartenir à plusieurs tonalités et, par suite, prêtent à une équivoque favorable à la modulation. Tout accord parfait majeur appartient à quatre tonalités voisines: trois majeures, une mineure [Ex. 126.]

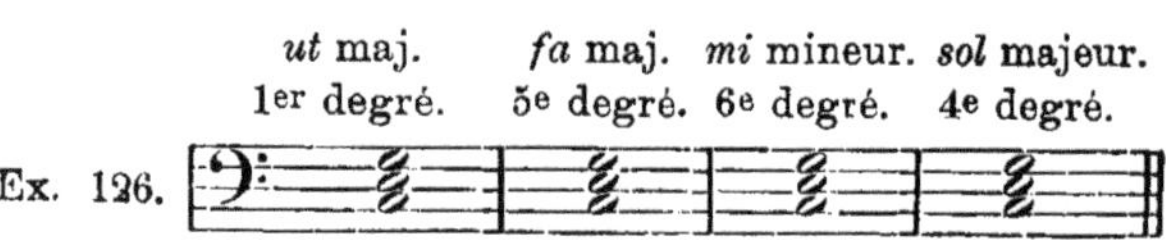


Mais les accords mixtes ne suffisent pas à établir nettement la nouvelle tonalité; ils ne font que retarder l'emploi des notes caractéristiques. On est donc ramené aux règles énoncées plus haut. [Ex. 127.]

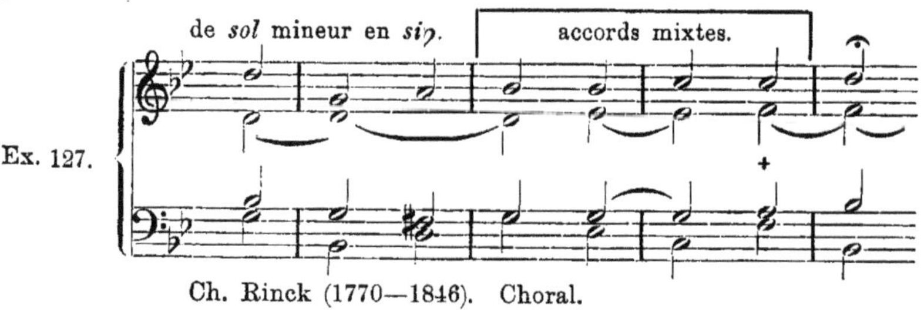


## DEUXIÈME SECTION

## MODULATION AUX TONS ÉLOIGNÉS

48. La modulation aux tons éloignés est en apparence plus compliquée. Mais certaines tonalités ont entre elles des affinités, qui servent à les rapprocher.

1° *Modulation composée.* Pour aller d'un ton à un autre ton éloigné, on peut passer par l'intermédiaire des tons voisins. C'est le cas des marches modulantes [Ex. 128]. Ce procédé, un peu long, peut être simplifié, comme nous allons le voir.

Ex. 128.

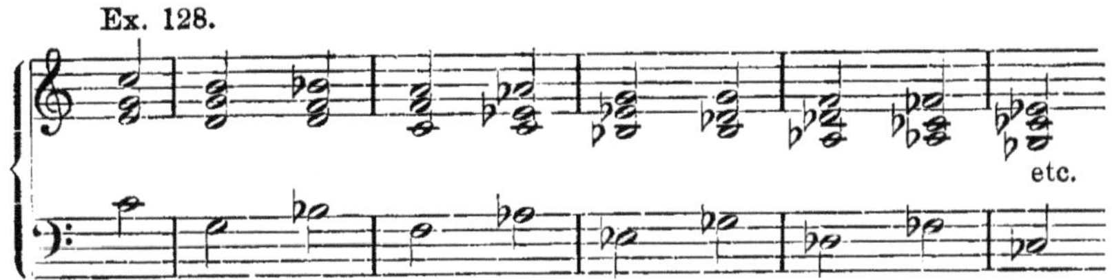


2° *Modulation par changement de mode.* En comparant la gamme majeure et la gamme mineure ayant la même tonique, [Ex. 129] on

Ex. 129.

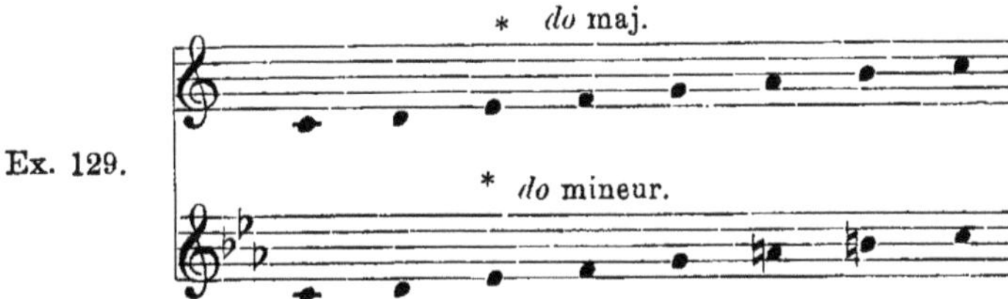


voit qu'il existe entre elles de nombreux rapports. La gamme mélodique du mode mineur, comparée à la gamme majeure, n'offre en montant qu'une altération de différence: c'est la médiante, note essentielle, note modale. D'autre part, comme nous l'avons dit à propos des cadences, on emploie fréquemment en majeur l'accord du IVème degré, emprunté au mode mineur (voir la cadence plagale). L'altération de cet accord donnerait la gamme majeure suivante. [Ex. 130.]

Ex. 130.

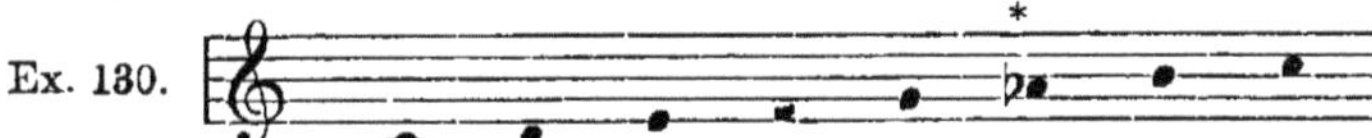

La modulation par changement de mode, consiste donc dans le rapprochement de la médiante, note essentielle, du mode majeur et du mode mineur. [Ex. 131.]

Ex. 131.

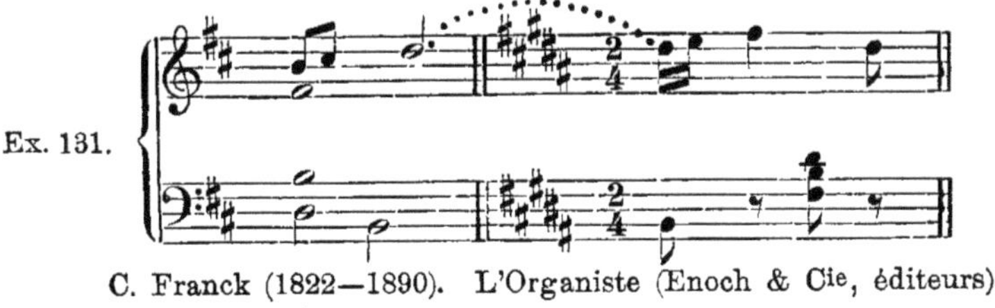

C. Franck (1822—1890). L'Organiste (Enoch & Cie, éditeurs).

Nous en sommes donc revenus à la modulation à un ton voisin. Le changement de mode peut parfois être sous-entendu. [Ex. 132.]

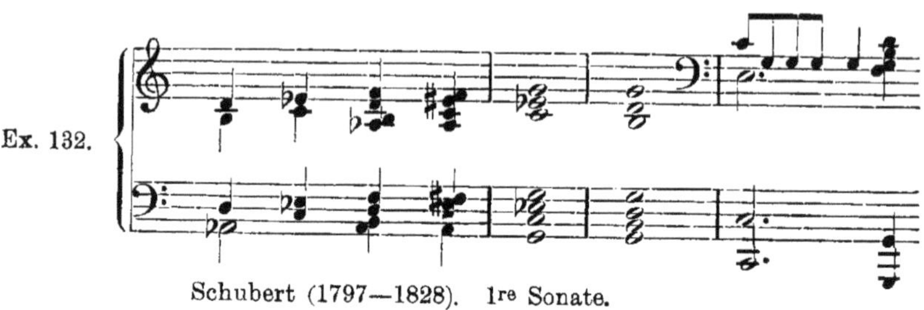


Les accords les plus propres à moduler sont l'accord de tonique, celui du VIème degré, celui de 𝄬 du IIème degré en mineur, enfin l'accord du IVème degré.

3° *Modulation par équivoque.* Comme il a été dit au sujet de la modulation aux tons voisins, tout accord parfait majeur peut appartenir à quatre tonalités voisines. En examinant la modulation par changement de mode, on voit que l'accord de dominante est commun à deux tons ayant la même tonique: l'un majeur, l'autre mineur. [Ex. 133.]

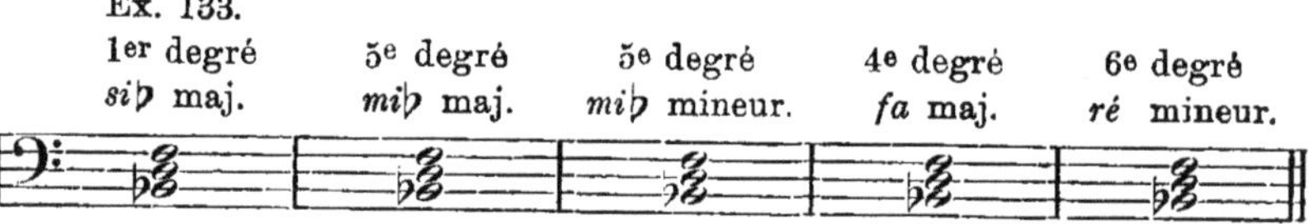


Tout accord parfait majeur peut donc appartenir à cinq tonalités: trois majeures, deux mineures. Ces accords mixtes prêtent à une équivoque favorable pour moduler aux tons éloignés. Mais ils ne font que retarder l'emploi des accords caractéristiques du ton où l'on passe. [Ex. 134.]

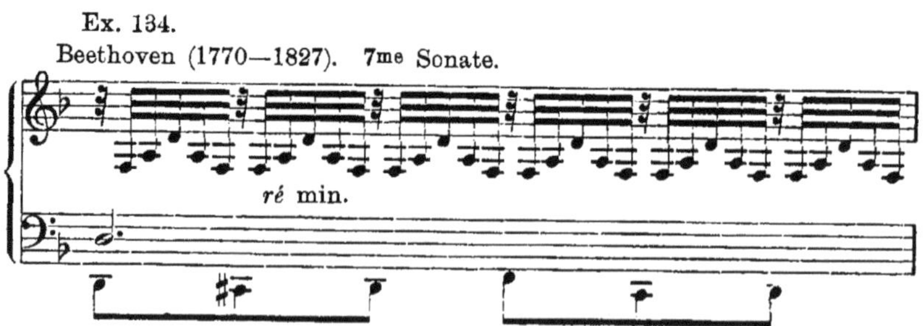

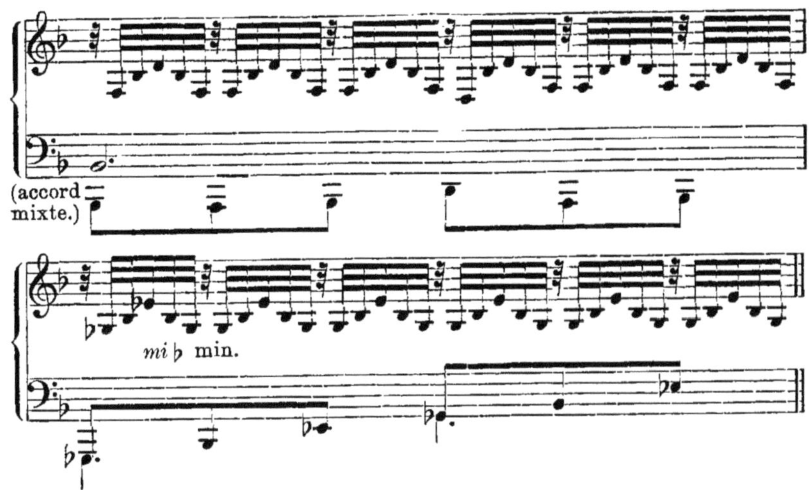


4⁰ *Modulation par enharmonie.* L'enharmonie réunit des tonalités éloignées l'une de l'autre, comme do ♯ et ré♭, entre lesquelles il y a une différence de 12 altérations. [Ex. 135.]

Ex. 135.

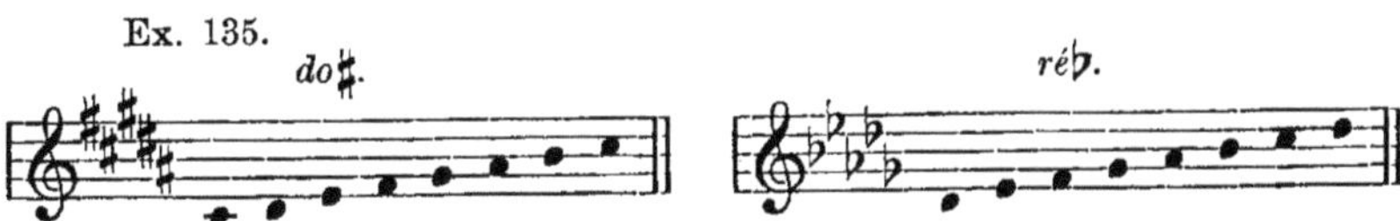


L'enharmonie n'existe que sur le papier, elle fournit en réalité une modulation par équivoque. C'est ainsi que l'accord parfait majeur de ré♭ peut être interprêté comme celui de do ♯.

Par cette supposition on est amené à de brusques changements de tons, fort éloignés les uns des autres, comme ré♭ et do♯.

On peut combiner simultanément l'enharmonie, l'équivoque et le changement de mode. [Ex. 136.]

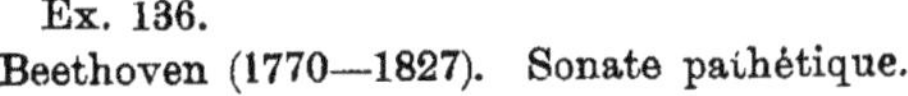

Ex. 136.
Beethoven (1770—1827). Sonate pathétique.

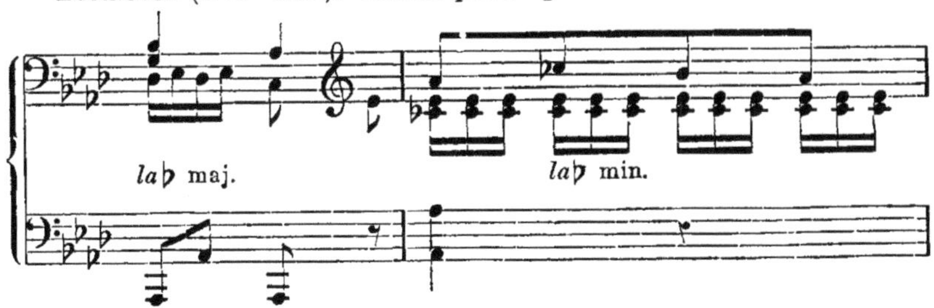

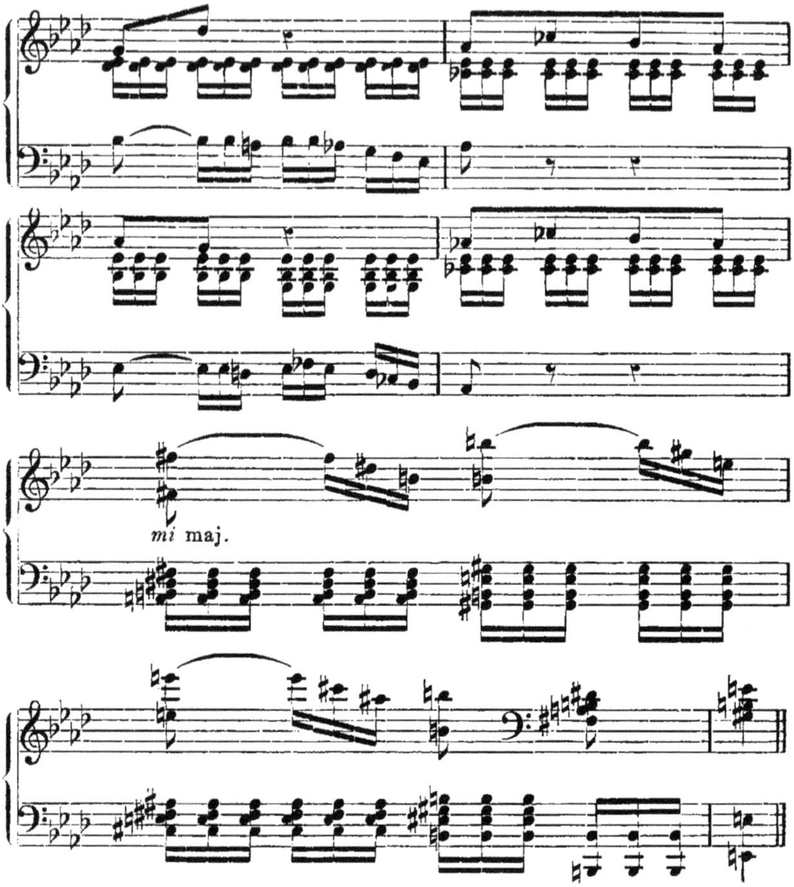

*mi* maj.

5° *Modulation provoquée par l'accord de* $\frac{6}{4}$ *de dominante.*

L'accord de $\frac{6}{4}$ de dominante possède une puissance tonale si grande, qu'on est dispensé de le préparer et que, brusquement amené, il sert à des modulations aux tons éloignés; car il impose la nouvelle tonalité dans laquelle on passe. [Ex. 137.]

Ex. 137.
Schubert (1797—1828). Moments musicaux.

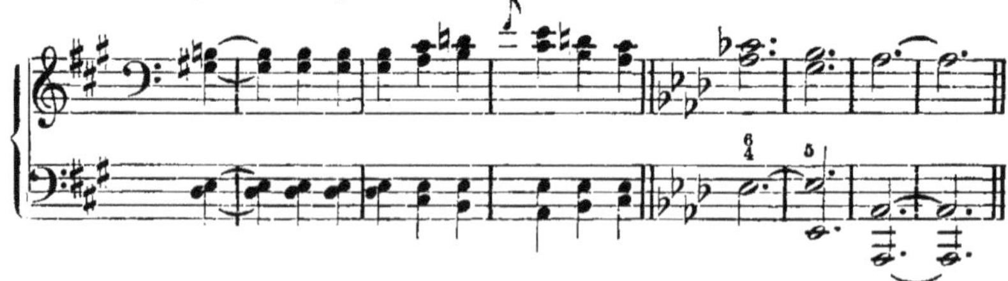

49. *Changement de ton.* Lorsqu'à la fin d'une phrase ou d'une période, on attaque brusquement une tonalité étrangère à la première, sans le secours d'accords intermédiaires, il n'y a plus modulation, mais simplement changement de ton. Les deux tonalités ont entre elles des affinités et le changement de ton suppose les accords sous-entendus. [Ex. 138 et 138 bis.]

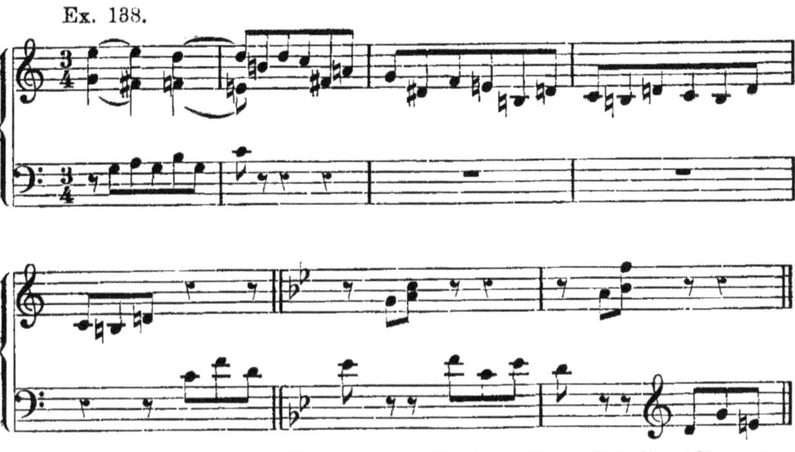


C. Saint-Saëns. Valse, op. 72 No. 4 (A. Durand & fils, éditeurs).

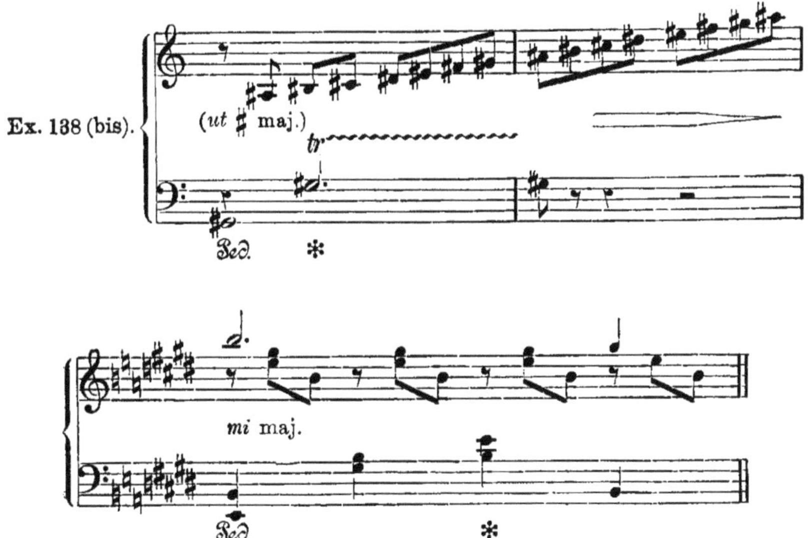


F. de La Tombelle. Livre d'Images (Janin frères, éditeurs.)

La gamme chromatique, renfermant toujours les caractéristiques de l'une ou l'autre tonalité, est favorable au changement de mode. [Ex. 139.]

Ex. 139.
Ton principal (*fa* min.)

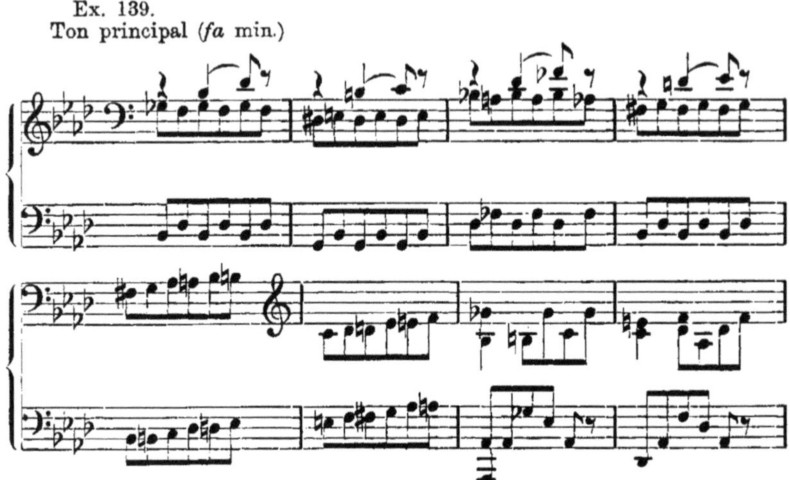

C. Saint-Saëns. Valse en *la* maj. (A. Durand et fils, éditeurs).

---

# Chapitre IX

## Marches d'harmonie

50. On appelle marche d'harmonie, la reproduction uniforme et symétrique d'un dessin, donné par la basse et nommé *modèle*.

Chaque reproduction du modèle se nomme *progression*.

La marche est ascendante, si le modèle se reproduit en montant, descendante, s'il se reproduit en descendant. Les marches sont *unitoniques*, si la tonalité se maintient pendant toute leur durée, *modulantes*, si l'on change de ton à chaque progression. [Ex. 140, 141.]

Ex. 140.

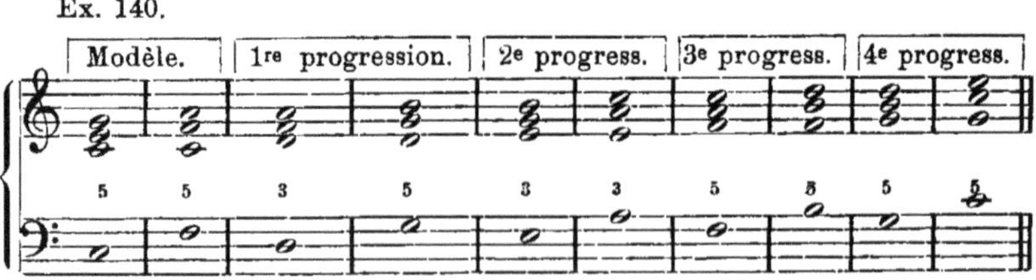

Ex. 141.

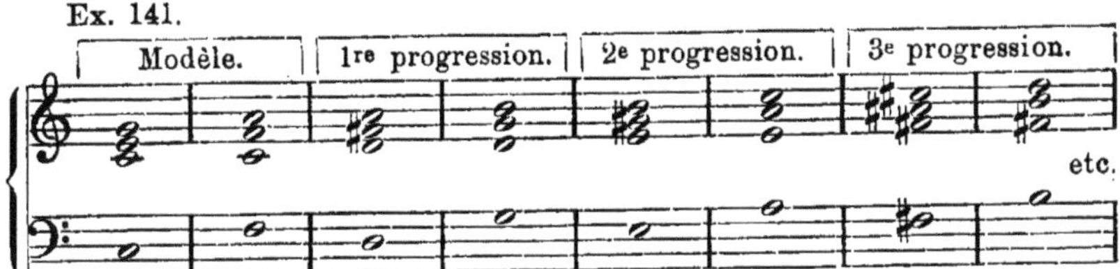


Nous disons qu'une marche est symétrique, parce que la disposition des différentes parties du modèle se retrouve dans toutes les progressions (voir les exemples précédents).

La marche est uniforme, car l'harmonie du modèle se retrouve dans chaque progression.

Cette uniformité fait perdre, dans les marches unitoniques, le caractère distinctif de chaque degré. Elle entraîne donc, sur certains degrés, l'emploi d'accords jusqu'ici prohibés, la non-résolution des deux notes attractives (IVème et VIIème degré) et, de plus, certains intervalles mélodiques défendus (voir exemple 118).

Dans les marches unitoniques, il est défendu entre les parties extrêmes d'aboutir à l' 8ve par mouvement direct. En effet, si dans le modèle, l' 8ve directe est amenée par mouvement mélodique d'un demi-ton, à la partie supérieure, dans la progression, en raison du caractère unitonique de la marche, l' 8ve directe se produira par mouvement mélodique d'un ton. [Ex. 142.]

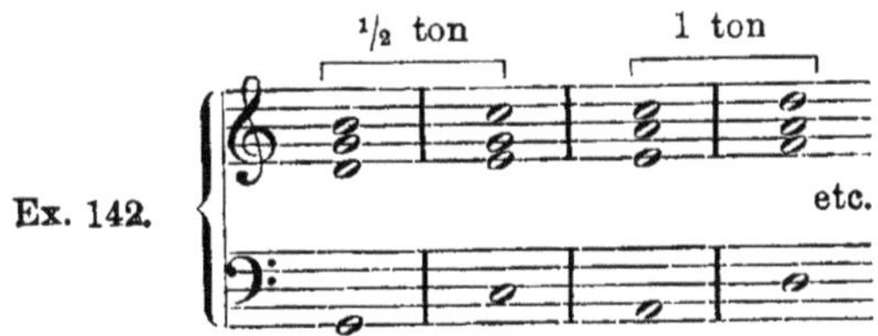


Ex. 142.

Dans les marches modulantes, l' 8ve directe est permise, car chaque progression appartenant à un ton nouveau, l'intervalle mélodique d'un demi-ton se trouvera chaque fois répété. [Ex. 143.]

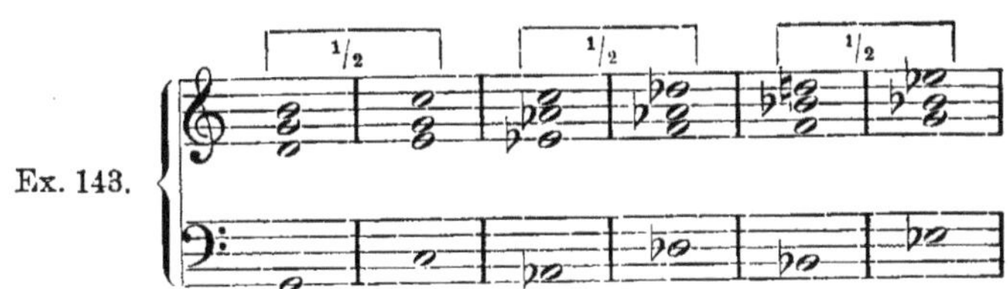


Ex. 143.

Le dernier accord sur lequel finit une marche, devient indépendant et reprend ses droits de tonalité; il doit donc être réalisé suivant les règles énoncées précédemment.

51. *Règles pour la réalisation des marches.*

Le modèle doit être réalisé suivant les règles de la tonalité, et l'enchaînement des accords doit être correct.

Le modèle doit pouvoir s'enchaîner avec le premier accord de la progression, lequel doit reproduire, en tous points, le premier accord du modèle.

Les marches d'accords de sixte se font généralement à trois parties. Le mouvement direct étant autorisé dans l'écriture à trois voix, le modèle comprendra un accord. A quatre parties, afin d'éviter le mouvement direct, on composera le modèle avec deux accords. [Ex. 144 et 144 bis.]

Ex. 144.

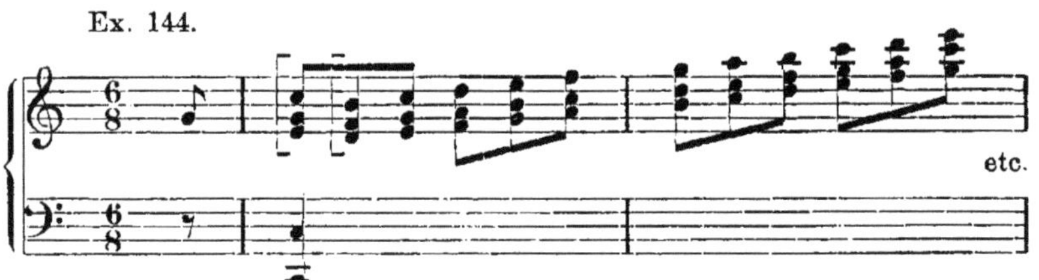


Beethoven (1770—1827). Sonate 3me. Marche à 3 parties.

Ex. 144 (bis).

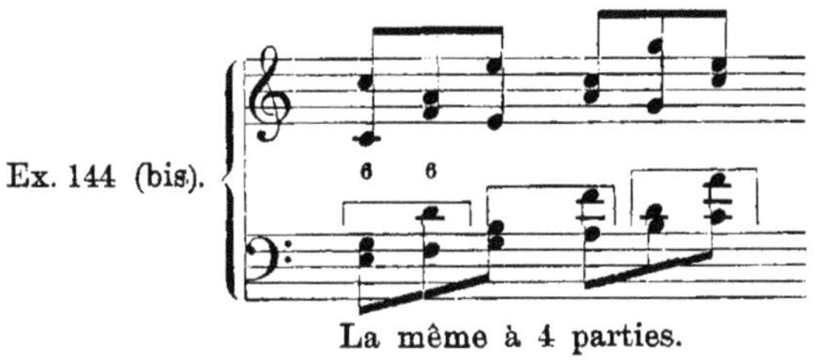


La même à 4 parties.

---

## DEUXIÈME PARTIE

### (PREMIÈRE SECTION)

# HARMONIE DISSONANTE NATURELLE

52. Cette section comprend l'étude des accords dissonants. Une dissonance est *naturelle* ou *artificielle.* Le rapport dissonant de triton ou de quinte diminuée, qui existe naturellement au point de vue tonal, est formé par le IVème et le VIIème degré. C'est le rapprochement de ces deux notes qui est la base de toute l'harmonie

dissonante naturelle. Le VII$^{ème}$ degré, montant à la tonique, oblige le IV$^{ème}$ degré à descendre à la médiante. [Ex. 145.]

Ex. 145. 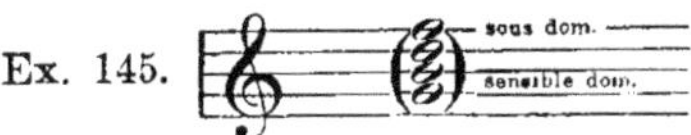


Toutes les autres dissonances sont dues à des artifices harmoniques, et ne sont que des modifications apportées aux agrégations consonantes, ou à la dissonance naturelle. L'étude des agrégations basées sur le rapport du IV$^{ème}$ et du VII$^{ème}$ degré, forme l'harmonie dissonante naturelle, et l'étude des autres artifices, constitue l'harmonie dissonante artificielle.

53. *La préparation d'une dissonance* consiste à la faire supporter à l'oreille, c'est à dire à faire entendre la note qui doit former la dissonance dans l'accord qui la précède.

Ex. 146. 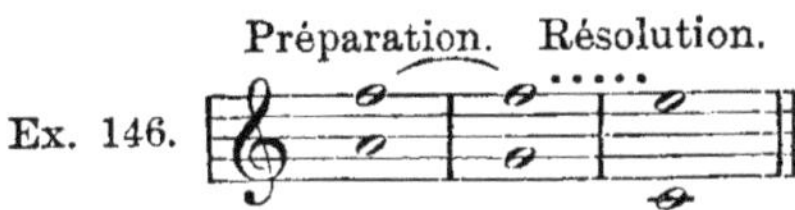


*La résolution* consiste à faire suivre à la dissonance sa marche obligée, c'est à dire à descendre sur la consonance vers laquelle elle tend [Ex. 146], car la dissonance donne l'idée de mouvement et la consonance l'idée de repos. La dissonance fait sa résolution naturelle lorsque chaque note ayant un mouvement obligé, obéit à sa tendance. [Ex. 147.]

Ex. 147. Ex. 148. 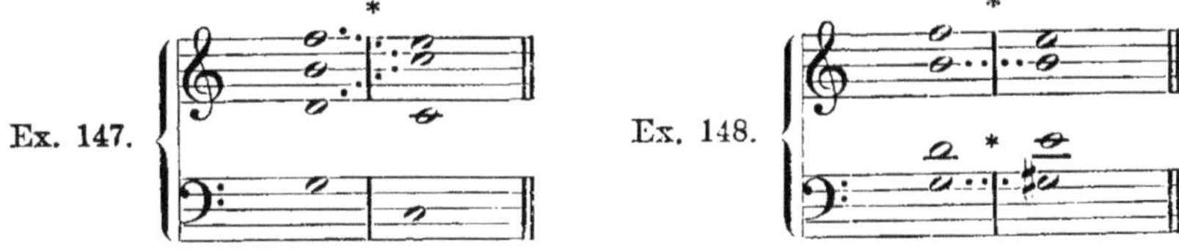

La dissonance fait sa résolution évitée lorsqu'une ou plusieurs notes à mouvement obligé, n'obéissent pas à leur tendance. [Ex. 148.]

Toute note ayant un mouvement obligé ne peut donc être doublée, ce qui amènerait deux octaves consécutives. Pour la même raison, une dissonance ne doit jamais se résoudre, par mouvement direct, sur une consonance parfaite, en raison des 5$^{tes}$ et 8$^{ves}$ cachées. [Ex. 149.]

Ex. 149. 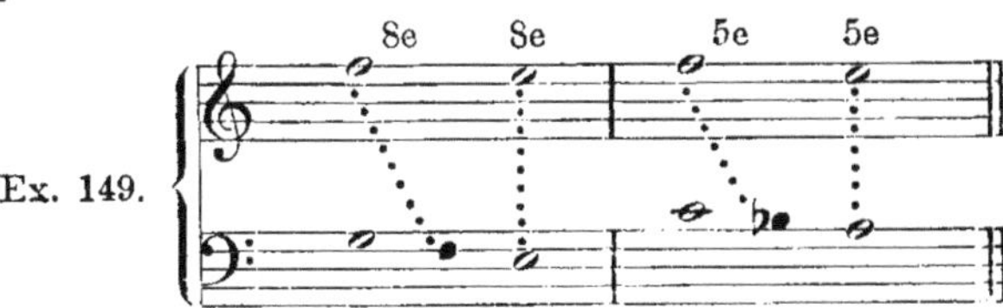

De même, une dissonance ne peut jamais se résoudre sur une quarte par mouvement direct, car la dissonance doit toujours être suivie d'une consonance, et la quarte, nous l'avons vu, est traitée comme dissonance. [Ex. 150.]

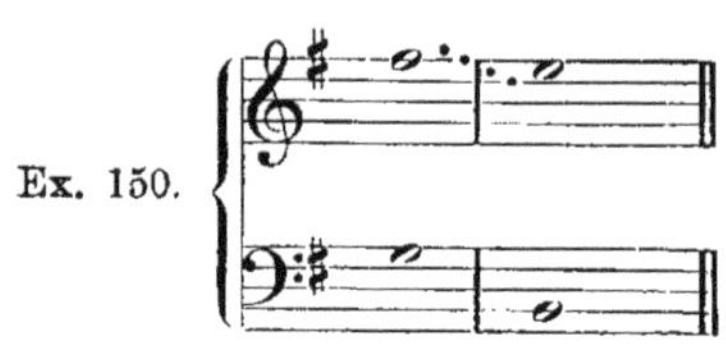
Ex. 150.

# Chapitre X

## Accord de septième de dominante

54. La dissonance naturelle, d'après ce qui a été dit plus haut, a pour base le rapport dissonant du IVème au VIIème degré. La sensible monte à la tonique et oblige la sous-dominante à descendre d'un degré. [Ex. 151.]

en *ut*

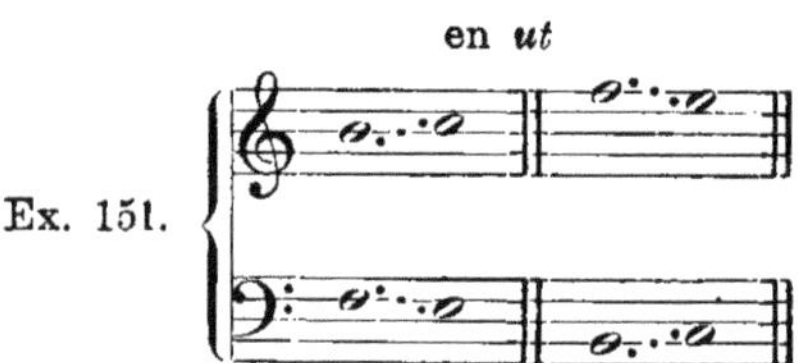
Ex. 151.

L'accord de $\not 5$ du VIIème degré nous a déjà donné le principe de l'harmonie dissonante naturelle. L'accord de $\not 5$ n'est que le fragment de l'accord suivant: L'agrégation de 7ème, placée sur la dominante, qui à l'origine a été formée par l'adjonction d'une 4ème note à l'un des accords de trois sons et a pris depuis Monteverde (voir Histoire de l'Harmonie), une importance telle, que nous la considérons comme accord. Le rôle de la 7ème de dominante est capital, car cet accord est de première importance dans la modulation et détermine la tonalité d'une façon précise. Il est placé sur le Vème degré de chaque mode. Il est formé d'une 3ce majeure, d'une 5te juste et d'une 7ème mineure. [Ex. 152.]

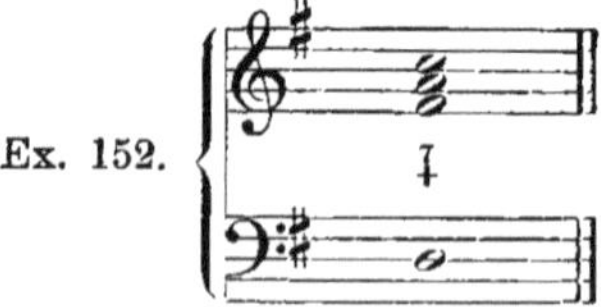
Ex. 152.

Ne renfermant aucune note caractéristique de l'un et l'autre mode, il est commun à tous deux.

Cet accord n'a pas besoin de préparation.

On le chiffre $^{7}_{+}$.

55. Le mouvement attractif du IV$^{ème}$ et du VII$^{ème}$ degré détermine trois résolutions naturelles:

1° La basse descend d'une quinte, ou monte d'une 4$^{te}$, et l'accord de $^{7}_{+}$ se résoud sur l'accord parfait de tonique (cadence parfaite). [Ex. 153.]

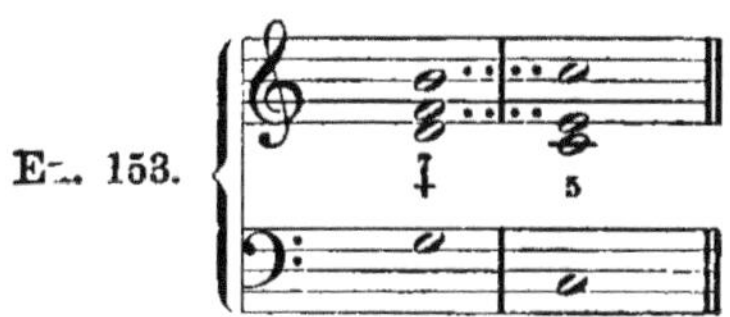


2° La basse monte d'un degré, l'accord fait sa résolution sur l'accord parfait de sus-dominante (cadence rompue). [Ex. 154.]

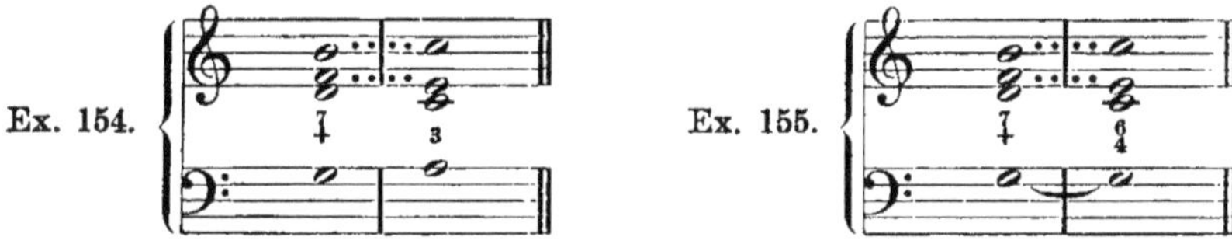


3° La basse reste immobile, l'accord se résoud sur celui de $^{6}_{4}$ placé sur la dominante. [Ex. 155.]

A quatre parties, lorsque l'accord de $^{7}_{+}$ est suivi de l'accord parfait de tonique, il vaut mieux supprimer la 5$^{te}$ de l'accord de 7$^{ème}$, afin d'avoir l'accord de tonique complet. [Ex. 156.] Dans ce cas on redouble la fondamentale.

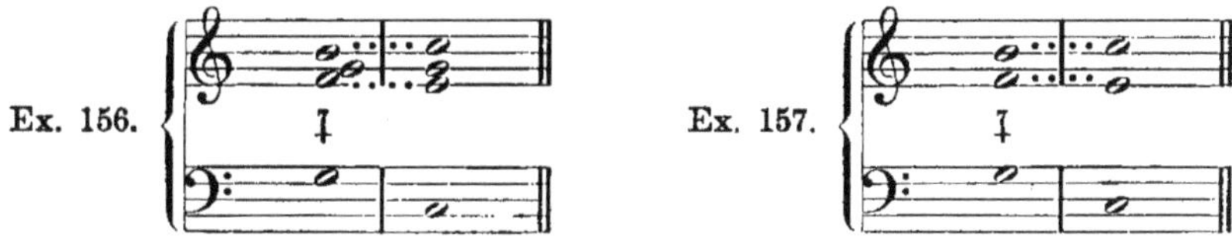


L'accord dissonant est suffisamment caractérisé par les trois notes essentielles.

Pour écrire cet accord à trois parties, on supprime également la quinte. [Ex. 157.]

D'une façon générale, si dans les agrégations formées avec l'accord dissonant naturel il y a une note à supprimer, c'est la deuxième note du ton.

La 7ème, en raison de son caractère dissonant, doit être attaquée, ou par mouvement contraire, ou par mouvement oblique. Si on l'attaque par mouvement direct, l'une des deux parties qui forment l'intervalle, doit marcher par mouvement conjoint. [Ex. 158.]

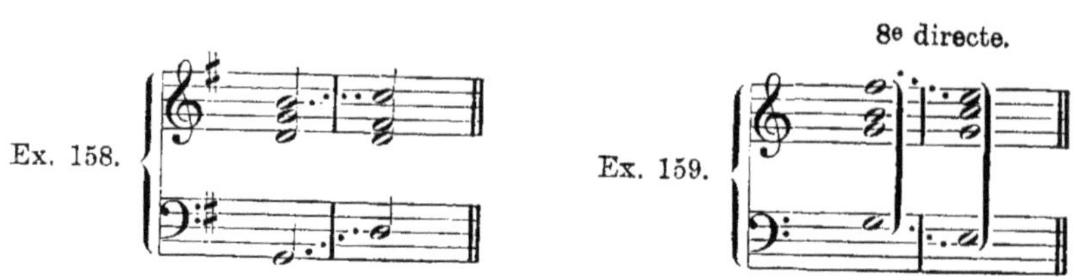


Depuis Monteverde la préparation n'est pas utile.

Il a été démontré au § 53 que toute autre résolution naturelle de l'accord de $^{7}_{+}$ est impossible. [Ex. 159.]

56. Le 1er renversement de l'accord de $^{7}_{+}$ se place sur le VIIème degré. Il est formé d'une 3ce mineure, d'une 5te diminuée et d'une 6te mineure. [Ex. 160.]

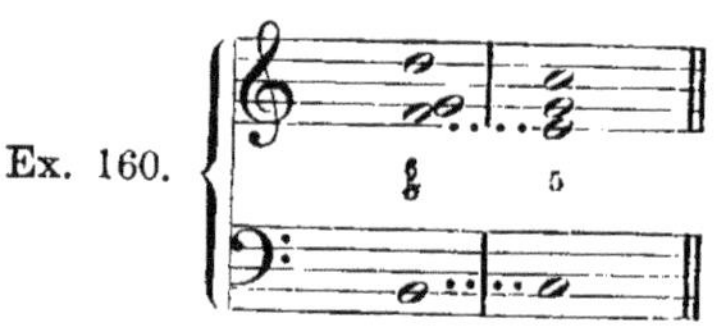


On le nomme accord de sixte et quinte diminué.

On le chiffre $^{6}_{5}$.

La résolution se fait sur l'accord parfait de tonique (cadence imparfaite).

A trois parties, on supprime la 3ce.

57. Le 2ème renversement se place sur le IIème degré de chaque mode. Il est formé d'une 3ce mineure, d'une 4te juste et d'une 6te majeure.

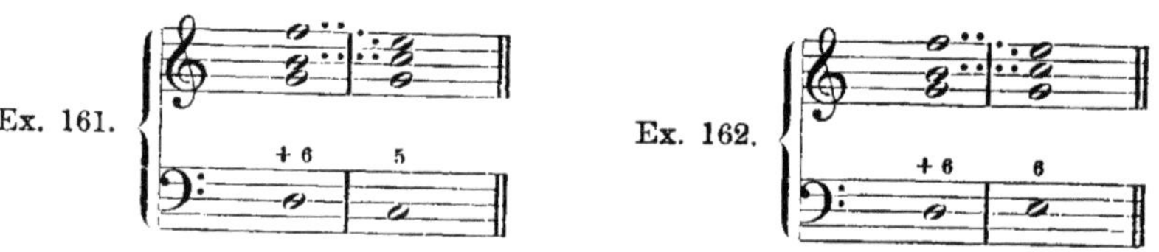


On le nomme accord de sixte sensible.

Il se chiffre +6.

La basse n'ayant pas de mouvement obligé, monte ou descend d'un degré, ce qui donne deux résolutions de l'accord.

1° Sur l'accord de tonique. [Ex. 161.]

2° Sur l'accord de 6[te] de la médiante. Comme tous les accords de 6[te], cette agrégation ne se place que sur une basse procédant par degré conjoint. [Ex. 162.]

Cet accord s'emploie fréquemment dans les cadences imparfaites.

On ne peut l'écrire à trois parties qu'en faisant entendre successivement les différentes notes de l'accord. [Ex. 163.]

La tierce de l'accord, n'ayant pas un caractère dissonant très accusé dans ce renversement, il est permis de la faire monter, et cela, afin d'éviter la doublure de la basse dans l'accord de 6[te] de médiante. [Ex. 164.]

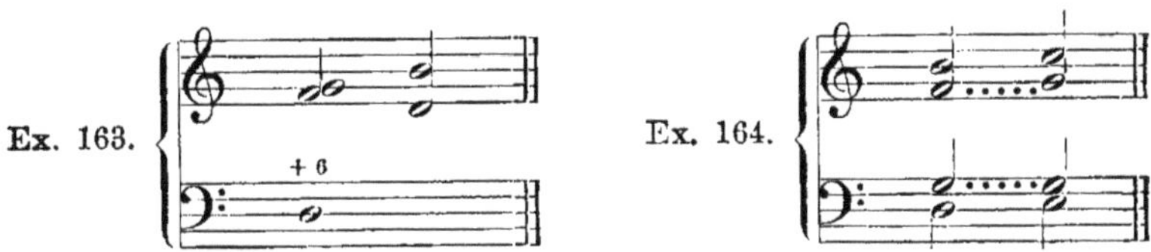


58. Le 3ème renversement se place sur le IVème degré de chaque mode. Il est formé d'une 2[de] majeure, d'une 4[te] augmentée et d'une 6[te] majeure. [Ex. 165.]

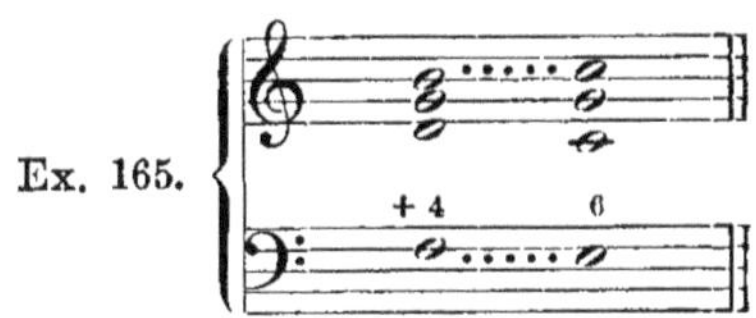


On le nomme accord de triton, à cause du rapport de 4[te] augmentée existant entre la basse et la note sensible.

On le chiffre + 4.

La résolution se fait sur l'accord de 6[te] de médiante (cadence imparfaite).

On peut passer d'un renversement à un autre, ou de l'accord fondamental à l'un des renversements. Cependant il n'est pas permis de passer de l'accord de 7ème de dominante à l'accord de triton, et réciproquement, car l'échange des deux notes formant dissonance se fait entre la basse et la partie supérieure, et cela, avec trop de dureté.

59. *Résolutions évitées.* L'accord de $^{7}_{+}$ donne lieu, ainsi que ses renversements, à de nombreuses résolutions évitées. D'après ce qui a été dit, l'une des deux notes attractives monte ou descend d'un degré, sans franchir un espace plus grand qu'une 2[de] majeure, ou bien encore reste immobile. [Ex. 166.]

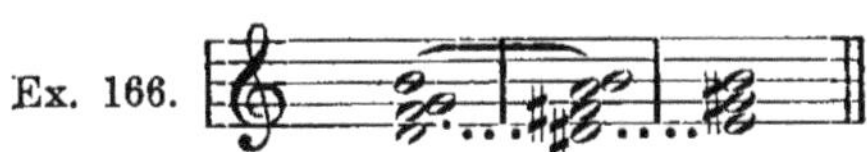

Comme l'accord de $^{7}_{+}$ n'a que trois résolutions naturelles, les résolutions évitées de cet accord sont nécessairement modulantes. Exception est faite pour l'enchaînement de l'accord de $^{7}_{+}$ avec l'accord de 6[te] de sus-dominante (cadence rompue). [Ex. 167.]

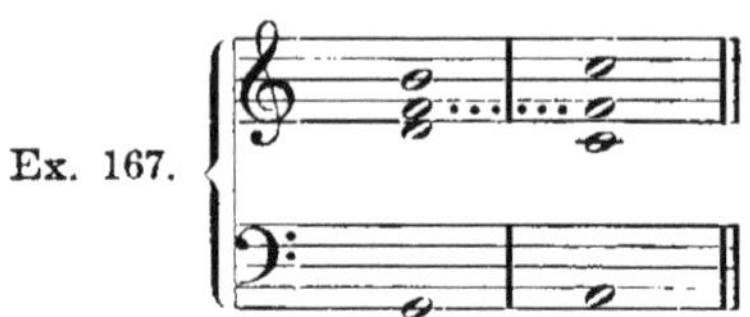


Les résolutions évitées de l'accord de $^{7}_{+}$ forment de puissants agents à la modulation aux tons éloignés, et déterminent des cadences évitées. [Ex. 168.]

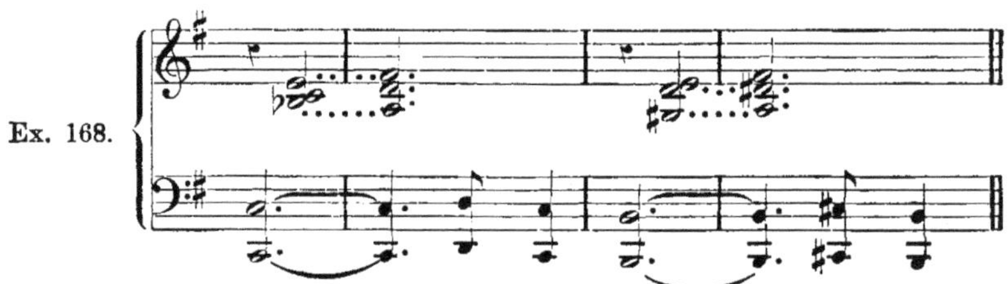


Daniel Fleuret. Sarabande (Janin frères, éditeurs).

L'enchaînement des accords de $^{7}_{+}$ par 4[te] en montant ou 5[te] en descendant, forme une marche fréquemment usitée. Pour réaliser cette marche, on est obligé de supprimer la 5[te] de l'un des accords de 7ème et d'en redoubler la fondamentale. L'accord suivant est complet. [Ex. 169, 170, 171, 172.]

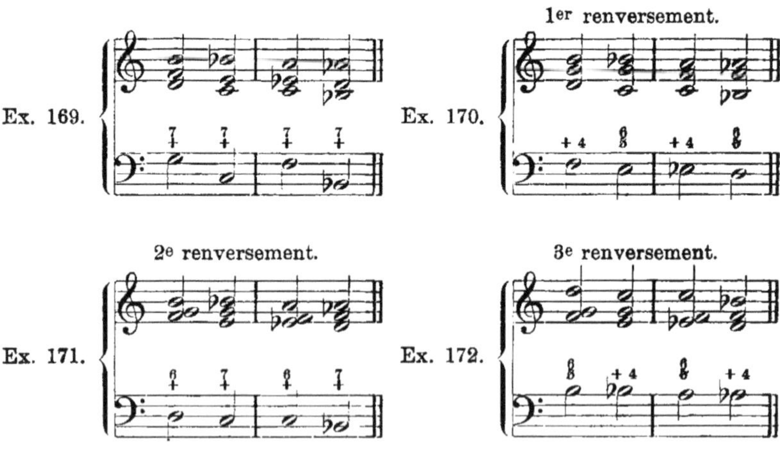

La résolution évitée, que fait l'accord de +4 sur l'accord parfait de tonique, résolution usitée chez BACH et chez HAENDEL, est complètement abandonnée aujourd'hui. [Ex. 173.]

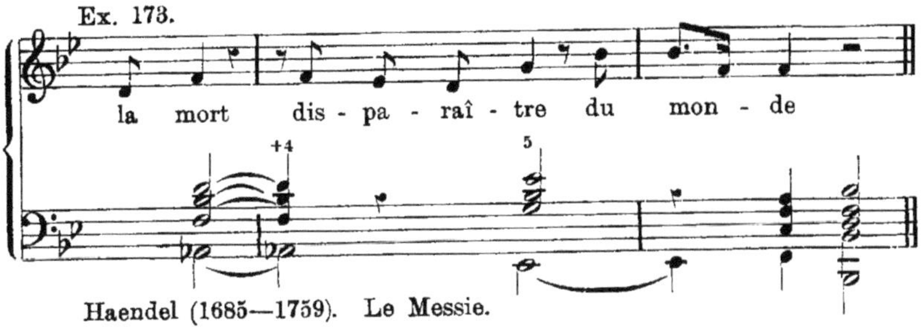

Haendel (1685—1759). Le Messie.

# Chapitre XI

## Agrégations nommées : Accords de 7ème de sensible et de septième diminuée

60. Certaines agrégations harmoniques, résultant des transformations subies par l'accord de $^{7}_{+}$, ont reçu, de la plupart des théoriciens, le nom d'accords. Les unes ne pouvant se renverser seront étudiées à leur place, c'est-à-dire dans l'harmonie dissonante artificielle. D'autres au contraire, susceptibles d'être renversées et intimément liées à l'accord dissonant naturel, peuvent être étudiées dès maintenant.

Une agrégation de quatre sons, superposés 3ce par 3ce sur la note sensible, a été nommée en majeur accord de 7ème de sensible, et en mineur accord de 7ème diminuée.

Les nouvelles agrégations que nous allons étudier ne sont que des modifications de l'accord de $^{7}_{+}$, auquel elles sont étroitement liées. Ces combinaisons harmoniques ne servent qu'à varier l'effet de l'accord réel. Du reste, les règles que les théoriciens ont données pour la disposition des notes, dans ces nouvelles agrégations, viennent à l'appui de notre thèse. En réalité, les agrégations de 7ème de sensible et de 7ème diminuée ne sont que des artifices harmoniques ou mélodiques ajoutés à l'accord de $^{7}_{+}$.

61. L'agrégation de quatre sons, placée sur la note sensible, se compose en majeur: d'une 3ce mineure, d'une 5te diminuée et d'une 7ème mineure. On l'appelle généralement accord de 7ème de sensible que l'on chiffre $^{7}_{\phi}$.

En mineur cette agrégation est formée d'une 3ce mineure, d'une 5te diminuée et d'une 7ème diminuée.

On la nomme accord de 7ème diminuée que l'on chiffre 7.

Dans les deux cas, le VIème degré, formant avec la basse une dissonance de 7ème, tend à descendre d'un degré sur le 5ème. [Ex. 174.]

Ex. 174. 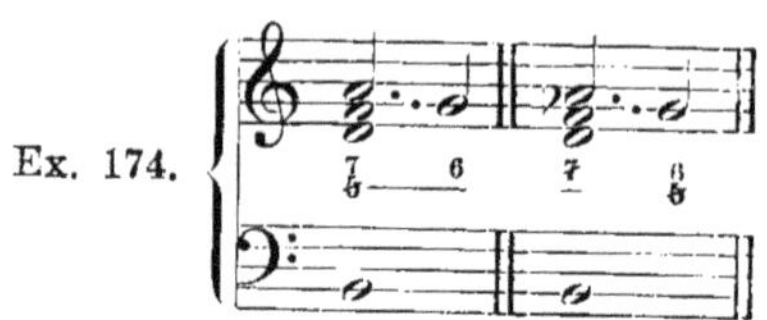

62. Le 1er renversement se place sur le IIème degré.

Il est formé en majeur: d'une 3ce mineure, d'une 5te juste et d'une 6te majeure.

On le nomme accord de 6te sensible et 5te et on le chiffre $^{+6}_{5}$.

En mineur il est formé: d'une 3ce mineure, d'une 5te diminuée et d'une 6te majeure.

On le nomme accord de 6te sensible et 5te diminuée et on le chiffre $^{+6}_{5}$. [Ex. 175.]

Ex. 175. 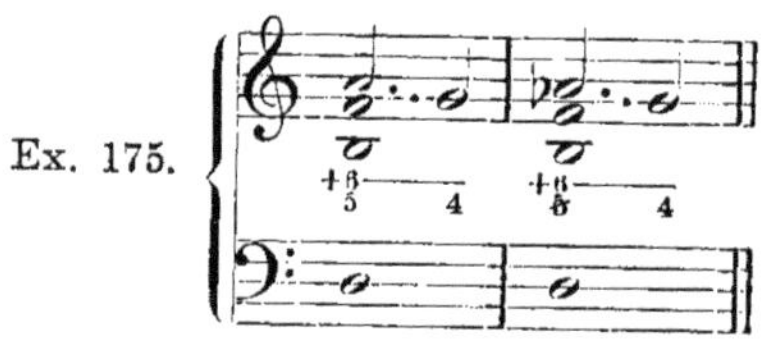

63. Le 2ème renversement se place sur le IVème degré.

Il est formé en majeur: d'une 3ce majeure, d'une 4te augmentée et d'une 6te majeure.

On le nomme accord de triton et tierce majeure, et on le chiffre $^{+4}_{3}$.

En mineur il est formé: d'une 3ce mineure, d'une 4te augmentée et d'une 6te majeure.

On le nomme accord de triton et tierce mineure, et on le chiffre $^{+4}_{3}$. [Ex. 176.]

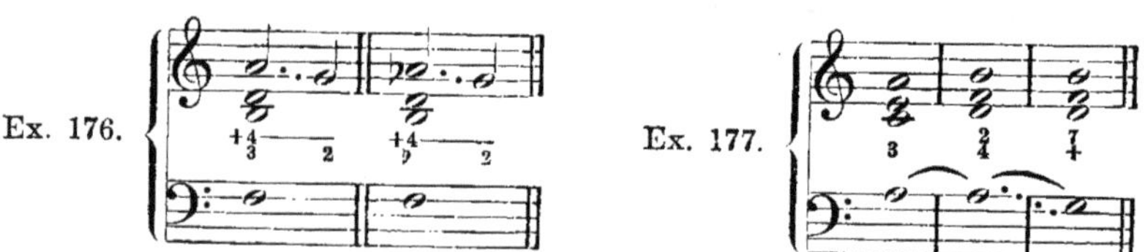
Ex. 176. Ex. 177.

64. Le 3ème renversement se place sur le VIème degré.

Il est formé en majeur: d'une 2de majeure, d'une 4te juste et d'une 6te mineure.

On le nomme accord de seconde et on le chiffre 2 ou $^{2}_{4}$. [Ex. 177.]

En mineur il est formé: d'une 2de augmentée, d'une 4te augmentée et d'une 6te majeure.

On le nomme accord de seconde augmentée et on le chiffre +2. [Ex. 178.]

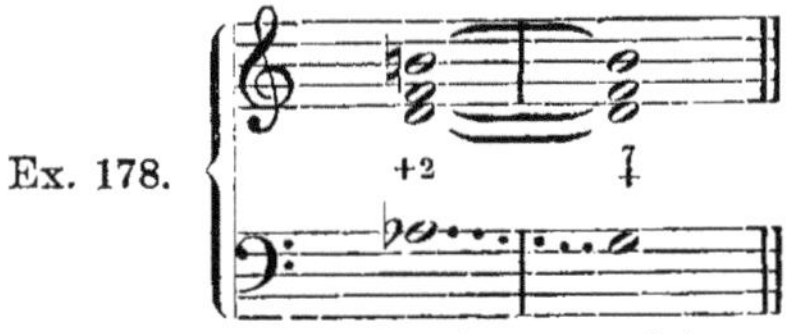

Ex. 178.

65. La résolution de ces agrégations se fait sur l'accord de $^{7}_{+}$ fondamental ou renversé. Comme il a été dit, le VIème degré descendant à la dominante donne les résolutions ci-dessus. A trois parties on supprime la seconde note du ton.

Comme on le voit dans l'exemple ci-dessus, il n'y a, dans ces prétendus accords, qu'un artifice mélodique ou harmonique ajouté à l'accord de $^{7}_{+}$ et à ses renversements.

Lorsque l'agrégation de 7ème de sensible est à l'état fondamental, de 1er ou de 2ème renversement, il forme un accent mélodique. Le 3ème renversement forme un artifice harmonique. Nous aurons dans la suite, l'occasion d'étudier ces différentes combinaisons d'une façon plus étendue. Les artifices mélodiques forment ce qu'on appelle des appoggiatures, et les artifices harmoniques des accords de 7ème par prolongation ou des retards. A l'appui de cette thèse, se trouvent les règles données par les harmonistes, pour l'emploi de ces différentes agrégations:

1⁰ Le VIème degré doit toujours être placé à distance de 7ème de la note sensible dans les 2 premiers renversements de l'accord de 7ème placé dans le mode majeur.

2⁰ Dans le 3ème renversement de cet accord, placé dans le mode majeur, on doit préparer la dissonance de seconde par la basse. (voir l'exemple 177.)

Cette dissonance de seconde préparée sert elle-même de préparation à l'accord de 7ème de dominante, cette agrégation de seconde n'a donc pas d'existence propre, ce n'est qu'un artifice harmonique destiné à introduire l'accord de $^{7}_{+}$.

3⁰ On est dispensé dans le mode mineur, de mettre la sus-dominante et la sensible en rapport de septième. [Ex. 179.]

Ex. 179.

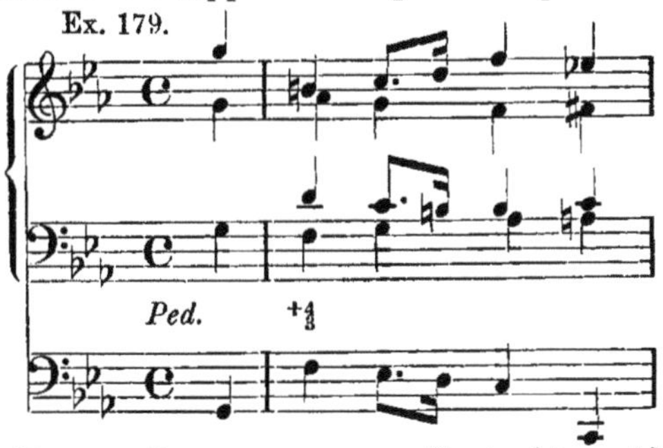

Daniel Fleuret. Sonate pour orgue (Janin frères, éditeurs).

4⁰ La basse de l'accord de +2 sur le VI^ème^ degré du mode mineur n'a pas besoin d'être préparée.

Ces deux dernières règles semblent être en contradiction avec notre théorie et prouver que l'accord de 7̸ est un accord naturel.

Il n'en est rien. D'abord l'accord de 7̸ et ses renversements font, comme l'accord de $^{7}_{5}$, leur résolution sur l'accord de $^{7}_{+}$ fondamental ou renversé.

De plus, lorsqu'on examine l'accord de 7̸ on voit qu'au moyen de cet accord l'8^ve^ se trouve partagée en parties égales. [Ex. 180.]

Ex. 180.
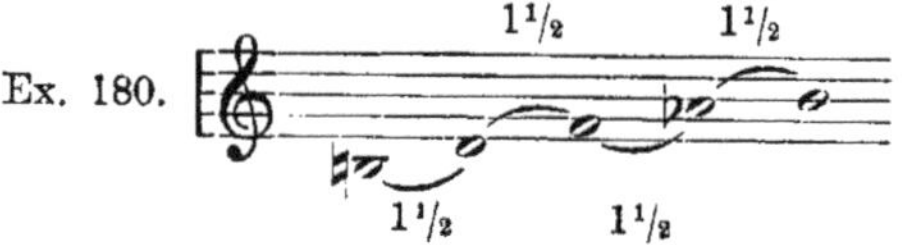


Entre chacune des notes qui forment l'accord il y a un intervalle d'un ton et demi. Or, quelle que soit la disposition des notes et le renversement de l'accord, l'agrégation reste la même. La seconde augmentée sonne à l'oreille comme la tierce mineure.

L'accord de +2 est donc l'enharmonie de l'accord de 7̸. La préparation n'est donc pas utile. On objectera que l'accord de $^{7}_{5}$ et celui de 7̸, à l'état fondamental ou de renversement, peuvent faire directement leur résolution sur l'accord parfait de tonique fondamental ou renversé. [Ex. 181.]

Ex. 181.
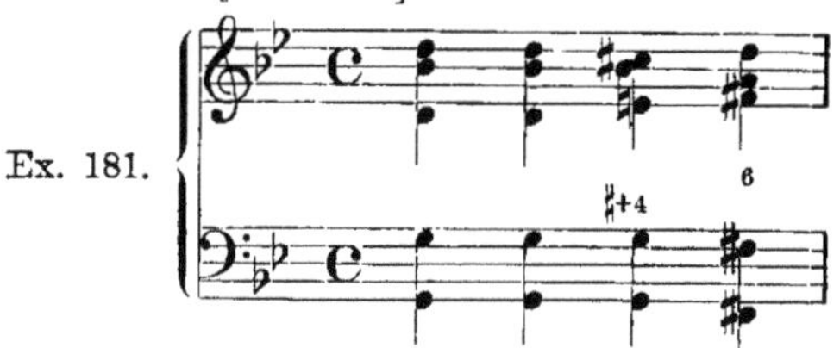


Pergolèse (1710—1736). Stabat mater.

Il faut voir dans ce cas une élision de l'accord de $^{7}_{+}$ tout entier pratiquée depuis longtemps, analogue à certaines substitutions de la note d'ornement à la note réelle. [Ex. 182 et 183.]

Ex. 182.
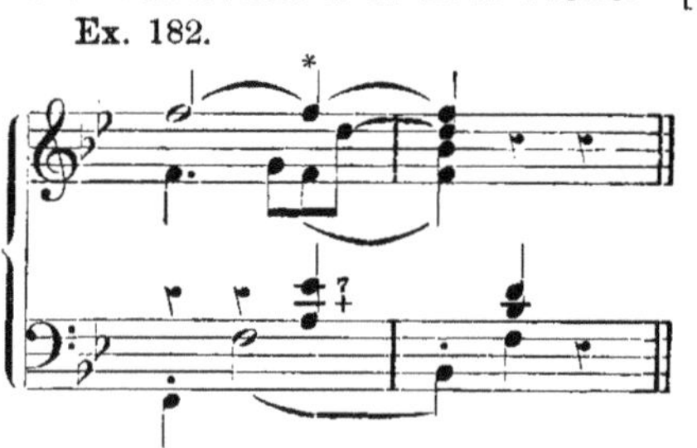


R. Schumann (1810—1856). Carnaval.

Ici il y a élision de la 5e dans l'accord de $^{7}_{+}$.

Ex. 183.
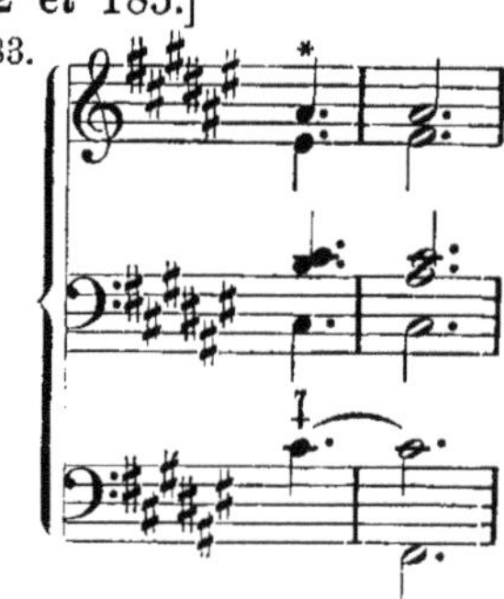


Ch. M. Widor. (7me Symphonie (J. Hamelle, éditeur).

Il y a dans le cas de l'accord de $^{7}_{6}$, et de celui de $\not7$, une substitution du VI^ème^ degré au V^ème^.

L'accord de 2 et celui de +2 peuvent faire leur résolution sur l'accord parfait de dominante. [Ex. 184.]

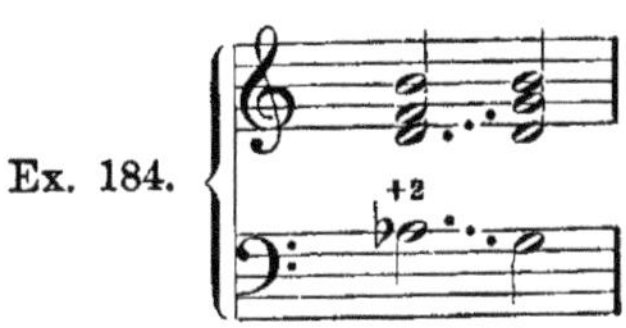

Ex. 184.

Il n'y a là qu'une résolution évitée.

En résumé:

1° Les accords de $^{7}_{6}$ et de $\not7$ se résolvent sur celui de $^{6}_{5}$, ou sur l'accord parfait de tonique.

2° Les accords de $^{+6}_{5}$ et $^{+6}_{3}$ se résolvent sur celui de +6, ou sur l'accord de 6^te^ de médiante.

3° Les accords de $^{+4}_{3}$ se résolvent, dans les deux modes, sur l'accord de +4, ou sur celui de 6^te^ de médiante.

4° Les accords de 2 et de +2, se résolvent sur ceux de $^{6}_{4}$ de dominante, sur celui de $^{7}_{+}$ et enfin sur l'accord parfait de dominante.

66. Comme on l'a vu dans le paragraphe précédent, l'accord de $\not7$ peut être interprété de quatre façons différentes. [Ex. 185.]

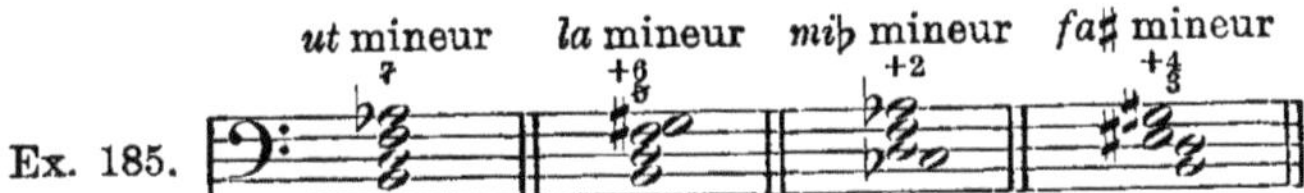

Ex. 185.

On peut donc, en interprétant chacune des notes de l'accord, comme le VI^ème^ degré, les faire résoudre en descendant d'un demi-ton. Ce qui détermine quatre résolutions évitées, dans quatre tons mineurs.

De plus, en majeur, on peut, comme on l'a vu à propos des cadences, emprunter le VI^ème^ degré au mode mineur. C'est pourquoi l'accord de $\not7$ peut servir à moduler dans huit tons différents: quatre majeurs et quatre mineurs. [Ex. 186.]

Ex. 186.

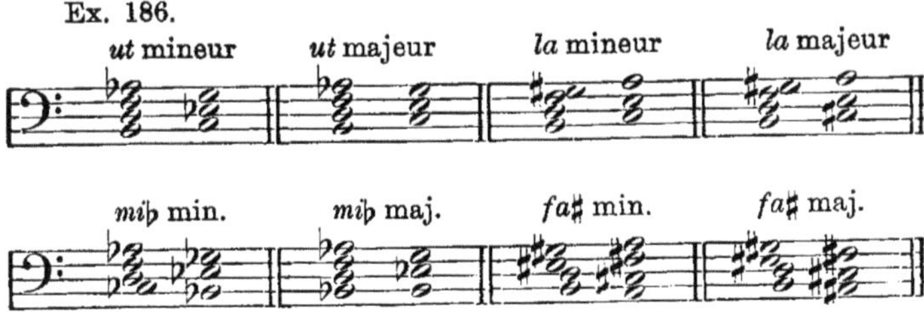

67. L'accord de $\not{7}$, ne déterminant pas la tonalité d'une façon précise, permet l'emploi du mouvement direct à quatre parties, lorsqu'on enchaîne plusieurs agrégations de ce genre. [Ex. 187.]

Ex. 187.

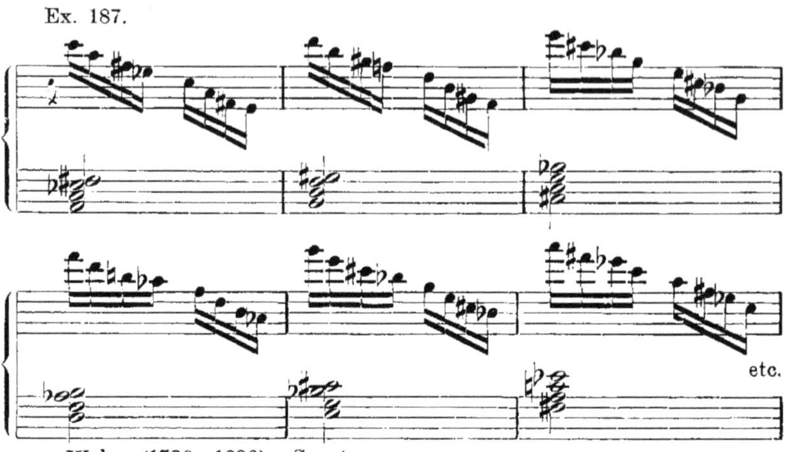


Weber (1786—1826). Sonate.

68. Les accords de $^{7}_{\not{5}}$ et de $\not{7}$ peuvent fournir des résolutions évitées, lorsqu'ils sont combinés avec un de leurs renversements, ou lorsqu'on les enchaîne avec l'accord de $^{7}_{+}$ fondamental ou renversé. [Ex. 188.]

Ex. 188.

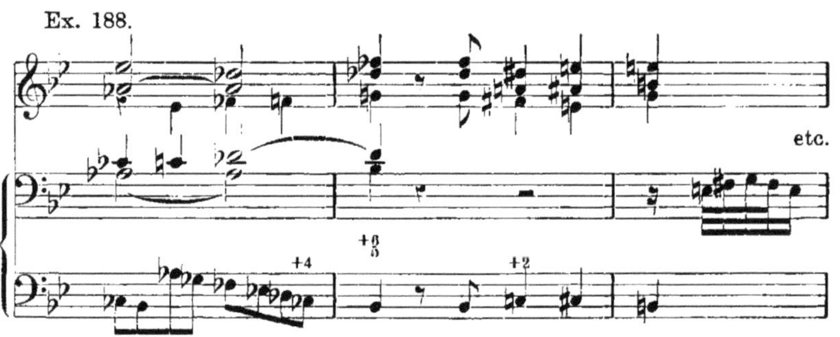


J.-S. Bach (1685—1750). Fantaisie en *sol* min. pour orgue.

---

# DEUXIÈME PARTIE

## (DEUXIÈME SECTION)

# HARMONIE DISSONANTE ARTIFICIELLE

Les agrégations que nous allons étudier, ne sont obtenues que par des modifications apportées aux accords consonants ou dissonants, précédemment étudiés.

69. Les dissonances artificielles sont formées:

1° par *l'introduction d'une note étrangère aux accords naturels.*

Ici, deux cas se présentent: ou la dissonance est formée par l'adjonction d'une quatrième note à l'un des accords de trois sons, dans ce cas, si l'on retranche la note ajoutée, l'accord primitif reste complet; ou bien la dissonance est obtenue par une note qui tient momentanément la place de l'une des notes réelles de l'accord. Si l'on retranche le son ajouté, l'accord demeure incomplet.

Cette subdivision nous amène à classer ces différentes agrégations en deux catégories: 1° Les accords de 7ème artificiels, 2° Les retards.

*Règles générales:*

En raison de leur caractère dissonant, ces agrégations prennent une importance rythmique, en vertu de laquelle on les place sur les temps forts.

Ces dissonances doivent être préparées. Afin d'éviter les *syncopes boiteuses*, la préparation de la dissonance doit être d'une durée au moins égale à la dissonance elle-même.

2° *La dissonance est obtenue par la modification d'une ou plusieurs notes des accords naturels,* et *même des agrégations artificielles, au moyen des signes d'altération* ♯×♭ ♭♭ ♮. *C'est ce qu'on nomme les accords altérés.*

---

# Chapitre XII

## Accords de 7ème par prolongation

70. Tout accord de trois sons peut recevoir l'adjonction d'un quatrième, qui forme avec la basse une dissonance de 7ème. Ces accords, formés sur le modèle de l'accord de $\frac{7}{+}$, présentent une superposition de tierces. [Ex. 189.]

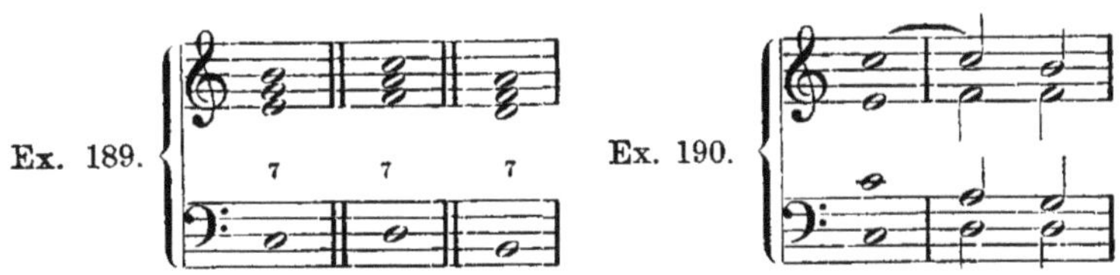


71. Ne possédant aucune des notes attractives de la tonalité, ces accords ne renferment aucun principe de modulation.

72. Comme il a été dit, ces agrégations doivent être préparées et placées sur le temps fort. [Ex. 190.]

Cependant, on peut placer sur le temps faible un autre accord de 7ème, si le temps fort est occupé par un accord similaire. Celui-ci sert de préparation à celui-là. [Ex. 191.]

Ex. 191.

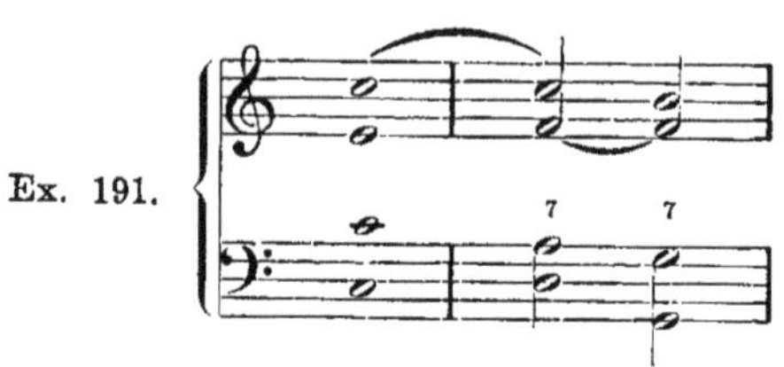


73. Le dernier enchaînement donne lieu à des marches établies, comme celles formées par l'accord de $^{7}_{+}$, sur une basse procédant par quinte en descendant, ou par quarte en montant. Ici, les règles qui ont été données pour les marches d'accords de $^{7}_{+}$ sont encore applicables. S'il y a une note à supprimer, c'est la quinte que l'on retranche dans le 1er accord pour en redoubler la fondamentale. La seconde agrégation de 7ème est complète, etc. [Ex. 192.]

Ex. 192.

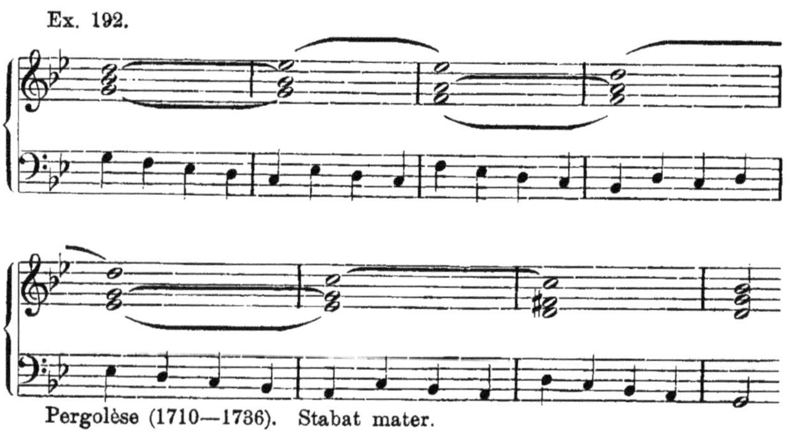

Pergolèse (1710—1736). Stabat mater.

Ces marches, étant donnée la nature des nouveaux accords, sont unitoniques.

En raison de la symétrie de la marche, si l'on rencontre dans une progression un accord de 7ème naturel, les notes attractives n'obéissent pas à leur tendance, seul le dernier accord, qui est toujours naturel, reprend ses droits et sa valeur tonale [voir l'ex. 192].

Le mouvement de basse produit par la marche précédente explique l'emploi isolé que l'on peut faire de cet accord de 7ème sur le second degré. Placée sur la sus-tonique cette agrégation amène l'harmonie de dominante. [Ex. 193, 194.]

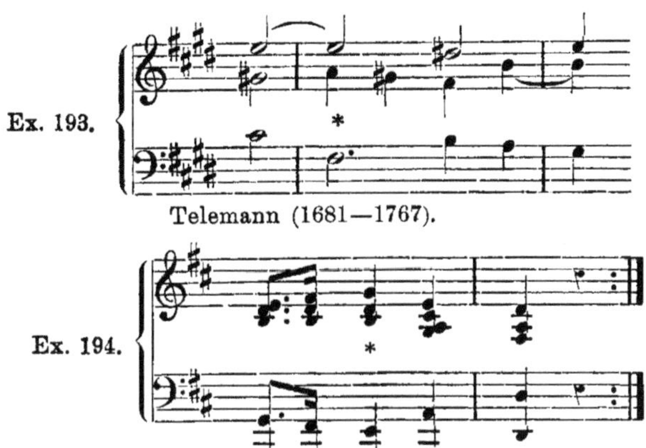


Telemann (1681—1767).

R. Schumann (1810—1856). Scènes d'enfants.

74. A trois parties on supprime la quinte.
75. On chiffre indistinctement ces accords par 7.
76. Ces agrégations ont trois renversements:

Le 1er renversement est formé d'une 3ce, d'une 5te et d'une 6te. On le nomme accord de sixte et quinte. Il se chiffre $^{6}_{5}$. La quinte doit être préparée. A trois parties on supprime la tierce. [Ex. 195.]

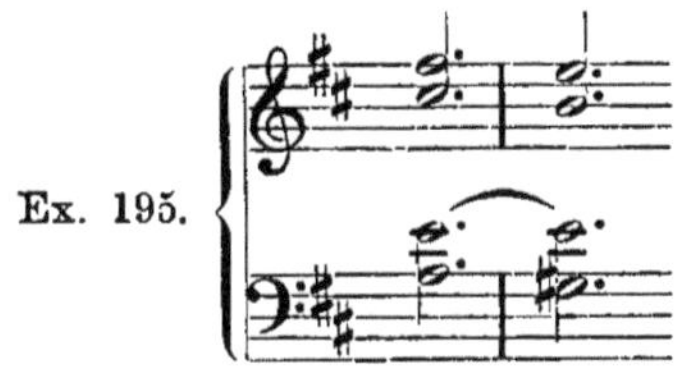


Beethoven (1770—1827). Sonate pastorale.

77. Le deuxième renversement est formé d'une 3ce, d'une 4te et d'une 6te. On l'appelle accord de tierce et quarte. Il se chiffre par $^{4}_{3}$. On prépare la tierce qui forme la dissonance. A trois parties, la 5te de la fondamentale se trouvant à la basse ne peut être supprimée; dans ce cas on présente successivement les notes de l'accord. [Ex. 196, 197.]

Ex. 196.

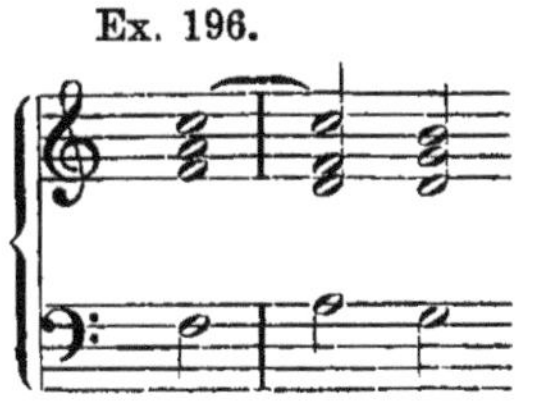

Ex. 197.

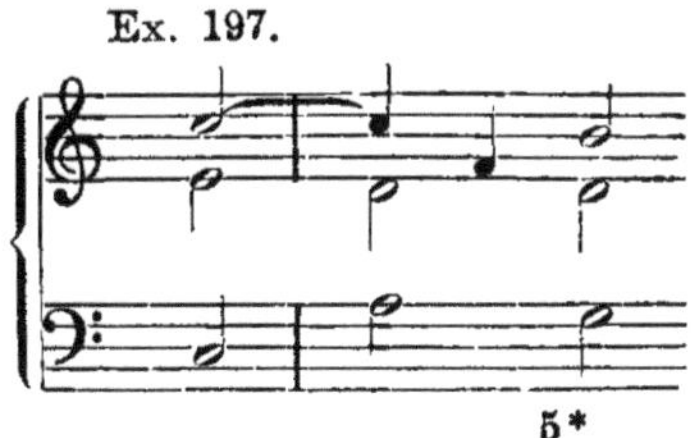

78. Le troisième renversement est formé d'une 2de, d'une 4te et d'une 6te. On le nomme accord de seconde. Il se chiffre 2 ou $^{4}_{2}$. La basse doit être préparée. A trois parties on supprime la 6te. [Ex. 198, 199.]

Ex. 198.

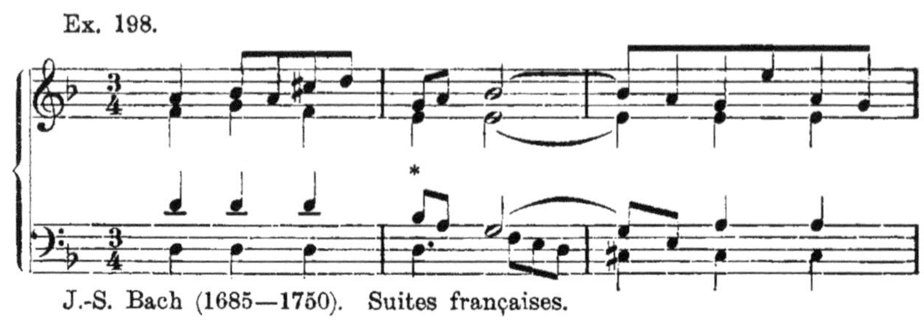


J.-S. Bach (1685—1750). Suites françaises.

Ex. 199.

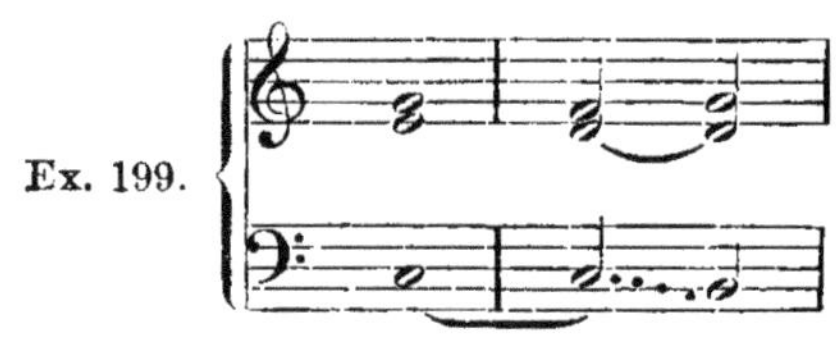

---

# Chapitre XIII

## Retards

79. Lorsqu'une note tient momentanément la place de l'une des notes réelles de l'accord elle forme une harmonie étrangère à l'accord. Incorporée dans l'accord naturel, elle fait attendre la note réelle, vers laquelle elle tend à se résoudre. De là, le nom de retards ou *suspensions* donné à ces agrégations.

Le retard est *simple*, si on ne retarde qu'une note; *double, triple, quadruple*, en un mot *simultané*, si on en retarde deux, trois ou quatre.

Un retard doit déterminer une dissonance ou une harmonie qui ne soit pas tonale.

Un retard est ascendant ou inférieur s'il se résoud en montant; descendant ou supérieur s'il se résoud en descendant.

Un retard inférieur ne peut être dissonant, puisque toute dissonance doit se résoudre en descendant d'un degré. Cependant, si le retard inférieur est formé par la sensible, ou s'il est le produit d'une altération, il peut former une dissonance. [Ex. 200.]

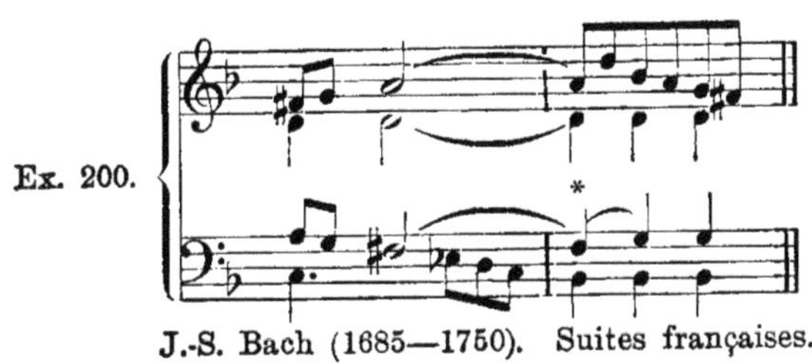


J.-S. Bach (1685—1750). Suites françaises.

Dans ces deux cas, l'attraction de la note sensible du ton dans lequel on se trouve, ou celle de l'altération, qui elle même prend le caractère du VII$^{ème}$ degré, l'emporte sur la dissonance.

80. On ne doit jamais faire entendre en même temps le retard et la note retardée. [Ex. 201.]

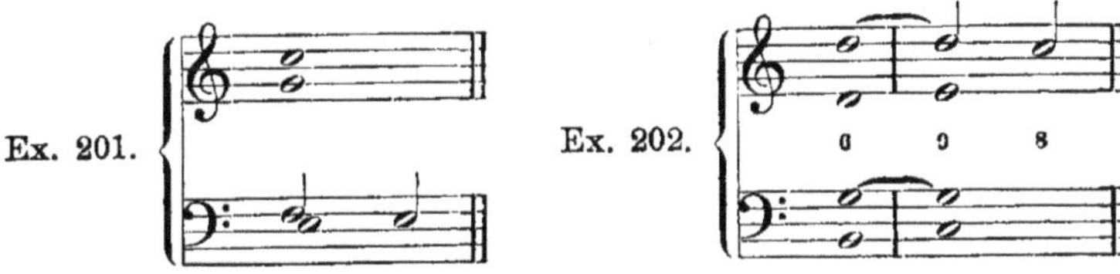


En effet, dans l'exemple qui précède, la note retardée et le retard, entendus simultanément, forment une dissonance de 2$^{de}$, qui se résoud sur l'unisson, intervalle nul.

Cependant, on peut faire entendre le retard et la note retardée en même temps, lorsqu'on les place à distance de 9$^{ème}$. [Ex. 202.]

Ici, la 9$^{ème}$ se résoud sur l'8$^{ve}$, qui est une consonance.

81. Les retards sont soumis aux règles de préparation et de résolutions énoncées plus haut.

82. Les 5$^{tes}$ les 8$^{ves}$ réelles, séparées par des retards, demeurent défendues. — Le retard étant une dissonance artificielle ne peut empêcher les fautes qui se produisent entre deux harmonies réelles. [Ex. 203.]

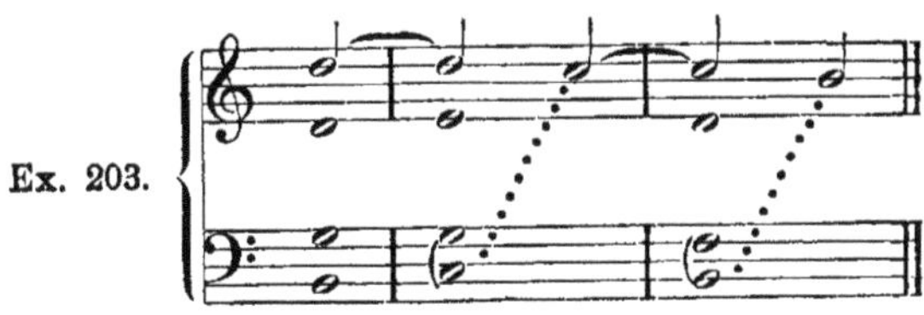

Pour la même raison, les 5^tes^ réelles formées par les retards ne sont pas défendues. [Ex. 204.]

Pour retrouver si une harmonie est correcte il suffit de retrancher les retards et de la vérifier.

Ex. 204.

etc.

C. Saint-Saëns. Henri VIII. (A. Durand et fils, éditeurs.)

83. Un retard fait sa *résolution naturelle* lorsque l'accord ne change pas, et sa résolution évitée lorsque l'accord change au moment où elle se produit. [Ex. 205, 206.]

Ex. 205.

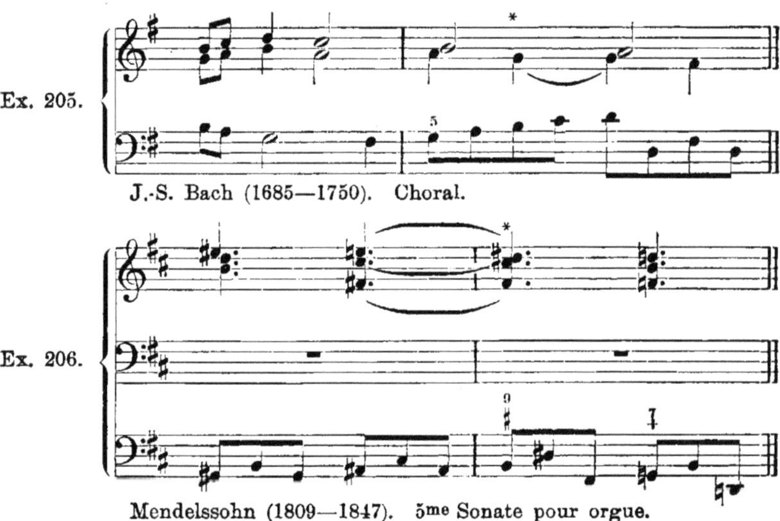

J.-S. Bach (1685—1750). Choral.

Ex. 206.

Mendelssohn (1809—1847). 5me Sonate pour orgue.

84. Comme il a été dit à propos de l'accord de $\overset{5}{\circ}$ et celui de $\overset{7}{+}$, une dissonance ne doit jamais faire sa résolution par mouvement direct sur une consonance parfaite. C'est pourquoi le retard ne peut faire sa résolution évitée sur une 5^te^ ou une 8^ve^ (5^tes^ et 8^ves^ cachées), ou sur une quarte juste (dissonance). [Ex. 207, 208, 209.]

Ex. 207.

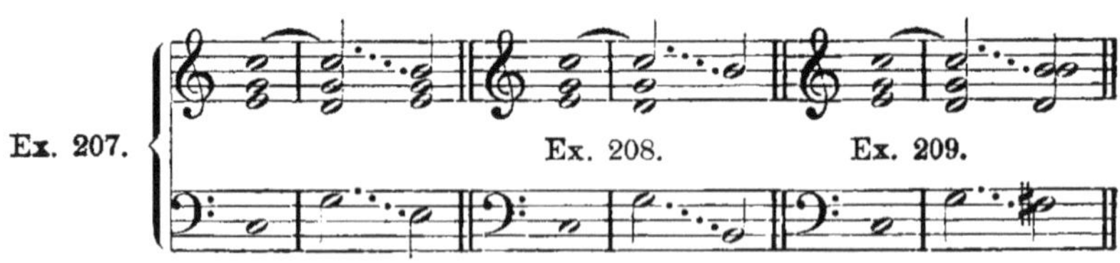

85. *Retards dans les accords de trois sons.* Dans un accord de trois sons on peut retarder la fondamentale, la 3ce, la 5te et l'8ve par la note supérieure.

86. Le retard descendant de la fondamentale se chiffre dans l'accord à l'état fondamental par $\begin{smallmatrix}4\,-\\2\,-\end{smallmatrix}$, dans le premier renversement par 7 et dans le second par $\begin{smallmatrix}6\\5\\0\end{smallmatrix}$. [Ex. 210, 211, 212.]

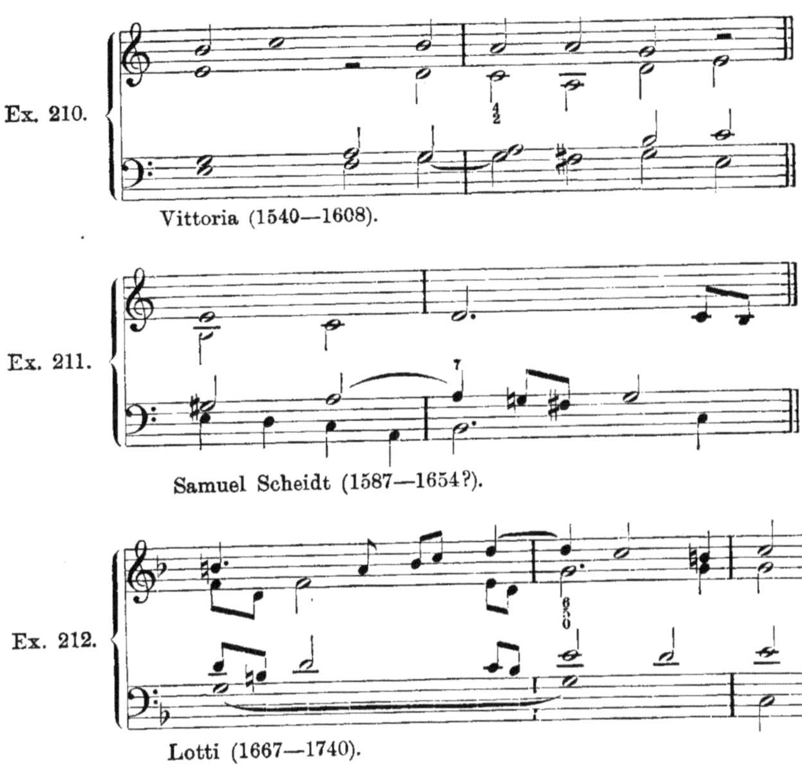
Ex. 210. Vittoria (1540—1608).

Ex. 211. Samuel Scheidt (1587—1654?).

Ex. 212. Lotti (1667—1740).

87. On peut pratiquer simultanément le retard ascendant de la fondamentale et le retard descendant de cette même note, ce qui donne l'agrégation suivante: [Ex. 213.]

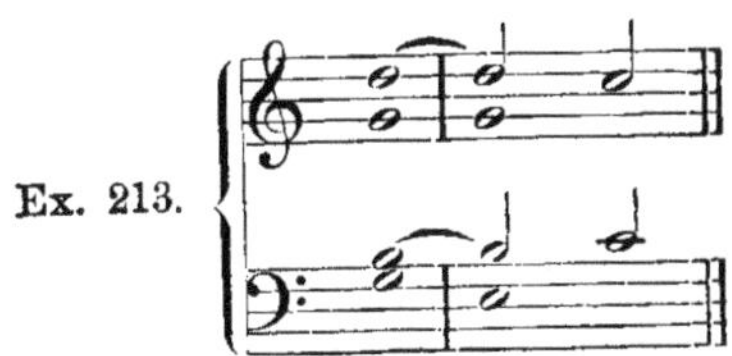
Ex. 213.

Le retard ascendant n'étant pas dissonant n'a pas besoin d'être préparé. Il y a donc une similitude entre ce double retard et les accords de 7ème artificiels. La distinction qu'on peut établir entre ces deux agrégations différentes provient de la nature même de chacune. Le retard fait pressentir la note, dont il tient momentanément la place. Il se résoud donc généralement sur la même fondamentale, et si l'on substitue aux notes retardées les notes réelles, on trouve l'harmonie naturelle. L'accord de 7ème par prolongation, étant formé par l'adjonction d'une quatrième note à l'un des accords de trois sons, se résoud sur une autre fondamentale et sur une autre harmonie.

En résumé, il faut considérer comme double retard de la fondamentale:

1° Toute agrégation de seconde et quarte avec la sixte lorsqu'elle se résoud sur un accord naturel fondamental de trois sons. [Ex. 214.]

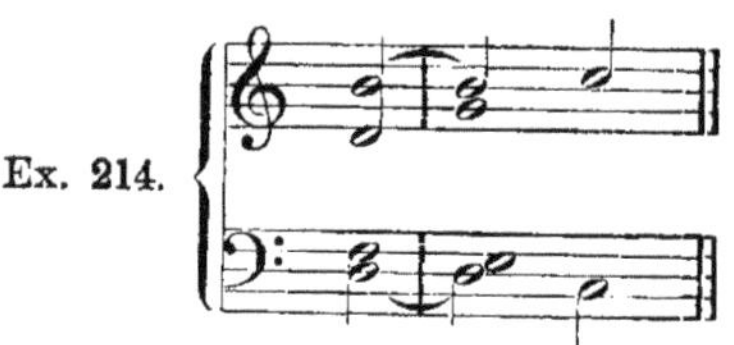
Ex. 214.

2° Toute agrégation de 3ce, 5te et 7ème se résolvant sur la même basse, portant accord de 6te. [Ex. 215.]

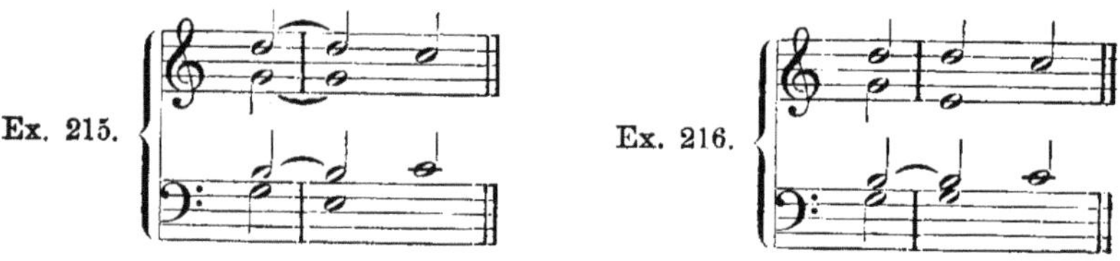
Ex. 215. Ex. 216.

3° Toute agrégation de 3ce, 5te et 6te se résolvant sur la même basse, portant accord de $^{6}_{4}$. [Ex. 216.]

Toute agrégation similaire, se résolvant sur un autre accord, doit être regardée comme un accord de 7ème artificiel.

Lorsque les retards font une résolution exceptionnelle sur une autre basse, il y a confusion entre ces deux harmonies. Au fond la distinction est purement théorique.

88. *Le retard de la tierce* se chiffre à l'état fondamental $^{5}_{4}$; dans le 1er renversement $^{5\,-}_{2\,-}$; dans le second $^{7}_{4}$. [Ex. 217, 218, 219.]

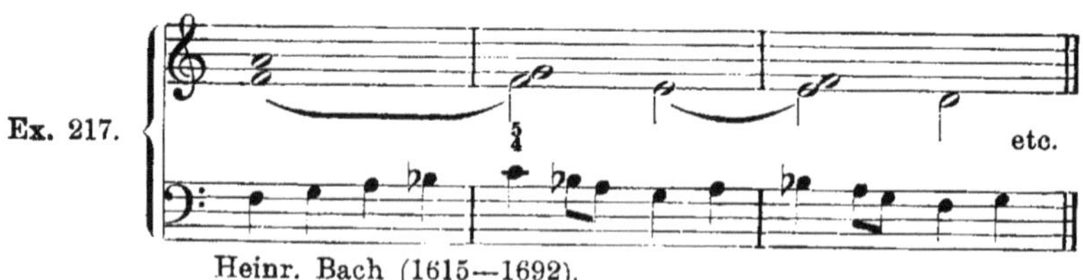

Ex. 217.

Heinr. Bach (1615—1692).

Ex. 218. Ex. 219.

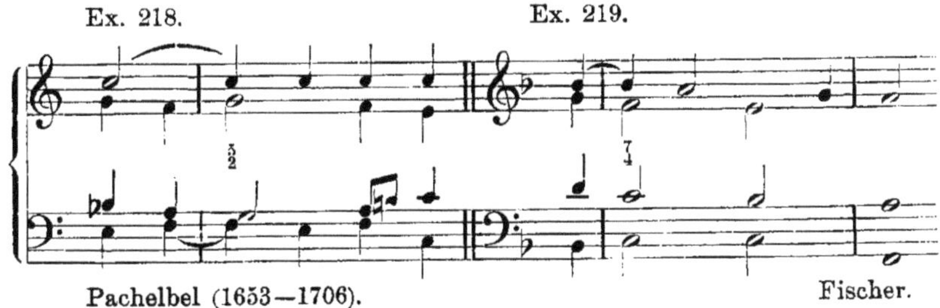

Pachelbel (1653—1706). Fischer.

89. *Le retard de la quinte* donne une harmonie qui est consonante, mais qui n'est pas tonale. [Ex. 220.]

Ex. 220.

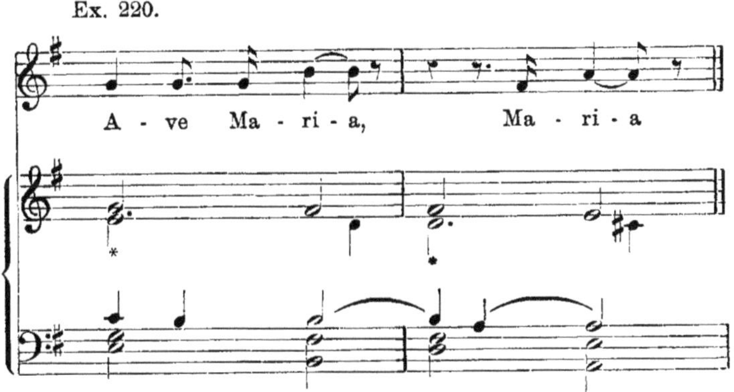


Daniel Fleuret. Ave Maria (A. Rabut, éditeur).

90. Le retard de l'8$^{ve}$ se fait par la 9$^{ème}$. Ce retard ne peut se trouver que dans un seul état de l'accord, puisque la 9$^{ème}$ ne peut se renverser.

D'une façon générale, on peut retarder par la 9$^{ème}$ l'8$^{ve}$ de la basse, dans les accords parfaits fondamentaux ou renversés. Ce retard dans l'accord fondamental se chiffre 9. 8. [Ex. 221.]

Ex. 221.

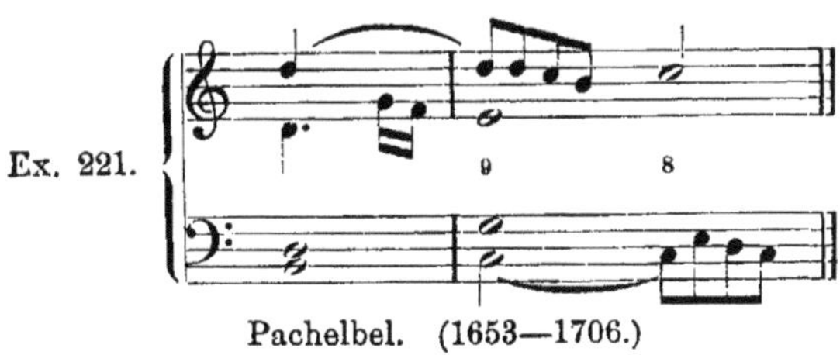


Pachelbel. (1653—1706.)

Dans le premier renversement: $\begin{smallmatrix}9 & 8 \\ 6 & -\end{smallmatrix}$. [Ex. 222.]

Ex. 222.
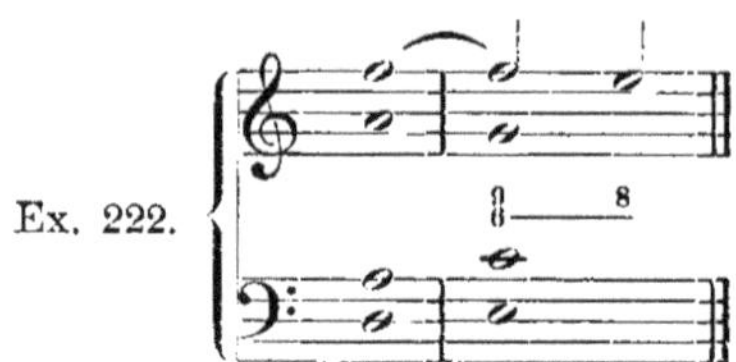


Dans le second renversement: $\begin{smallmatrix}9 & 8 \\ 6 & \\ 4 & -\end{smallmatrix}$. [Ex. 223.]

Ex. 223.
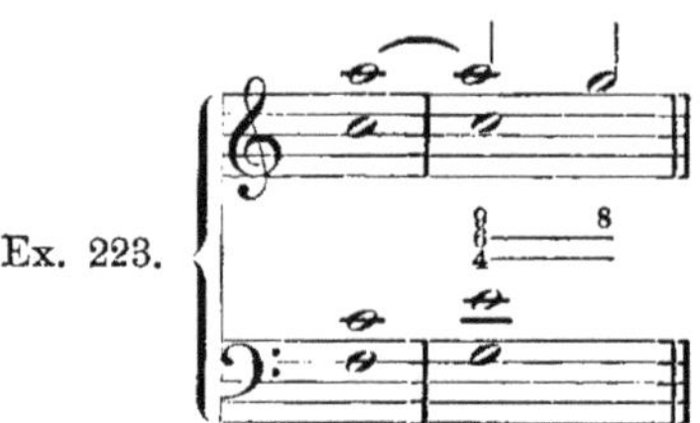


91. *Retards simultanés.* On peut retarder en même temps plusieurs notes d'un accord. Le retard est double, triple, quadruple, suivant qu'on retarde deux, trois ou quatre notes. [Ex. 224, 225, 226.]

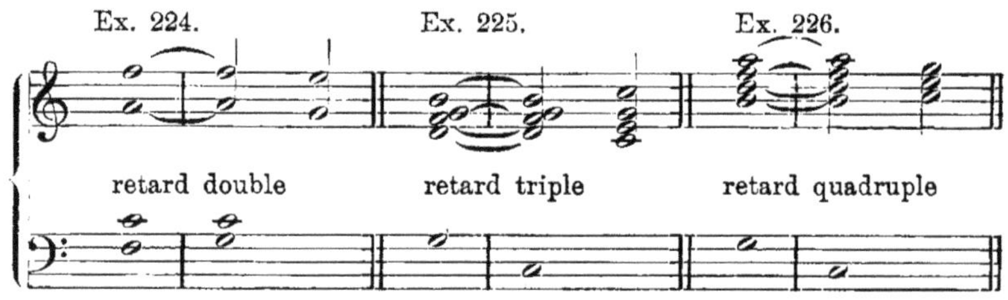


Lorsque deux notes se résolvent simultanément elles ne peuvent former entre elles de consonance parfaite ou de dissonance. Les deux retards doivent, en se résolvant, être à la 3ce ou à la 6te l'un de l'autre, s'ils sont tous les deux descendants. [Ex. 227.]

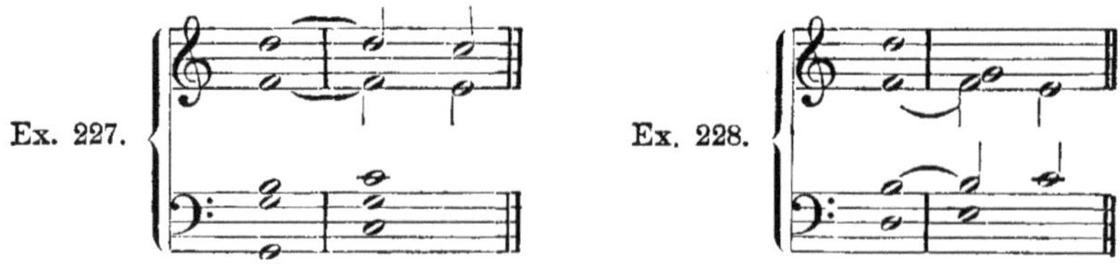


Mais si les deux retards sont, l'un descendant, l'autre ascendant, ils se résolvent par mouvement contraire. [Ex. 228.]

On peut résoudre les notes d'un retard simultané les unes après les autres. [Ex. 229.]

Ex. 229.

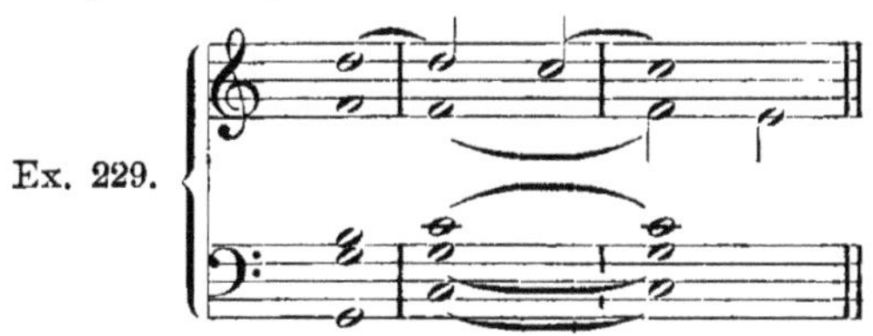

92. *Retards dans l'accord de* $\substack{7\\+}$. Dans cet accord on peut retarder la fondamentale, la tierce, la quinte et l'octave de la fondamentale. La 7ème (dissonance) ne peut être retardée par l'8ve (consonance).

93. *Le retard de la fondamentale* ne donne pas d'agrégation autre que celle qui a été étudiée sous le nom d'accord de $\substack{7\\6}$ et de $\not{7}$. Le VIème degré, servant de retard, et étant préparé, peut ici se trouver à distance de seconde du VIIème. [Ex. 230.]

Ex. 230.

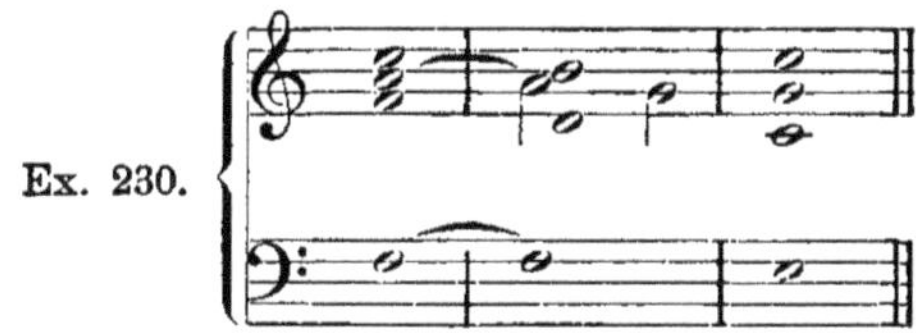

94. *Le retard de la 3ce* se chiffre à l'état fondamental: $\substack{7\\5\\4}$; dans le 1er renversement: $\substack{5\\4\\2}$; dans le 2ème: $\substack{7\\4\\3}$; dans le 3ème: $\substack{6\\5\\2}$. [Ex. 231, 232, 233, 234.]

Ex. 231. Ex. 232. Ex. 233. Ex. 234.

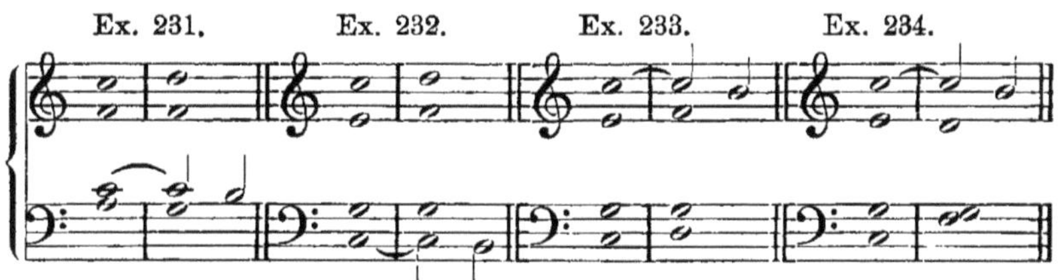

95. *Le retard de la 5te* se chiffre à l'état fondamental: $\substack{7\\6\\4}$; dans le 1er renversement: $\substack{6\\5\\4}$; dans le 2ème $^{+}\substack{5\\3\\2}$; dans le 3ème $+\substack{7\\4\\2}$. [Ex. 235, 235bis, 236, 236bis.]

Ex. 235. Ex. 235bis. Ex. 236. Ex. 236bis.

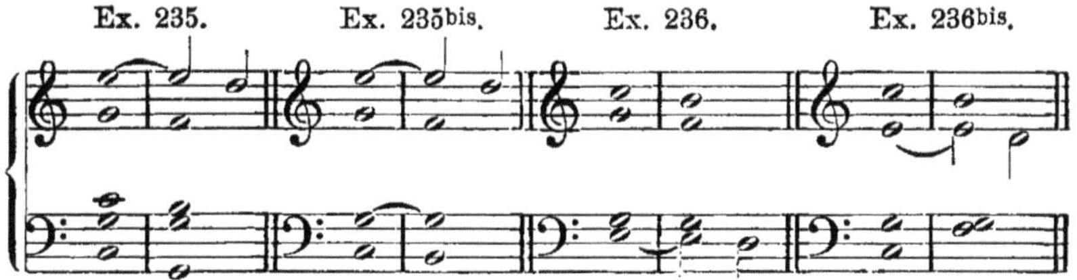

96. *Le retard de l'octave* se chiffre $\frac{9\ 8}{+\ -}$; ce retard, comme nous l'avons dit, ne peut se renverser. [Ex. 237.]

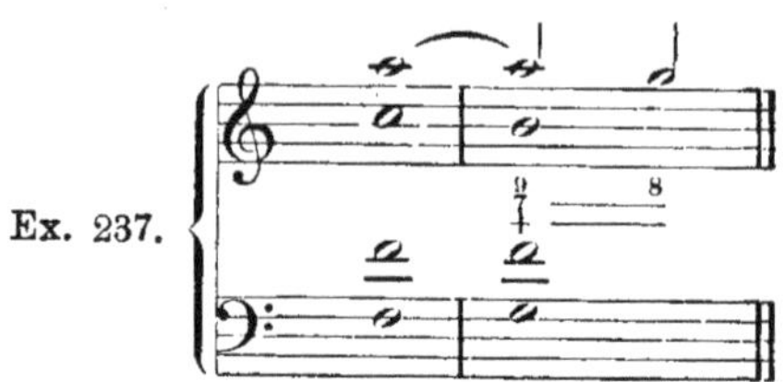

Ex. 237.

Ici nous rencontrons pour la première fois l'emploi de l'agrégation connue sous le nom de 9ème de dominante. Faussement envisagée comme accord naturel, cette combinaison harmonique a été regardée par Catel comme l'accord générateur qui renferme les accords de $\frac{7}{+}$ et de $\frac{7}{5}$. Pas plus que l'accord de $\frac{7}{5}$ l'accord de 9ème de dominante n'est un accord naturel. Il n'est pas susceptible d'être renversé et lorsqu'on procède aux opérations du renversement il ne peut jamais être rétabli à l'état fondamental. [Ex. 238.]

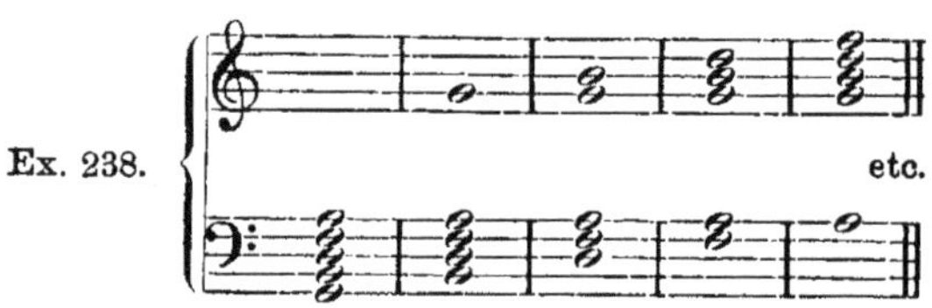

Ex. 238.

L'accord de $\frac{9}{+}$, préparé par la partie supérieure, doit donc être considéré comme retard de l'8ve dans l'accord dissonant naturel.

Nous savons déjà que le VIème degré en majeur peut être emprunté au mode mineur, ce qui donne parfois l'emploi de la 9ème mineure, substituée à la 9ème majeure. [Ex. 239.]

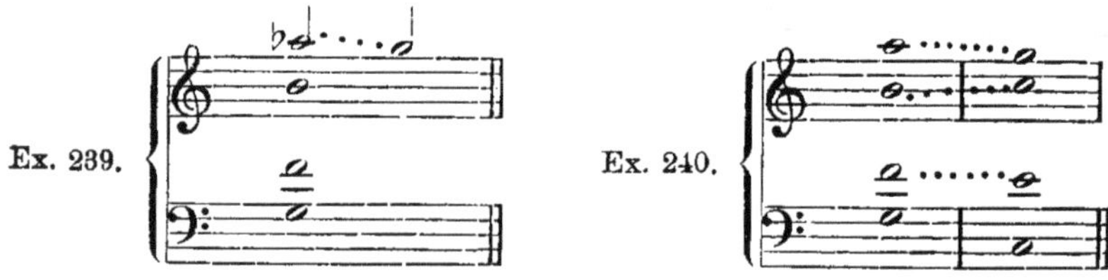
Ex. 239. Ex. 240.

La 9ème de dominante fait parfois une résolution évitée sur l'accord parfait de tonique. [Ex. 240.] A quatre parties on supprime la seconde note du ton.

97. *Retards simultanés dans l'accord de* $\frac{7}{+}$.

On peut retarder simultanément dans l'accord de $\frac{7}{+}$:

1° la 3ce par la 4te, et la 5te par la 6te.

2° la 3ce par la 4te, et l'8ve par la 9ème. [Ex. 241.]

Ex. 241.

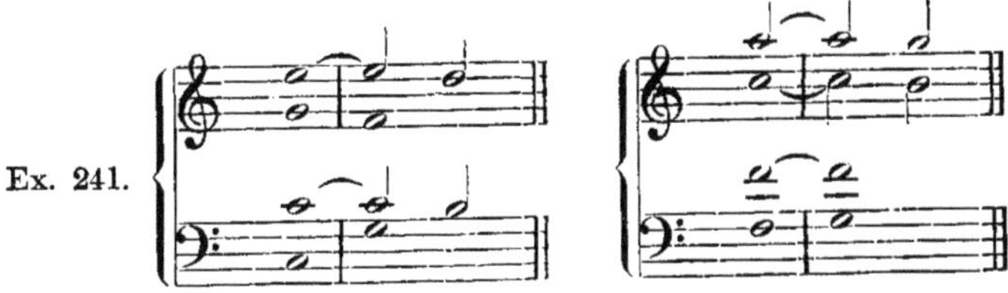

98. *Retards dans les accords artificiels de 7ème*:

1° On peut, dans les accords de 7ème artificiels retarder la fondamentale. Cette suspension ne détermine pas une harmonie différente de celle formée par les accords de 7ème artificiels. En réalité les agrégations du retard et de l'accord retardé forment deux accords de 7ème par prolongation. [Ex. 242.]

Ex. 242. Ex. 243.

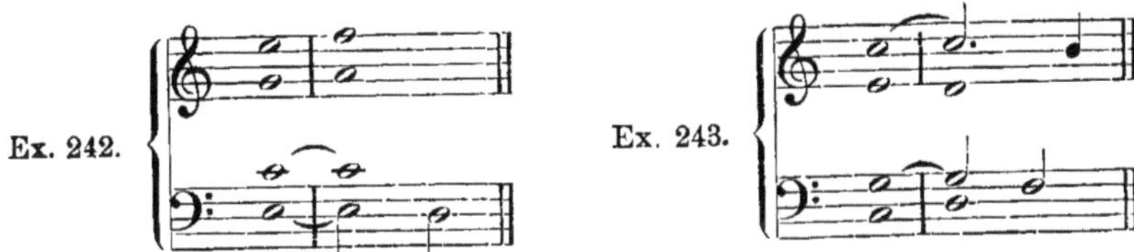

2° La difficulté de préparer en même temps la 7ème et le retard ne permet dans ces agrégations que la suspension de la 3ce par la 4te. [Ex. 243.]

3° Cependant, dans les accords artificiels basés sur la sensible on peut pratiquer d'autres retards, en raison de la faculté que l'on a de faire entendre le VIIème degré sans préparation.

C'est ainsi que l'on peut pratiquer le retard de la 5te par la 6te (chiffrage $^{7}_{6}$). [Ex. 244] et celui de la 7ème par l'8ve. Ce dernier retard dans le mode majeur donne un accord de 5̶. [Ex. 245.]

Ex. 244.

Ex. 245.

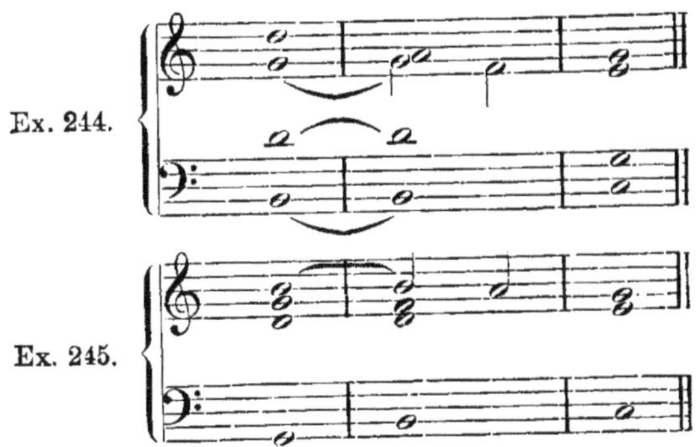

Dans le mode mineur, le retard devant être seulement à un ton de la note retardée, on a recours pour le former à une altération qui permet de faire entendre simultanément la note naturelle et la note altérée (chiffrage $^{\sharp}_{5}$). [Ex. 246.]

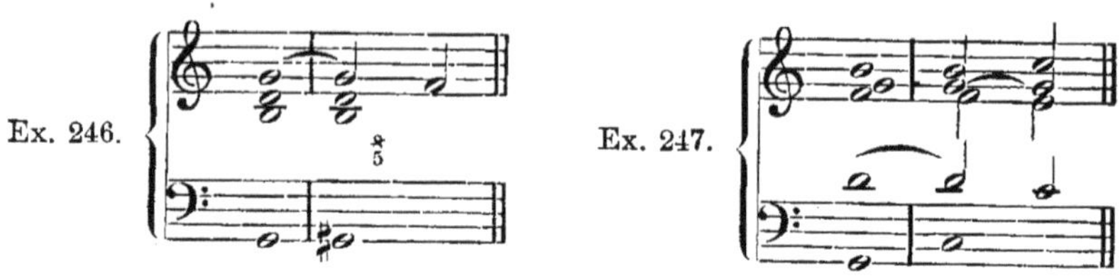


Ex. 246. Ex. 247.

99. Certaines agrégations regardées comme accords par les théoriciens sont de véritables retards simultanés.

1° L'agrégation de septième dominante sur-tonique préparée par les parties supérieures, est un retard ascendant et descendant de l'8^ve^ et descendant de la 3^ce^. On le chiffre +7. [Ex. 247.]

2° De même les agrégations de 7^ème^ de sensible et de 7^eme^ diminuée sur-tonique, préparées par les parties supérieures, sont des retards simultanés: ascendant et descendant de l'8^ve^, descendant de la 5^te^ et descendant de la 3^ce^. On le chiffre par $+^{7}_{6}$. Il est à noter que l'on peut emprunter le VI^ème^ degré du mode mineur, pour le transporter en majeur. [Ex. 248 et 248 bis.]

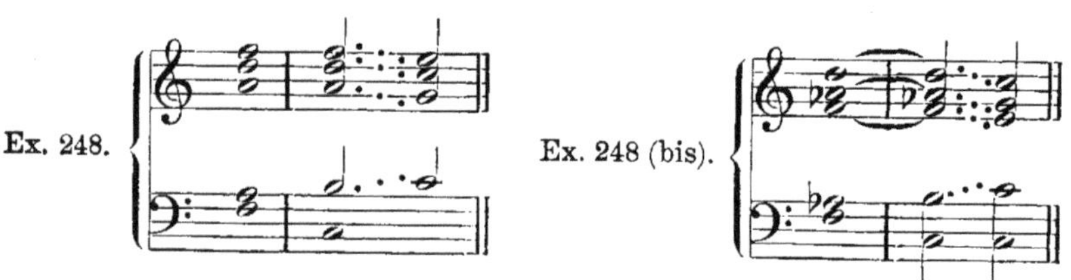

Ex. 248. Ex. 248 (bis).

*Dans ces agrégations de cinq sons établies sur la tonique, à quatre parties, on supprime la seconde note du ton.*

---

# Chapitre XIV

## Accords altérés

100. L'introduction des altérations dans les accords naturels et artificiels détermine des combinaisons harmoniques entièrement nouvelles, tantôt consonantes, tantôt dissonantes.

101. Les altérations sont *ascendantes* lorsqu'elles ont une tendance à se résoudre en montant, *descendantes* lorsque leur marche naturelle les oblige à descendre. Ainsi un ♭ et un 𝄫 ont une tendance

descendante, un ♯ et un :♯:, une tendance ascendante [Ex. 249]; le

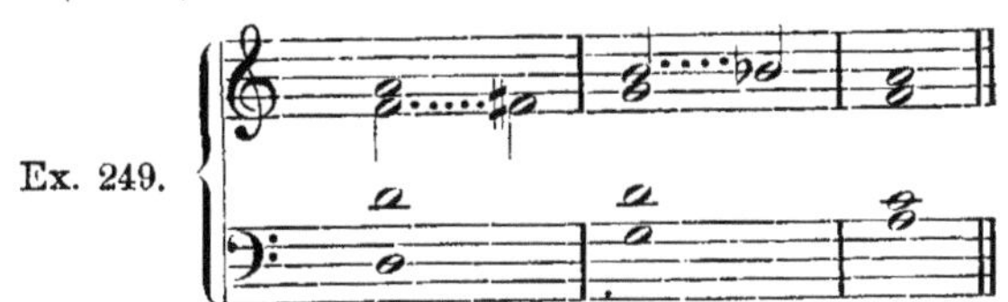
Ex. 249.

♮ peut avoir deux mouvements différents: précédé d'un ♭ il se résoud en montant; précédé d'un ♯, en descendant. [Ex. 250.]

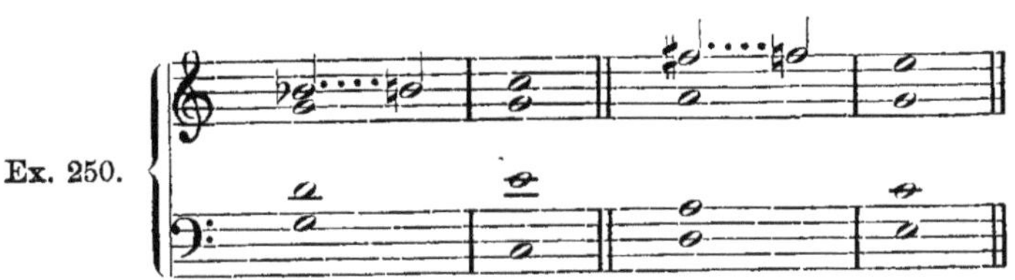
Ex. 250.

102. Vu son caractère, une altération peut entraîner la modulation, mais cette modulation peut n'être que passagère; c'est un emprunt fait à une tonalité voisine ou offrant des rapports avec la tonalité principale.

Une altération doit donc pouvoir se résoudre dans un ton voisin ou offrant une relation avec le ton principal.

Il est donc utile de savoir comment on peut noter une altération et les différents moyens que l'on a d'écrire la même altération.

Une gamme chromatique peut être notée de différentes façons.

1.
en *ut* majeur.

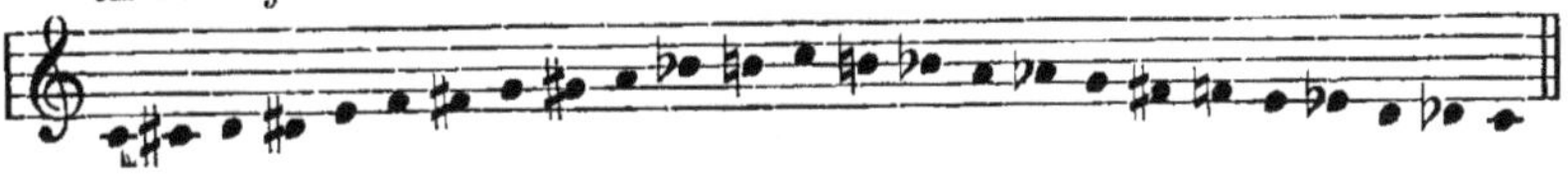

2.

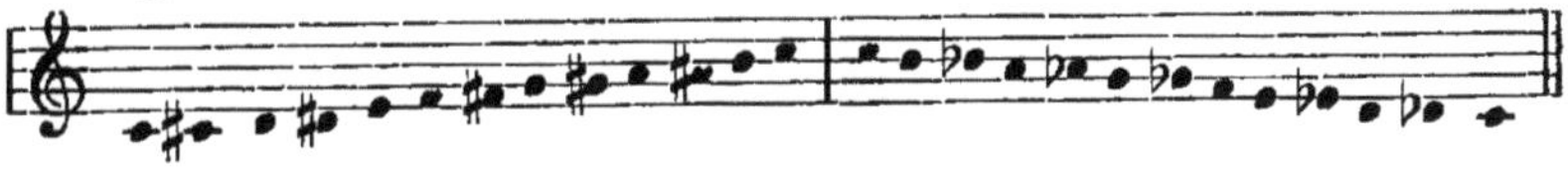

3.

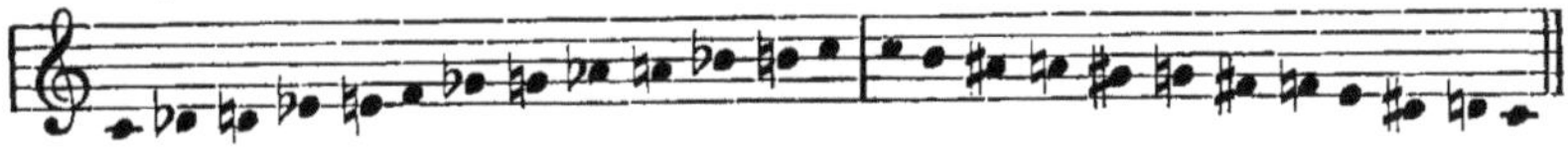

La première gamme ne renferme que les notes des tons voisins d'ut majeur ou du ton mineur ayant la même tonique que lui (ut mineur).

La seconde sert à moduler, en montant aux tons éloignés d'ut (ordre des ♯) et en descendant aux tons éloignés d'ut (ordre des ♭), et cela, en raison du la♯ qui se trouve dans la gamme ascendante et du sol♭ qui se trouve dans la gamme descendante.

La troisième gamme sert à moduler en montant aux tons éloignés (ordre des ♭) et en descendant également aux tons éloignés (ordre des ♯).

103. Une altération peut déterminer l'attraction des deux notes à la fois. [Ex. 251.]

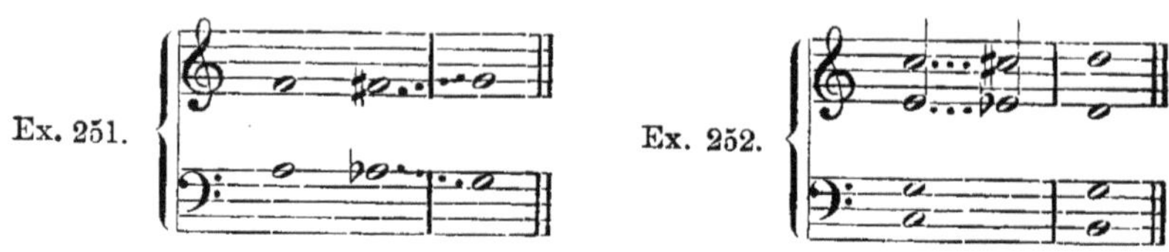


104. Les altérations sont, comme les retards, des procédés artificiels qui restent soumis aux mêmes règles qu'eux et peuvent être raisonnés de la même façon. Une altération est simple s'il n'y a qu'une note altérée, double, triple, si l'on en altère deux ou trois. [Ex. 252.]

105. Une altération doit être *préparée* et *résolue*. La préparation consiste à faire entendre la note naturelle avant la note altérée. La préparation peut être placée indifféremment sur le temps fort ou le temps faible. [Ex. 253.]

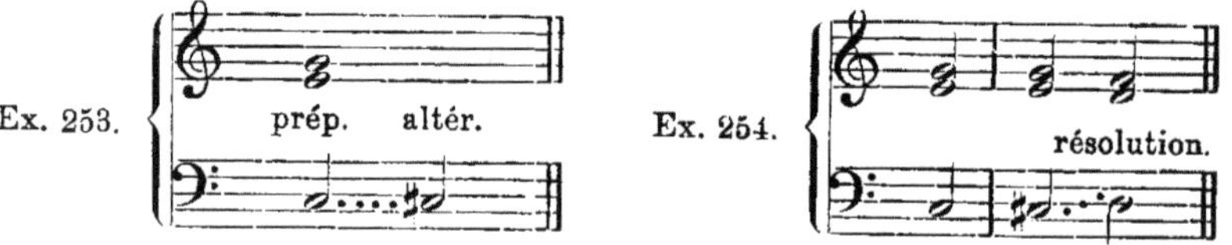


La résolution consiste à faire suivre à l'altération sa tendance ascendante ou descendante. [Ex. 254.]

106. On ne peut entendre en même temps la note naturelle et la note altérée. [Ex. 255.]

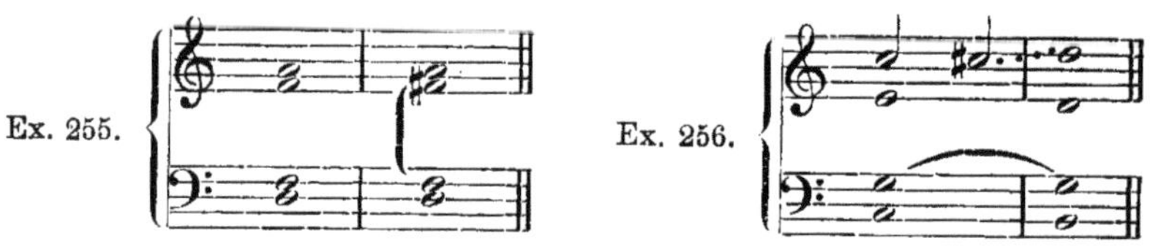


Exception est faite pour l'altération de l'8[ve]. [Ex. 256.]

107. Les 5[tes] et les 8[ves] consécutives, séparées par des altérations, demeurent prohibées. [Ex. 257.]

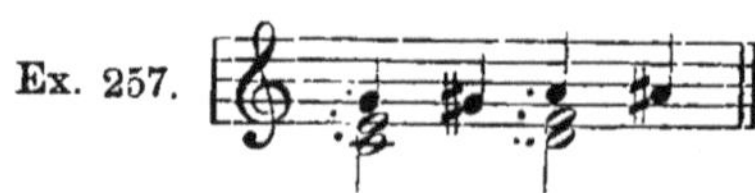

108. Les notes attractives ne peuvent être détournées de leur mouvement obligé, par une altération. [Ex. 258.]

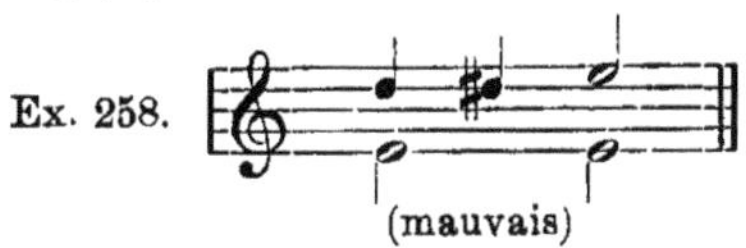


Ici, la 7ème se résoudrait sur l' 8ve, en raison de l'altération ascendante.

109. Lorsque deux altérations se résolvent simultanément elles peuvent former des successions de 3ce ou de 6te ou sinon se résoudre par mouvement contraire. [Ex. 259 et 260.]

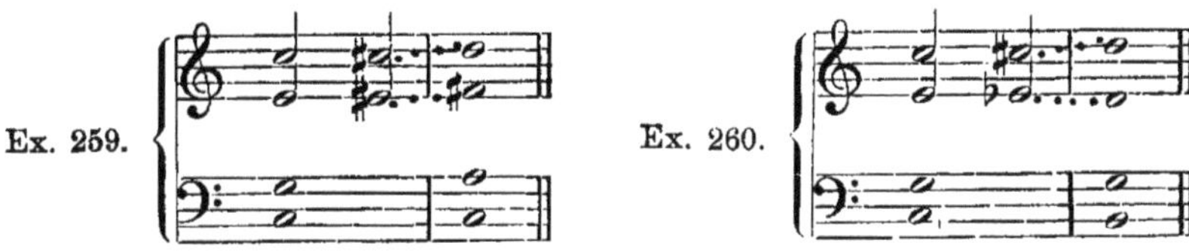


110. Deux notes ne doivent jamais former un intervalle de 3ce diminuée, produit par une altération. [Ex. 261.]

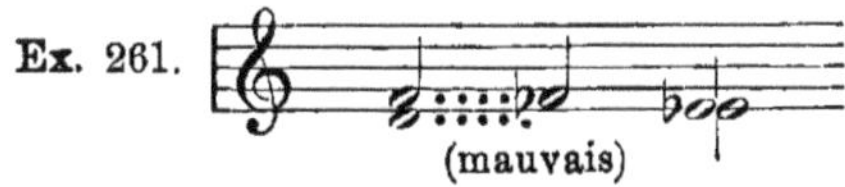


*Démonstration:* Pour l'oreille il y a enharmonie entre la 2e majeure et la 3ème diminuée. Il y a donc dans l'exemple 240 non-résolution de l'intervalle, qui doit s'enchaîner avec la 3ce et non avec l'unisson. Cette résolution est d'autant plus mauvaise qu'elle se fait sur l'unisson, intervalle nul. Elle est tolérée lorsque l'intervalle est redoublé sous forme de 10ème diminuée s'enchaînant avec l' 8ve. Mais il est préférable de renverser l'intervalle sous forme de 6te augmentée. [Ex. 262.]

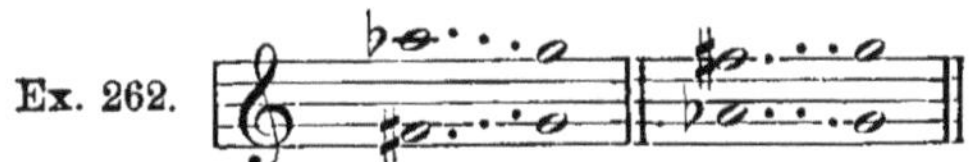


111. *Altération dans l'accord parfait majeur fondamental et renversé.*

1° *Altérations simples:*

Altération ascendante de la basse (accord de 5). [Ex. 263.]

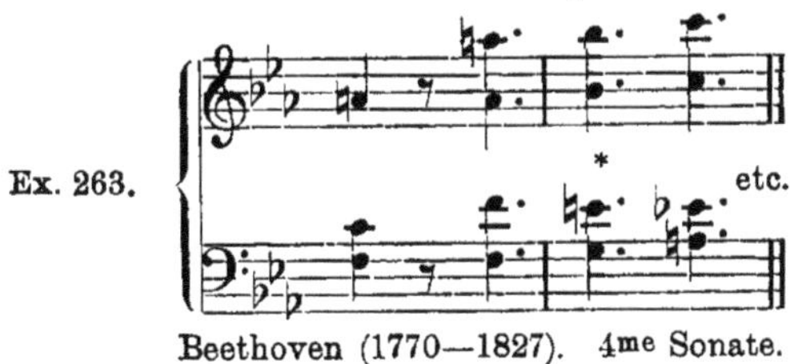


Beethoven (1770—1827). 4me Sonate.

Altération descendante de la 3ce (acc. parf. min.). [Ex. 264.]

Ex. 264.

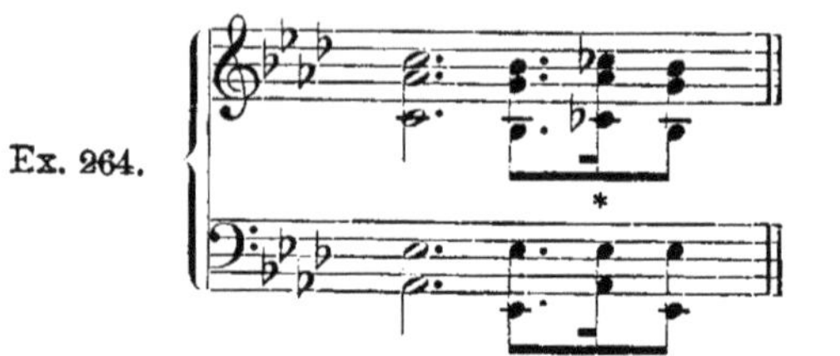

Schubert (1797—1828). Moments musicaux.

Altération ascendante de la 3ce. [Ex. 265.]

Ex. 265.

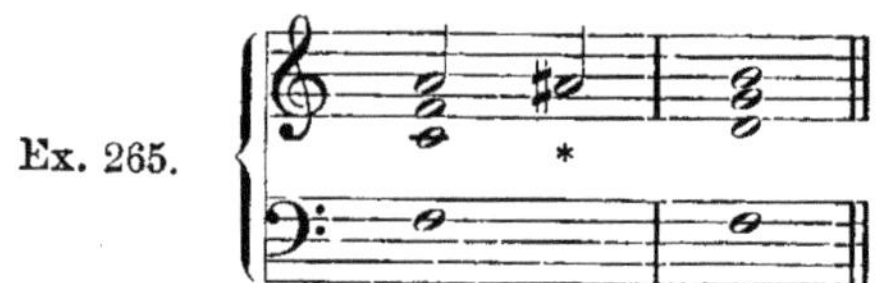

Schubert (1797—1828). Moments musicaux.

Altération ascendante de la 5te (agrégat. de 5te augm.). [Ex. 266.]

Ex. 266.

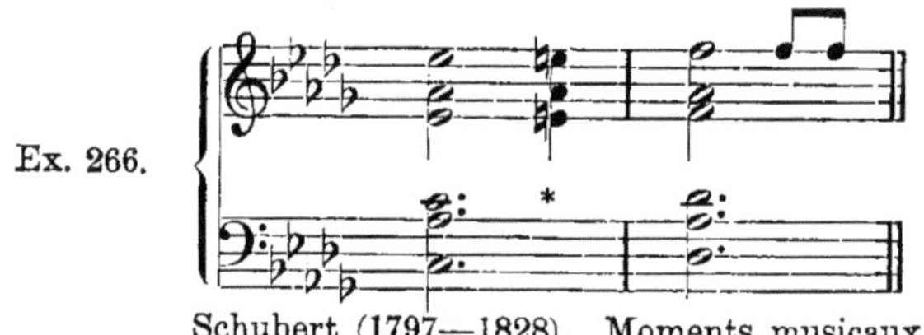

Schubert (1797—1828). Moments musicaux.

Altération ascendante de l' 8ve. [Ex. 267.]

Ex. 267.

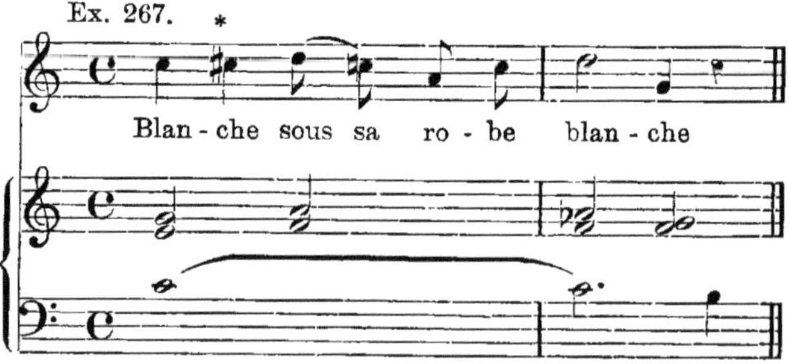


Daniel Fleuret. Mélodie.

Toutes ces altérations doivent être préparées, sauf l'altération ascendante de la 5te, qui donne l'accord de trois sons sur la médiante du mode mineur.

Toute autre altération serait impossible. Supposons par exemple l'altération descendante de l' 8ve. [Ex. 268.]

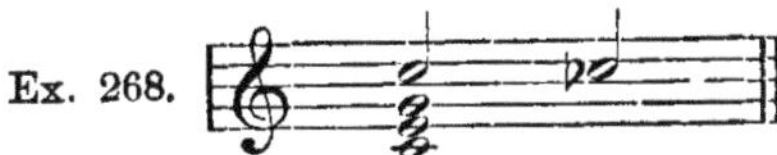
Ex. 268.

Le do ♭ est une faute d'orthographe, car il est emprunté à une tonalité trop éloignée de do. Le do♭ est remplacé dans l'écriture par si♮.

2° *Altérations doubles:*

Altération ascendante de la fondamentale et descendante de la 3ce. [Ex. 269.]

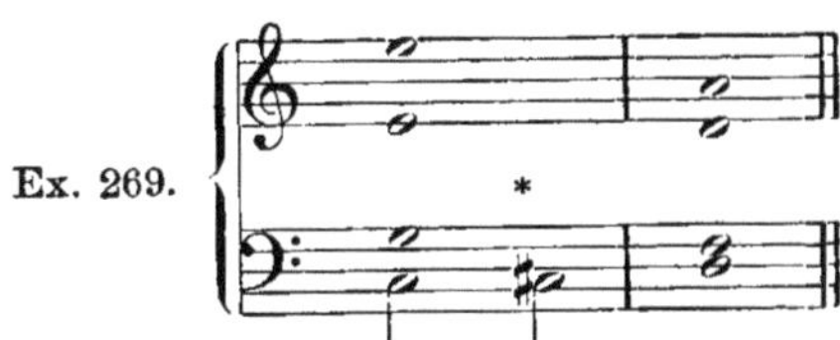
Ex. 269.

Altération ascendante de la 3ce et descendante de la 3ce. [Ex. 270.]

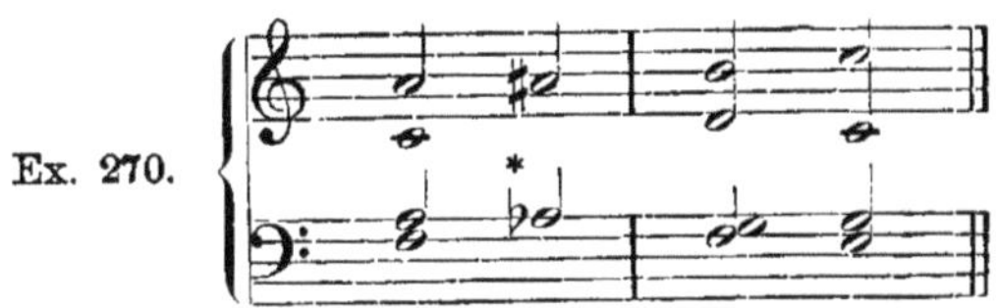
Ex. 270.

Altération descendante de la 3ce et ascendante de la 5te. [Ex. 271.]

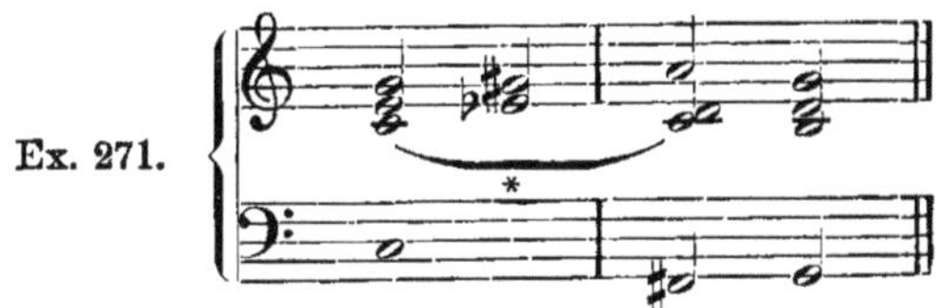
Ex. 271.

Altération descendante de la 3ce et ascendante de l'8ve. [Ex. 272.]

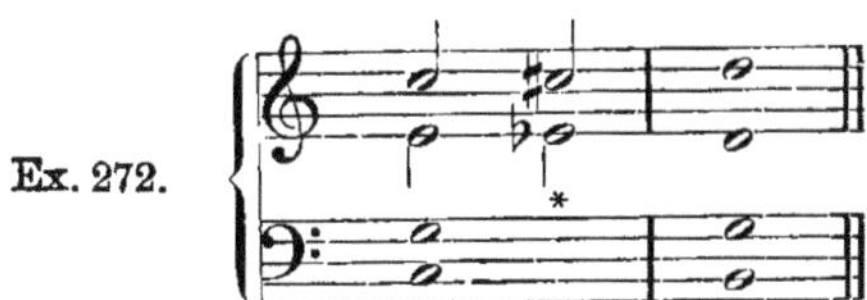
Ex. 272.

Altération descendante de la 3ce et descendante de la 5te. [Ex. 273.]

Ex. 273.

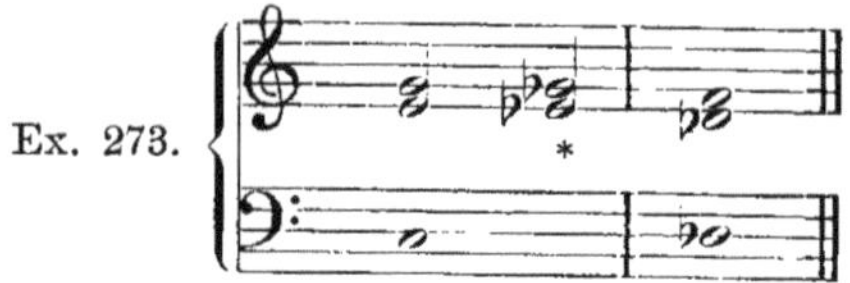

112. *Altérations dans l'accord parfait mineur:*
1° *Altérations simples:*
Altération ascendante de la basse. [Ex. 274.] (1)

Ex. 274.

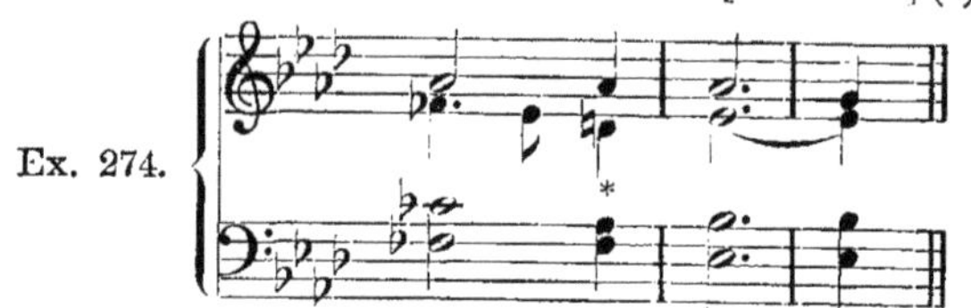

Schubert (1797—1828). Moments musicaux.

Altération ascendante de la 3ce (acc. parf. maj.). [Ex. 275.]

Ex. 275.

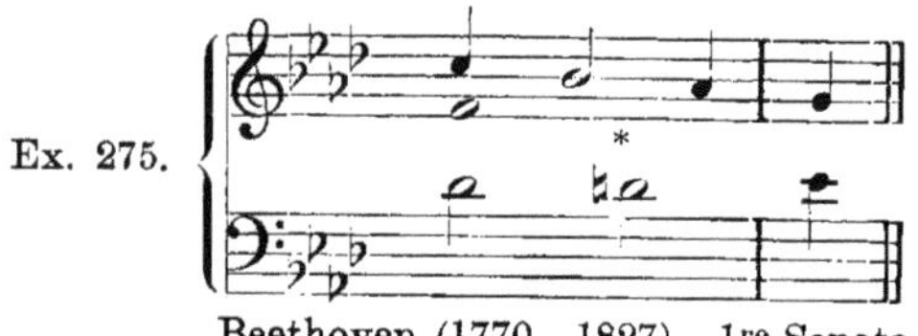

Beethoven (1770—1827). 1re Sonate.

Altération descendante de la 5te (accord de 5). [Ex. 276.]

Ex. 276.

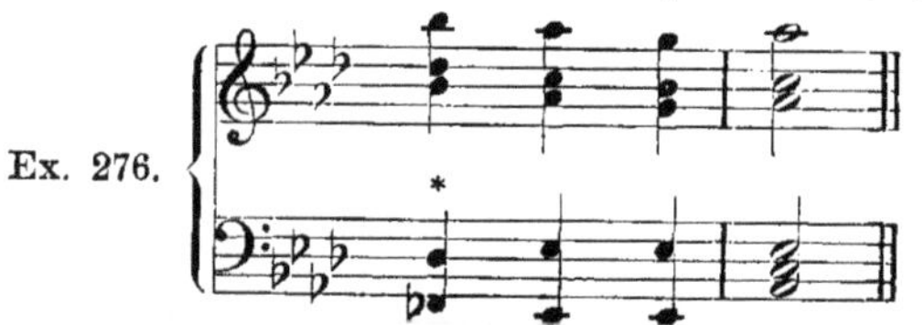

Schubert (1797—1828). Moment musicaux.

Altération ascendante de la 5te. [Ex. 277.]

Ex. 277.

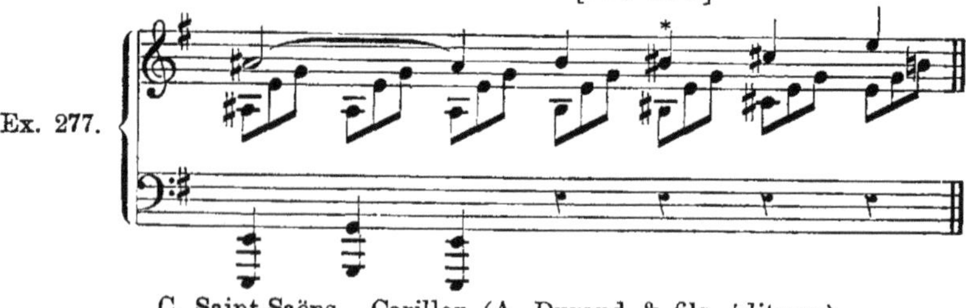

C. Saint-Saëns. Carillon (A. Durand & fils, éditeurs).

(1) Cette altération se place sur le 6e degré descendant à la dominante, et peut, comme on le verra plus loin, s'attaquer sans préparation.

Altération descendante de l'$8^{ve}$. [Ex. 278.]

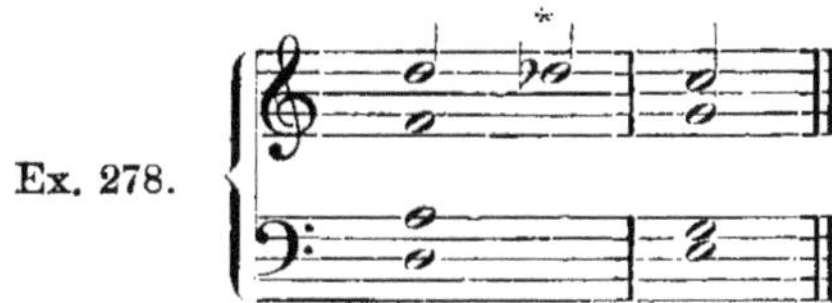
Ex. 278.

Altération ascendante de l'$8^{ve}$. [Ex. 279.]

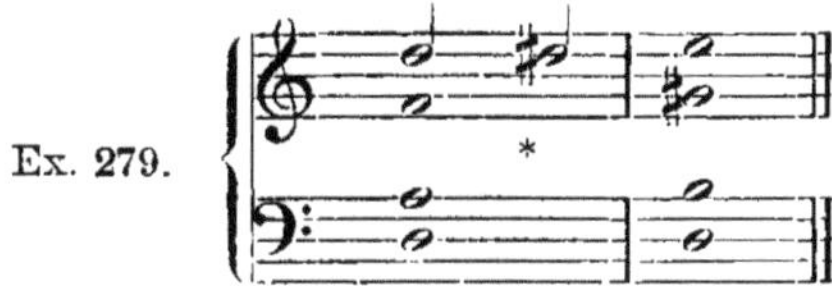
Ex. 279.

2° *Altérations doubles:*

Altérations ascendantes de la basse et de la $3^{ce}$. [Ex. 280.]

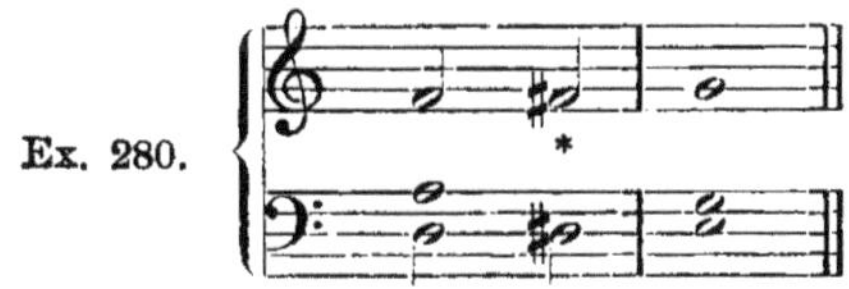
Ex. 280.

Altérations descendantes de la basse et de la $5^{te}$. [Ex. 281.]

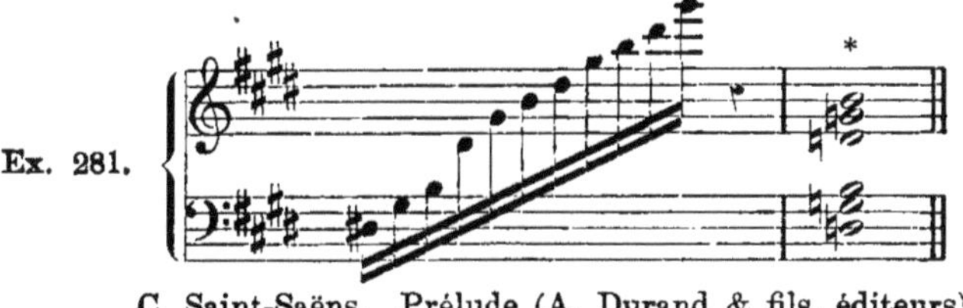
Ex. 281.

C. Saint-Saëns. Prélude (A. Durand & fils, éditeurs).

Altération ascendante de la $3^{ce}$ et descendante de la $5^{te}$. [Ex. 282.]

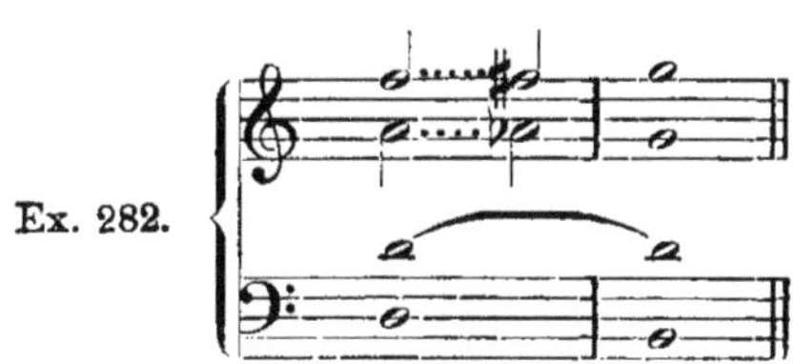
Ex. 282.

**Altération ascendante de la 3ce et ascendante de la 5te.** [Ex. 283.]

Ex. 283.

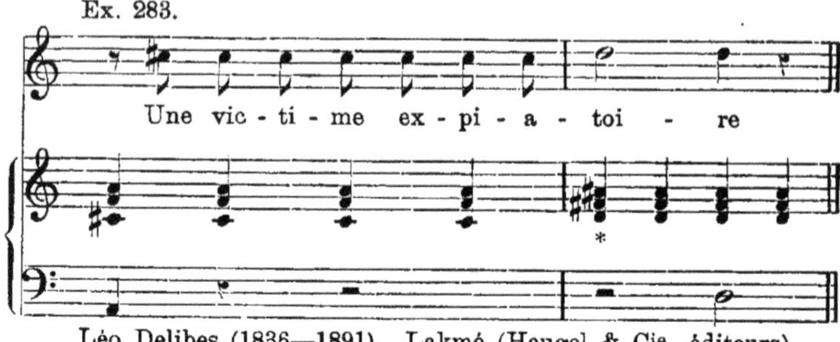


Léo Delibes (1836—1891). Lakmé (Heugel & Cie, éditeurs).

**Altération ascendante de l'8ve et descendante de la basse.** [Ex. 284.]

Ex. 284.

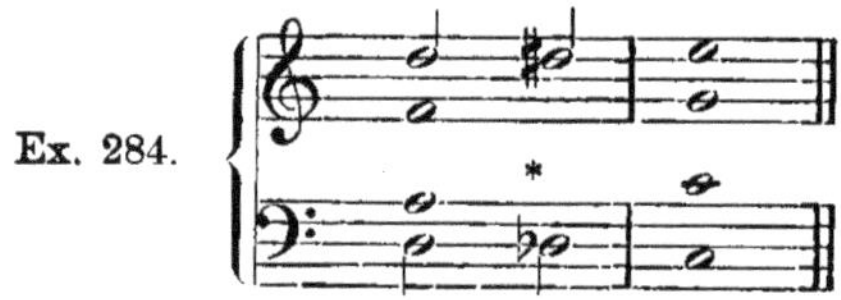

113. *Altérations dans l'accord de 5̸.*

1° *Altérations simples:*

Altération descendante de la basse (acc. parf. maj.). [Ex. 285.]

Ex. 285.

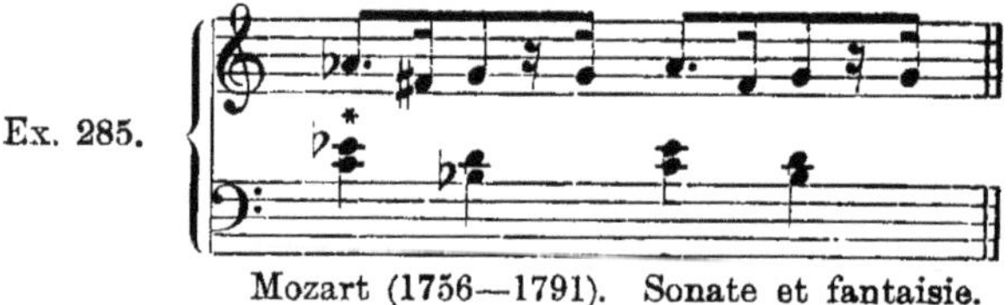

Mozart (1756—1791). Sonate et fantaisie.

Altération descendante de la 3ce. [Ex. 286.]

Ex. 286.

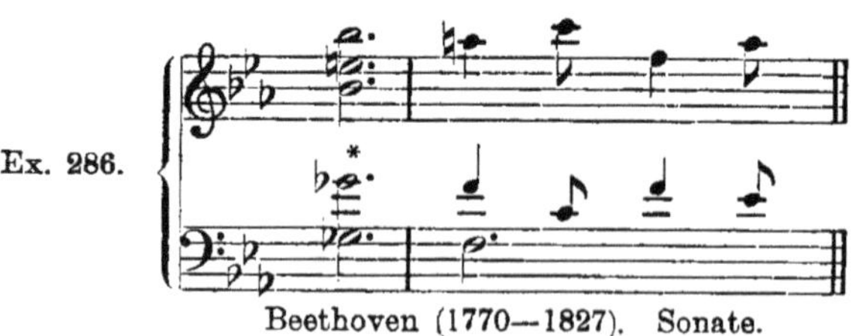

Beethoven (1770—1827). Sonate.

Altération ascendante de la 3ce. [Ex. 287.]

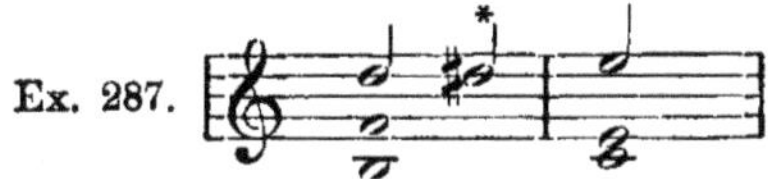

Altération ascendante de la 5te (acc. parf. min.). [Ex. 288.]

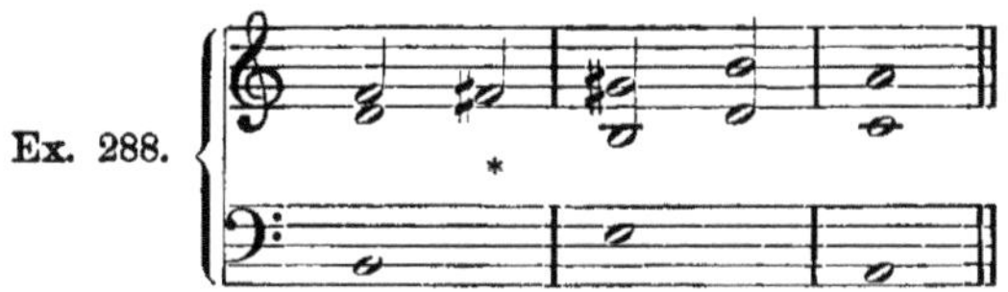

Dans le premier renversement d'un accord de 5 du second degré en mineur, l'altération descendante fréquemment usitée de la fondamentale s'appelle parfois *sixte napolitaine* (v. exemple 285).

2⁰ *Altérations doubles:*

Altérations ascendantes de la 3ce et de la 5te. [Ex. 289.]

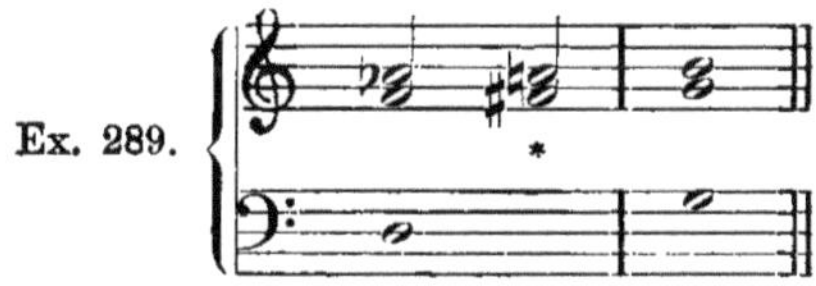

Altérations descendante et ascendante de la 3ce. [Ex. 290.]

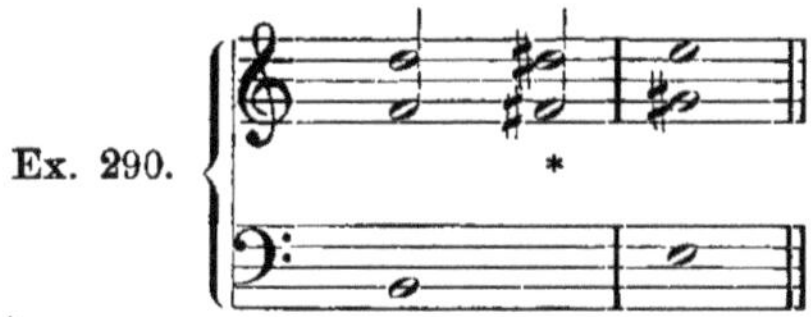

114. *Altérations dans l'accord de* $^{7}_{+}$. On introduit dans cet accord toutes les altérations pratiquées dans l'accord parfait majeur.

1⁰ *Altérations simples:*

Altération ascendante de la basse (7ème diminuée). [Ex. 291.]

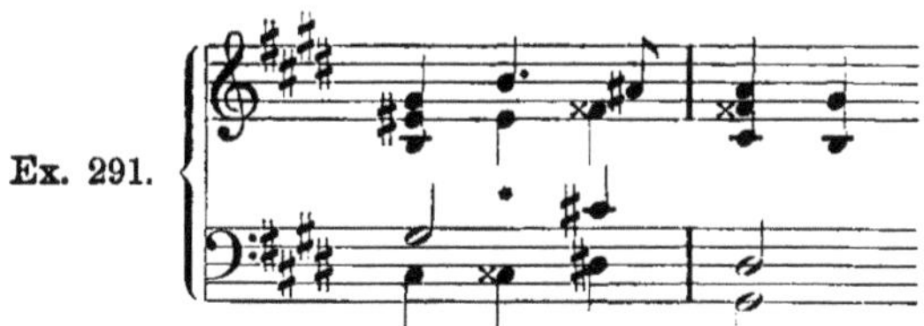

C. Franck (1822—1890). 1er Choral (A. Durand & fils, éditeurs).

Altération ascendante de la 5te. [Ex. 292.]

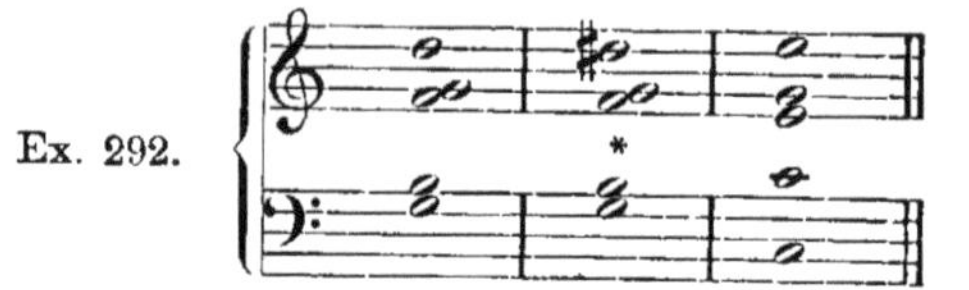


Beethoven (1770—1827). 5me Symphonie.

Altération descendante de la 5te. [Ex. 293.]

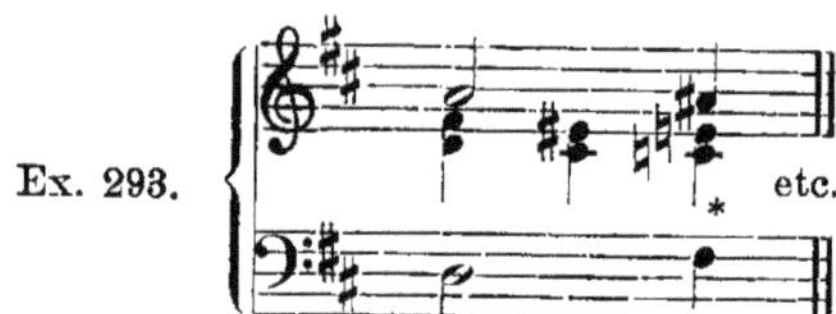


O. Barblan. 5 Pièces d'orgue (J. Rieter-Biedermann, éditeur).

Altération ascendante de l' 8ve. [Ex. 294.]

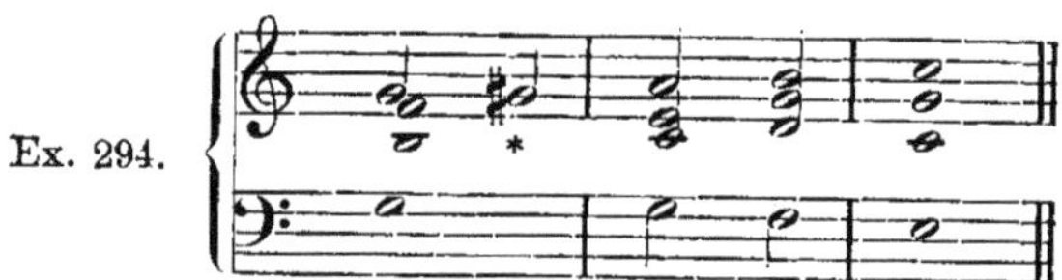


(L'altération de 5te augmentée peut s'attaquer sans préparation.)

2° *Altérations doubles:*

Altération ascendante de la basse et descendante de la 3ce. [Ex. 295.]

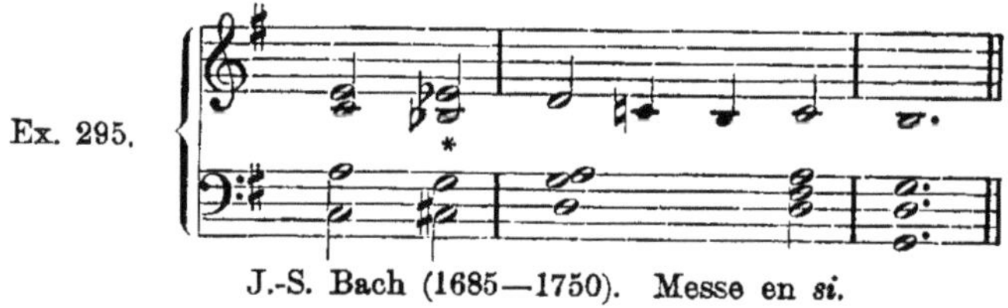


J.-S. Bach (1685—1750). Messe en *si.*

Altération ascendante de la basse et descendante de la 5te. [Ex. 296.]

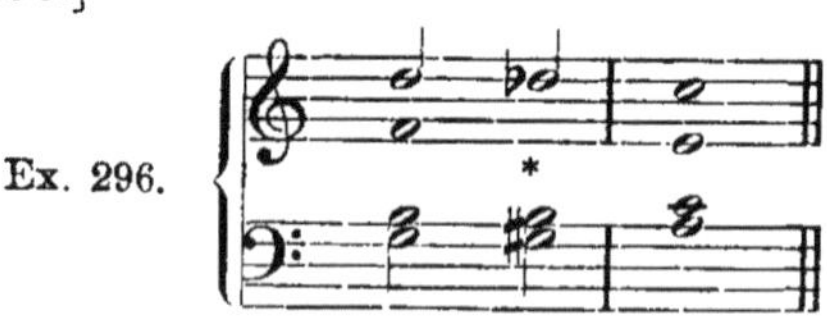

115. *Altérations dans les accords artificiels de 7ème.*

Il faut distinguer ici trois cas. La 7ème est un son ajouté: 1° à un accord parfait majeur, 2° à un accord mineur, 3° à un accord de 5.

Ex. 297.

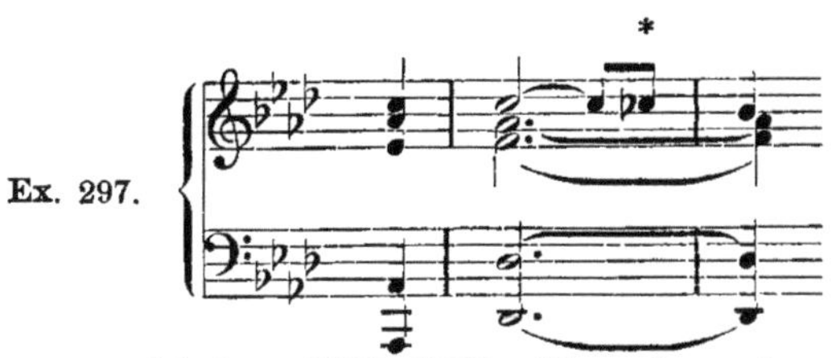

Schubert (1797—1828). Moments musicaux.

1° Altérations dans l'accord de 7ème formé avec un accord parfait majeur. On n'a qu'à reprendre toutes les altérations que l'on peut introduire dans ce dernier accord (voir § 111). [Ex. 297 et 298.]

Ex. 298.

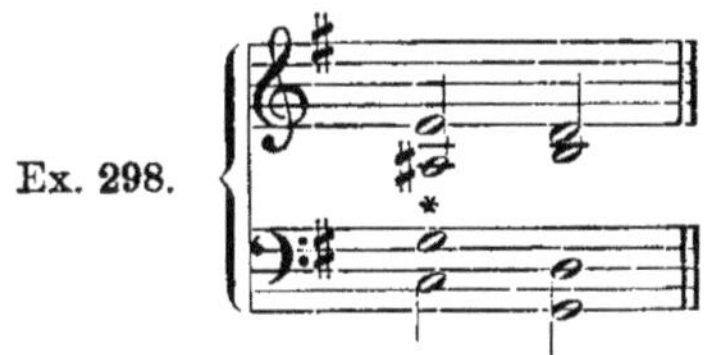

C. Franck (1822—1890). L'Organiste (Enoch & Cie, éditeurs).

2° Altérations dans l'accord de 7ème formé avec un accord parfait mineur. On n'a qu'à reprendre toutes les altérations que l'on peut introduire dans ce dernier accord (voir § 112). [Ex. 299.]

Ex. 299.

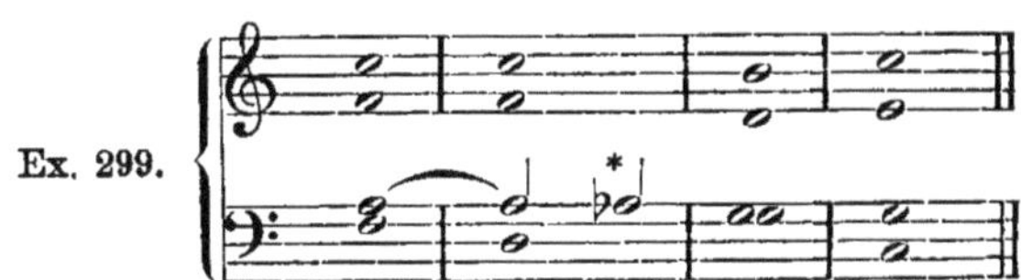

3° Altération dans l'accord de 7ème formé avec un accord de quinte diminuée. Dans l'agrégation de 7ème formée sur la sensible du mode majeur on peut pratiquer les altérations simples suivantes:

1° Altération descendante de la 3ce [Ex. 300.]

Ex. 300.

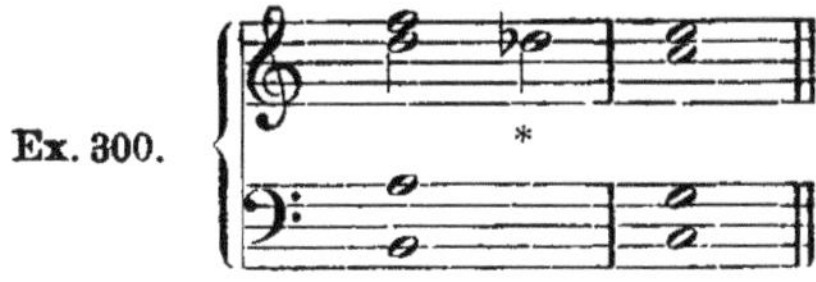

2° Altération ascendante de la $3^{ce}$. [Ex. 301.]

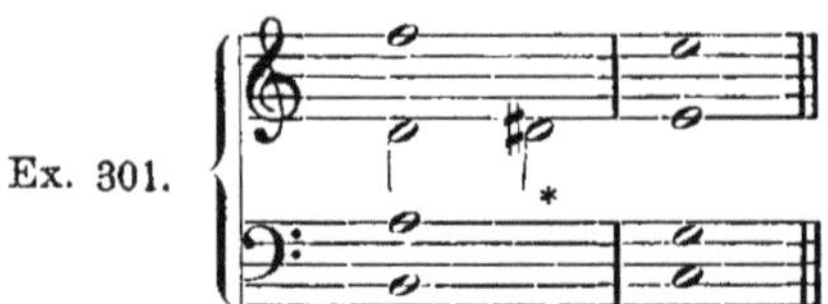
Ex. 301.

3° Altération descendante de la $7^{ème}$ [Ex. 302.]

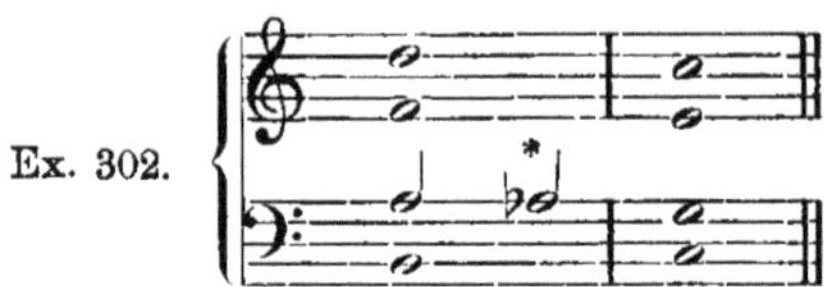
Ex. 302.

Dans la même agrégation on peut pratiquer les altérations doubles suivantes:

1° Altération ascendante et descendante de la $3^{ce}$. [Ex. 303.]

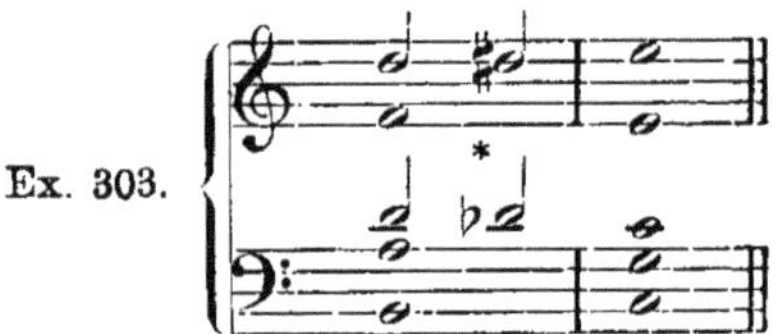
Ex. 303.

Dans l'agrégation de $7^{ème}$ formée sur la sensible du mode mineur on peut pratiquer les altérations simples suivantes:

1° Altération descendante de la $3^{ce}$. [Ex. 304.]

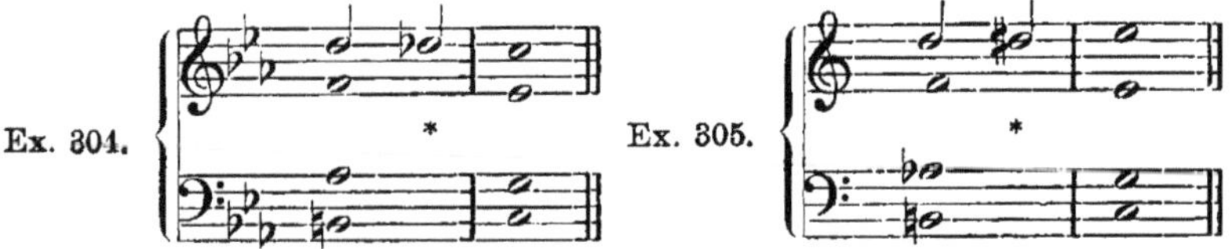
Ex. 304. Ex. 305.

2° Altération ascendante de la $3^{ce}$. [Ex. 305.]

Dans la même agrégation on peut pratiquer l'altération double suivante:

Altération ascendante et descendante de la $3^{ce}$. [Ex. 306.]

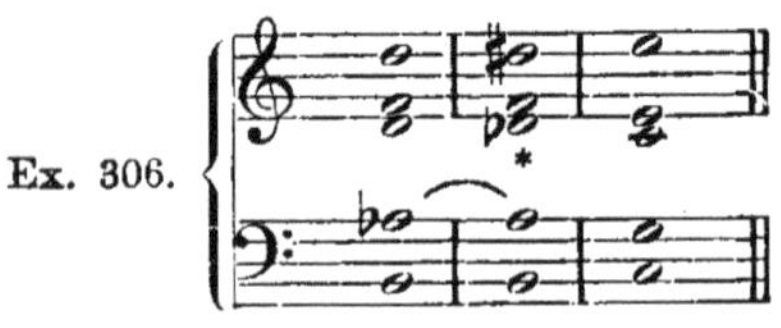
Ex. 306.

Dans l'agrégation de 7ème artificielle formée avec l'accord de quinte diminuée du IIème degré en mineur, on peut pratiquer les altérations simples suivantes:

1° Altération ascendante de la 3ce. [Ex. 307.]

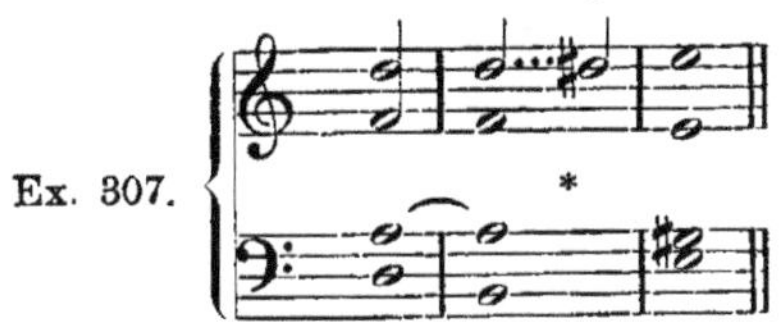


2° Altération descendante de la 3ce. [Ex. 308.]

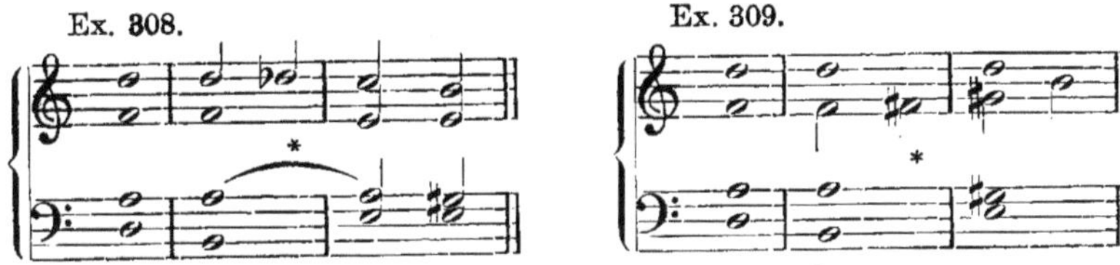


3° Altération ascendante de la 5te. [Ex. 310.]

116. On peut combiner en même temps les altérations et les retards. [Ex. 309.]

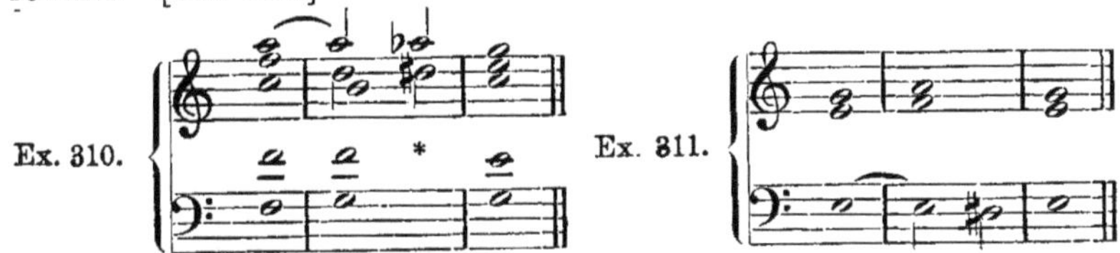


Une altération peut même être retardée. [Ex. 311.]

117. Certaines altérations méritent une mention speciale. — L'enharmonie qu'elles forment avec certains accords naturels permet de les attaquer sans préparation. — C'est ainsi que la 6te augmentée est l'enharmonie de la 7ème mineure. Or la 7ème mineure se résoud par la note supérieure descendant d'un degré, tandis que l'altération de la 6te augmentée, tantôt simple, tantôt double, se résoud par mouvement contraire, la partie supérieure montant d'un degré et la basse descendant de la même quantité. Cette enharmonie provoque donc deux résolutions différentes et permet de moduler à des tons éloignés. [Ex. 312.]

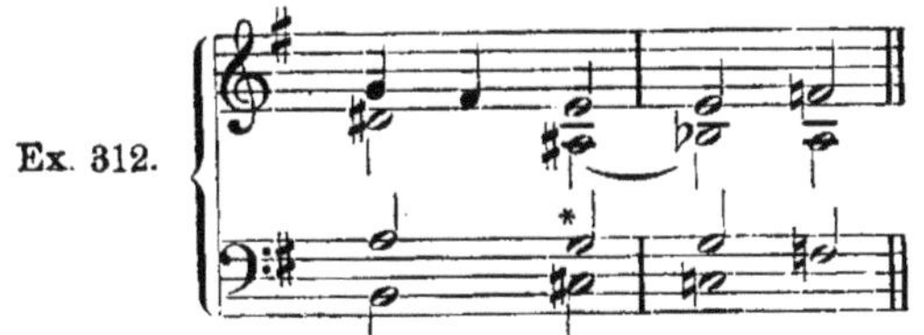


C. Franck (1822—1890). L'Organiste (Enoch & Cie, éditeurs).

L'altération de 6te augmentée se rencontre dans six agrégations différentes, qui forment six homophonies, pouvant s'expliquer chacune de deux manières.

1⁰ Avec la 3ce majeure (altération ascendante de la basse dans l'accord parfait mineur ou altération descendante de la 3ce dans l'accord de quinte diminuée). [Ex. 313.]

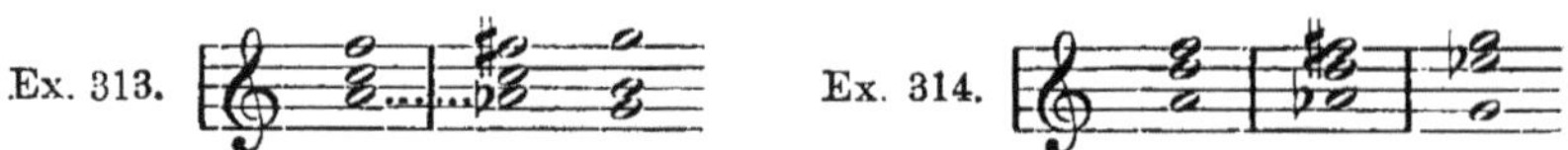
Ex. 313. Ex. 314.

2⁰ Avec la 4te augmentée (altération ascendante de la 3ce dans l'accord de 5te diminuée ou altération descendante de la 5te dans l'accord parfait majeur). [Ex. 314.]

3⁰ Avec 3ce majeure et 4te augmentée (altération descendante de la 5te dans l'accord de 4 ou altération ascendante de la 3ce dans un accord de 7ème artificielle). [Ex. 315.]

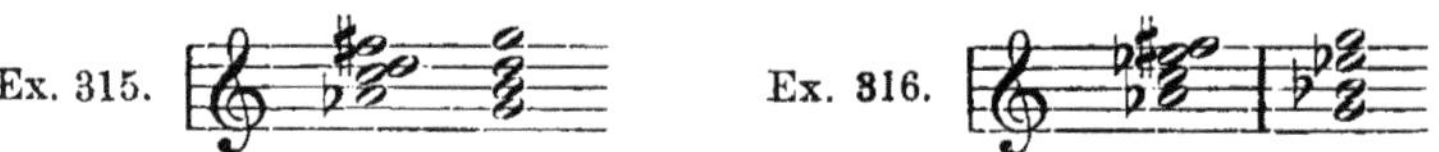
Ex. 315. Ex. 316.

4⁰ Avec 3ce majeure et 5te juste (altération ascendante de la basse dans un accord de 7ème artificielle ou altération descendante de la 3ce dans un accord de 7ème diminuée). [Ex. 316.]

5⁰ Avec 3ce majeure et 4te sur-augmentée (altération ascendante de la 5te dans une agrégation de 7 ou altération ascendante de la basse et de la 3ce dans une agrégation de 7ème artificielle). [Ex. 317.]

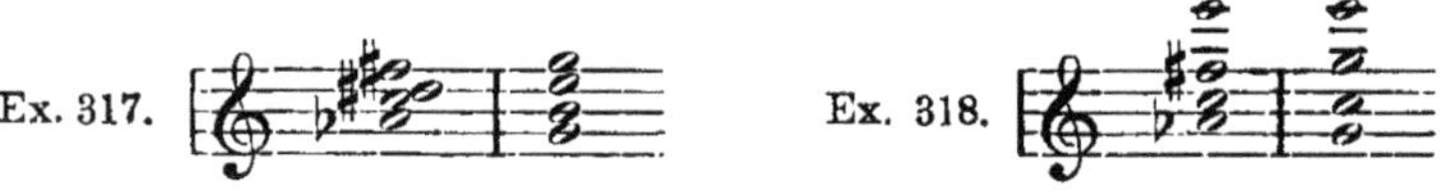
Ex. 317. Ex. 318.

6⁰ Avec 3ce majeure et 5te augmentée (altération descendante de la 3ce dans l'agrégation de $^{7}_{6}$ ou basée sur un accord de 5te diminuée). [Ex. 318.]

---

# Chapitre XV

## Pédales

118. On nomme pédale une note soutenue pendant la durée de différentes harmonies, auxquelles elle peut être complètement étrangère.

Le mot pédale vient de l'orgue, car généralement ces tenues se font sur le clavier destiné aux pieds. En raison de leur caractère.

qui donne l'impression de repos, seules la tonique et la dominante peuvent servir de notes pédales. On peut y joindre parfois la médiante, mais il est rare que ces tenues aient une longue durée, car elles déterminent à la fois le mode et le ton et donnent l'impression d'un accord tout entier. [Ex. 319.]

Ex. 319.

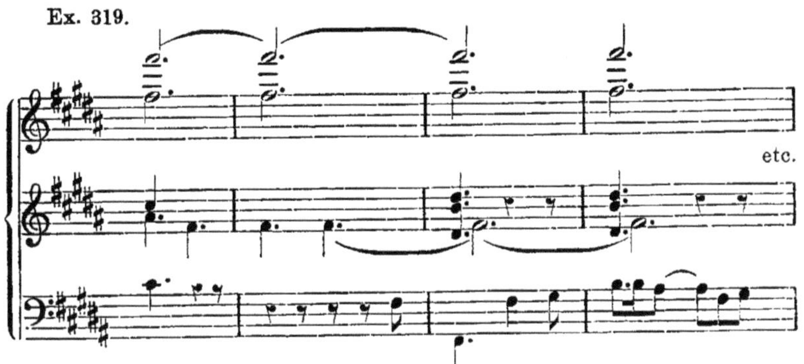


Ch.-M. Widor. 8me Symphonie (J. Hamelle, éditeur).

119. Une pédale est supérieure lorsqu'elle est placée à la partie la plus haute [Ex. 320]; médiaire ou intérieure lorsqu'elle est située

Ex. 320.

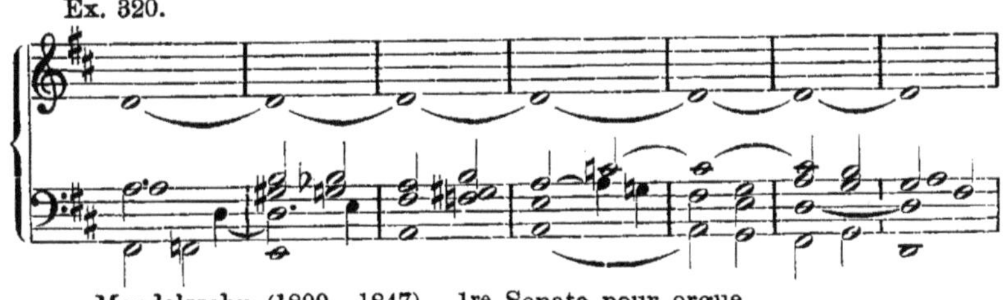

Mendelssohn (1809—1847). 1re Sonate pour orgue.

à une partie intermédiaire [Ex. 321]; inférieure si elle se trouve à la basse. [Ex. 322.]

Ex. 321.

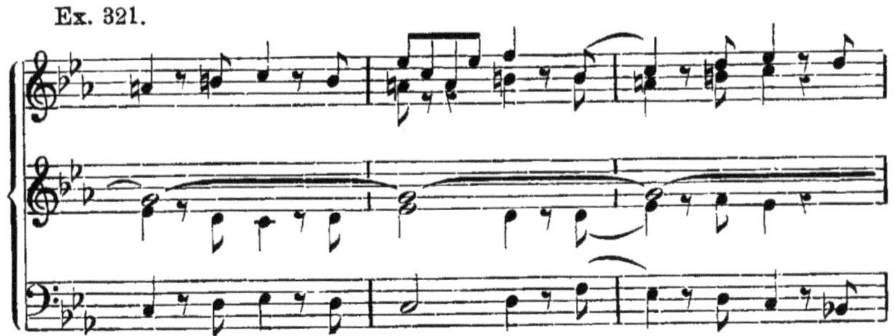

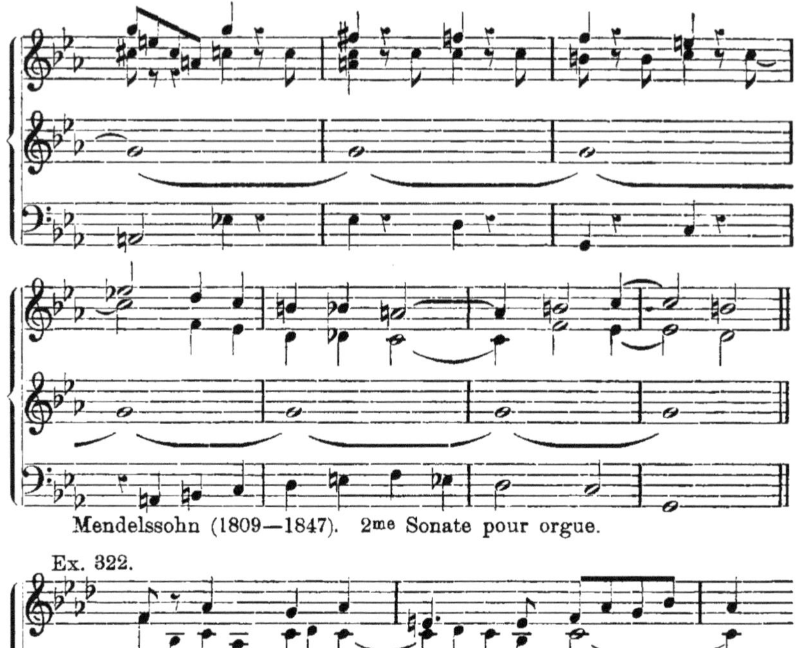

Mendelssohn (1809—1847). 2me Sonate pour orgue.

Ex. 322.

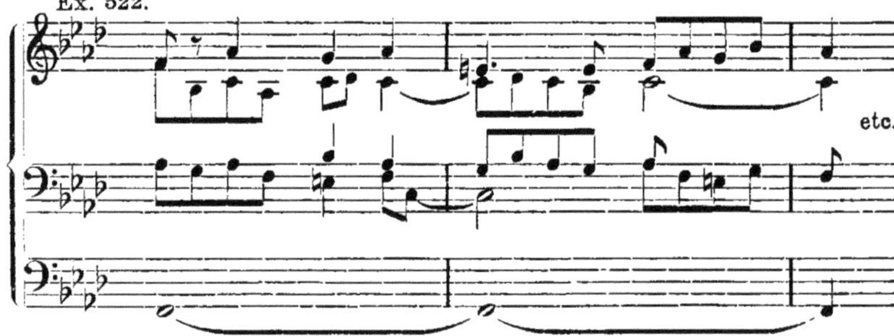


Mendelssohn (1809—1847). 1re Sonate pour orgue.

120. On peut faire une double pédale en soutenant en même temps la tonique et la dominante. [Ex. 323.]

Ex. 323.

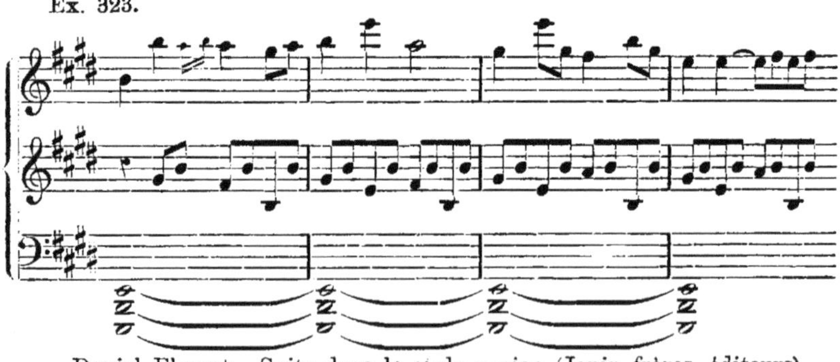

Daniel Fleuret. Suite dans le style ancien (Janin frères, éditeurs).

**121.** La pédale inférieure est la plus favorable au placement des accords auxquels, en raison de sa situation, elle peut rester complètement étrangère. La tonique ou la dominante placées à la basse, maintient l'impression de la tonalité. Dans ce cas la véritable basse devient la 3ème partie (ténor), sur laquelle on chiffre.

La pédale intérieure se trouvant incorporée dans l'harmonie peut rarement rester étrangère aux accords. Cependant, en raison de son immobilité. elle permet la non-résolution des notes à mouvement obligé. [Ex. 321.]

La pédale supérieure étant placée au sommet de l'édifice harmonique, permet plus de liberté, bien qu'elle entre généralement dans la composition des accords.

122. On peut équivoquer sur le sens de la pédale inférieure, transformer momentanément une pédale de tonique en pédale de dominante et, réciproquement changer une pédale de dominante en pédale de tonique, ce qui amène des modulations aux tons voisins.

Mais pour qu'il y ait modulation, il faut qu'après cette transformation de la pédale il y ait cadence dans le nouveau ton, sans quoi la modulation n'est que passagère. [Ex. 324.]

Ex. 324.

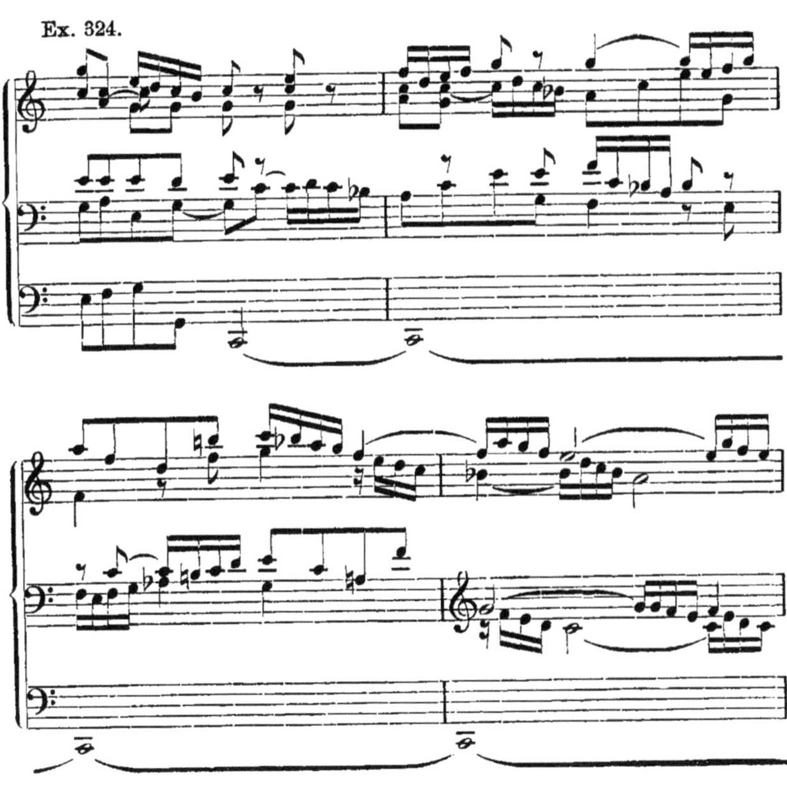

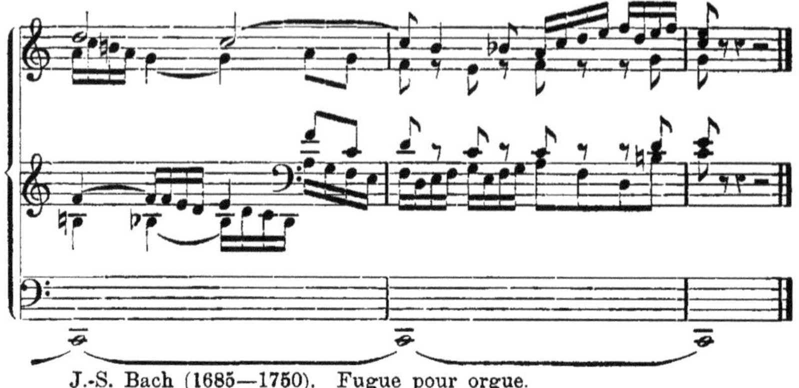

J.-S. Bach (1685—1750). Fugue pour orgue.

123. La pédale permet l'emploi de toutes les agrégations: accords consonants, dissonants, altérations, retards.

124. La pédale doit entrer dans la composition du premier et du dernier accord qui se trouvent placés sur elle.

125. Le frottement de 2^de^ est permis avec la pédale inférieure, pourvu que la partie qui forme avec la pédale l'intervalle de 2^de^ forme une série ascendante partant de l'unisson et continuant à monter et que l'intervalle de 2^de^ ne vienne pas se résoudre sur l'unisson. [Ex. 325.]

Ex. 325.

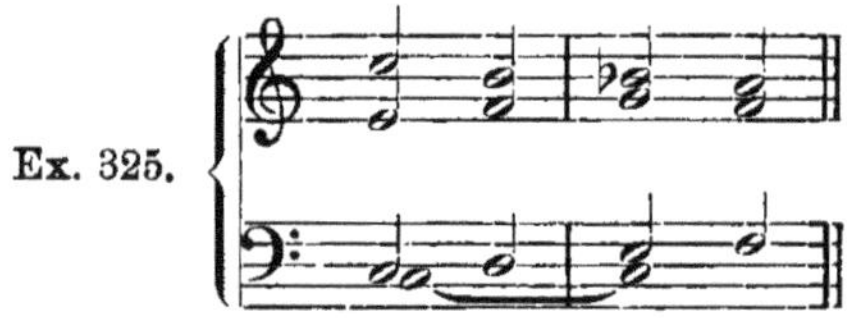

De même ce frottement est permis avec la pédale supérieure, pourvu que la partie qui est immédiatement au-dessous parte de l'unisson, forme une série descendante et ne vienne pas former à nouveau un unisson avec la pédale. [Ex. 326.]

Ex. 326.

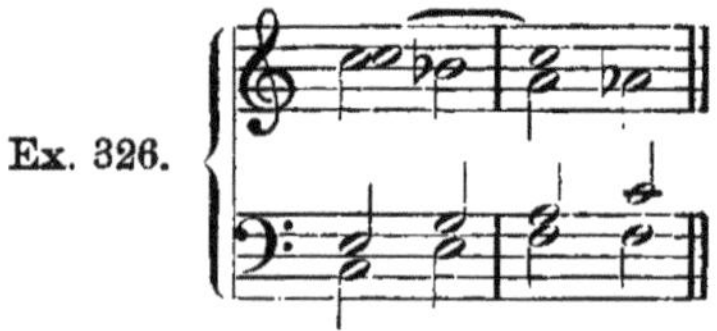

Autrement il y aurait dans les deux cas ci-dessus non-résolution de la dissonance.

126. La pédale permet d'expliquer certaines agrégations dont nous avons déjà parlé:

1° L'agrégation de 9ème de dominante préparée par la basse est un accord artificiel de 7ème, établi sur la note sensible. Cet accord est placé sur une pédale de dominante. [Ex. 327.]

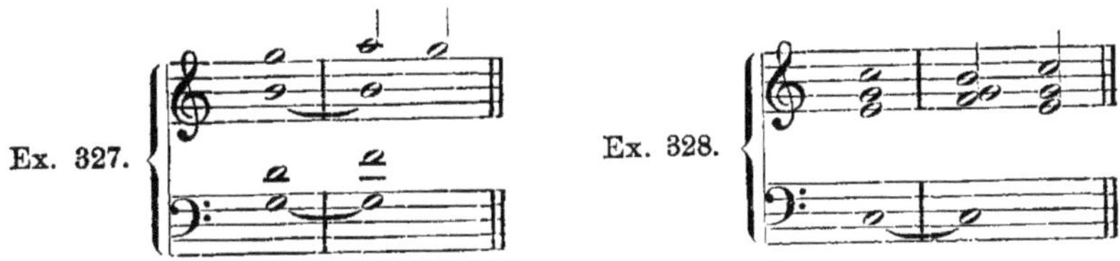
Ex. 327. Ex. 328.

2° L'agrégation de 7ème sur-tonique préparée par la basse est un accord de $^{7}_{+}$ placé sur une pédale inférieure de tonique. [Ex. 328.]

3° Les agrégations dites 7ème de sensible, 7ème diminuée sur-tonique, préparées par la basse sont des accords de 7ème formés sur la sensible des deux modes et placés sur une pédale de tonique. [Ex. 329.]

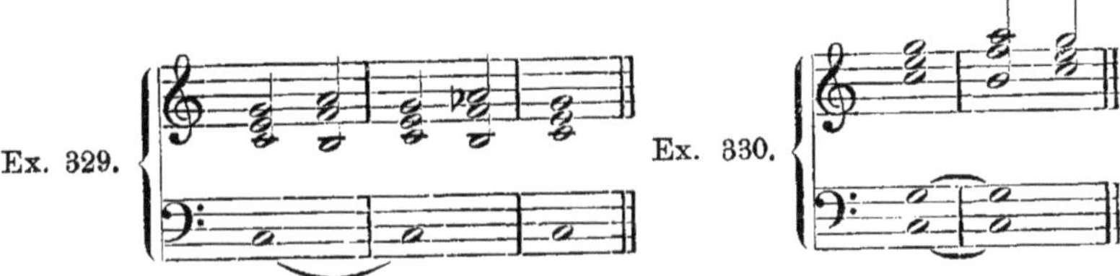
Ex. 329. Ex. 330.

4° L'agrégation de 9ème de dominante sur-tonique préparée par les deux parties inférieures peut être regardée comme un accord artificiel de 7ème placé sur la sensible. Cet accord est établi sur une double pédale de tonique et de dominante. [Ex. 330.]

Ces agrégations ne changent pas d'état, quelle que soit la disposition des différentes notes vis-à-vis de la pédale; en un mot ces agrégations ne se renversent pas.

A quatre parties on supprime la deuxième note du ton, mais la plupart de ces agrégations ne peuvent s'écrire qu'à cinq parties.

127. *Ecriture à 5 parties.* Dans les accords parfaits majeurs et mineurs on redouble de préférence la fondamentale et la quinte. L'unisson est permis par mouvement contraire, même lorsqu'aucune des deux parties ne procède par degrés conjoints. [Ex. 331.]

Deux quintes consécutives sont permises par mouvement contraire, sauf entre les parties extrêmes.

Ex. 331.
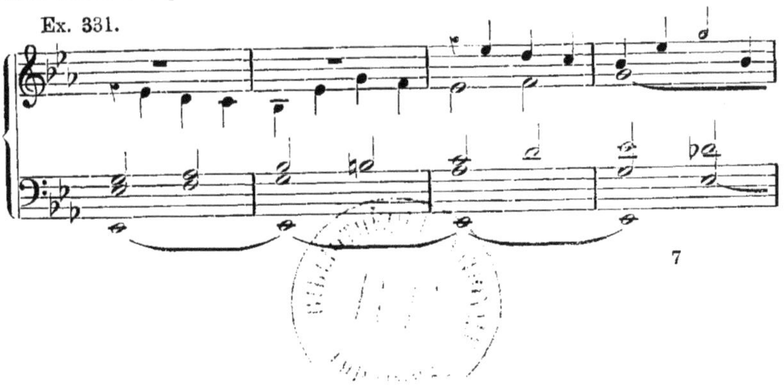

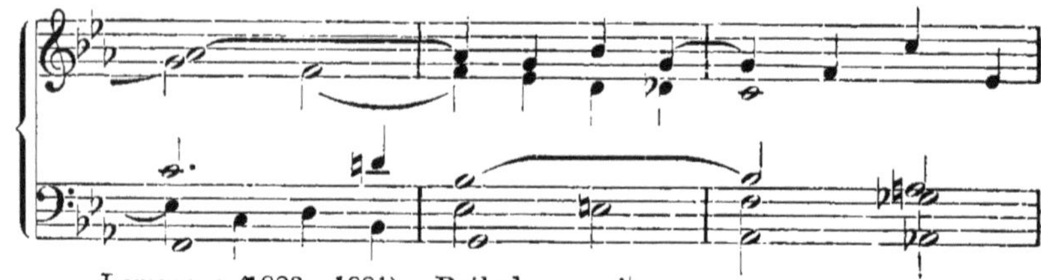

Lemmens (1823—1881). Prélude en *mi*♭.

# Chapitre XVI

## Notes étrangères à l'harmonie

128. En dehors des notes essentielles aux accords qui forment la charpente du morceau, il existe des notes qui leur sont étrangères, qui servent à constituer la mélodie dans les différentes parties et à orner l'ensemble.

Ce sont:

1⁰ Les notes de passage.

2⁰ Les ornements et certains autres artifices que nous allons exposer.

129. Les notes de passage servent à relier deux notes réelles, à remplir l'intervalle mélodique qui existe entre ces deux notes.

Les notes de passage sont diatoniques si l'on n'emploie pour relier les deux notes réelles que les degrés de la gamme diatonique.

Il est à noter qu'en mineur on emploie la gamme mélodique pour former les notes de passage. [Ex. 332 et 332bis.]

Ex. 332.

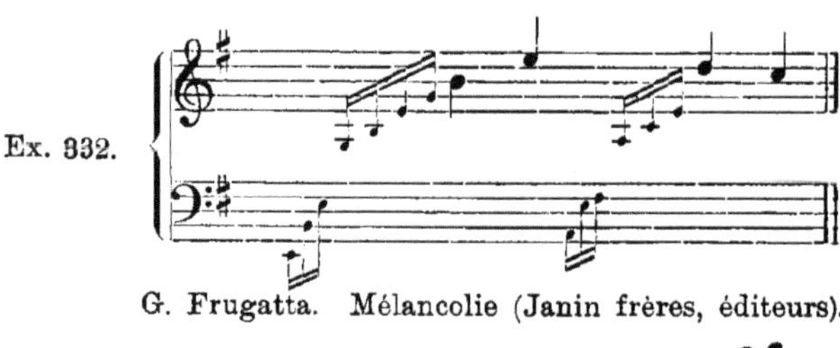

G. Frugatta. Mélancolie (Janin frères, éditeurs).

Ex. 332. (bis).

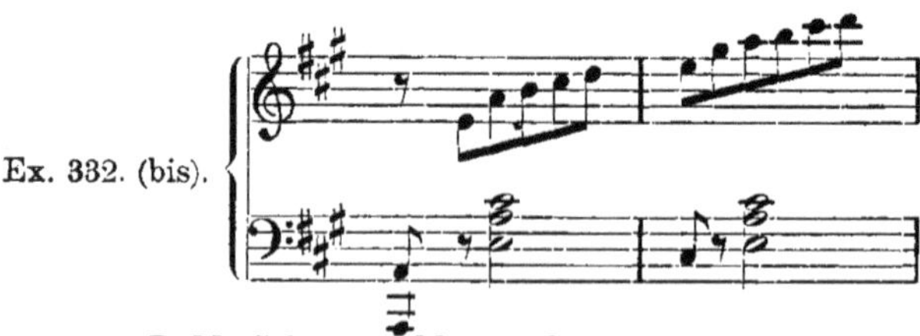

B.-M. Colomer. Marivaudage (Janin frères, éditeurs).

Elles sont chromatiques si pour relier deux notes réelles on emploie toutes les notes intermédiaires diatoniques et chromatiques. [Ex. 333.]

Ex. 333.

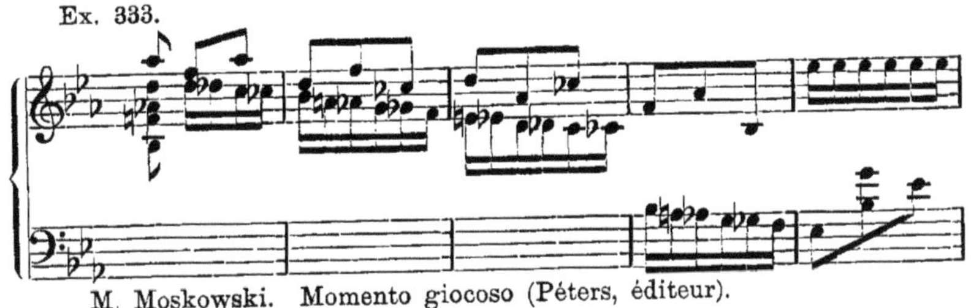

M. Moskowski. Momento giocoso (Péters, éditeur).

Les notes de passage chromatiques peuvent parfois amener la modulation. [Ex. 334.]

Ex. 334.

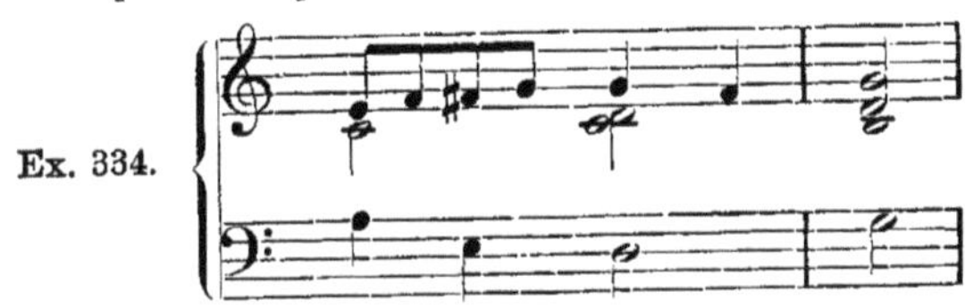

Les notes de passage peuvent se pratiquer à plusieurs parties.

A deux parties elles procèdent par mouvement contraire ou par mouvement direct, sous forme de 3ces ou de 6tes. [Ex. 335.]

Ex. 335. Ex. 335 (bis).

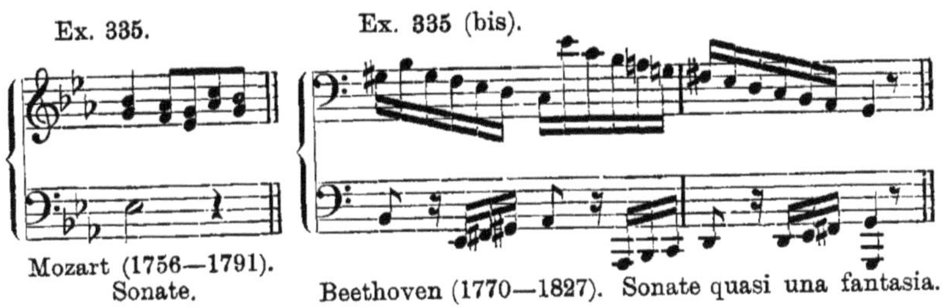

Mozart (1756—1791). Sonate. Beethoven (1770—1827). Sonate quasi una fantasia.

A trois parties on peut procéder par mouvement direct, sous forme d'accords de 6te et non pas d'accords de 4te et 6te [Ex. 336] et cela, en raison du caractère dissonant que possèdent ceux-ci.

Ex. 336.

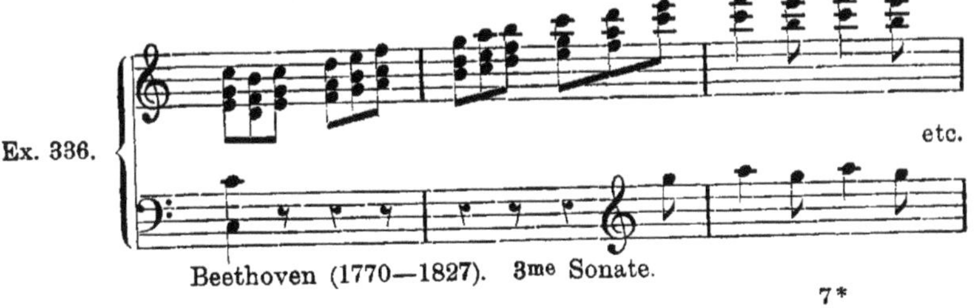


Beethoven (1770—1827). 3me Sonate.

Ou bien encore, si deux parties montent ou descendent à la fois la troisième marche par mouvement contraire avec les deux autres. [Ex. 337.]

Ex. 337.

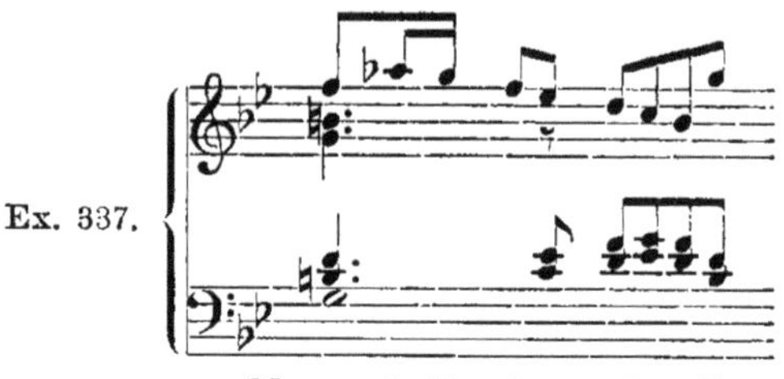

Mozart (1756—1791). Don Juan.

A quatre parties trois d'entre elles peuvent monter ou descendre, tandis que la quatrième procède par mouvement contraire avec les trois précédentes. [Ex. 338.]

Ex. 338. Ex. 339.

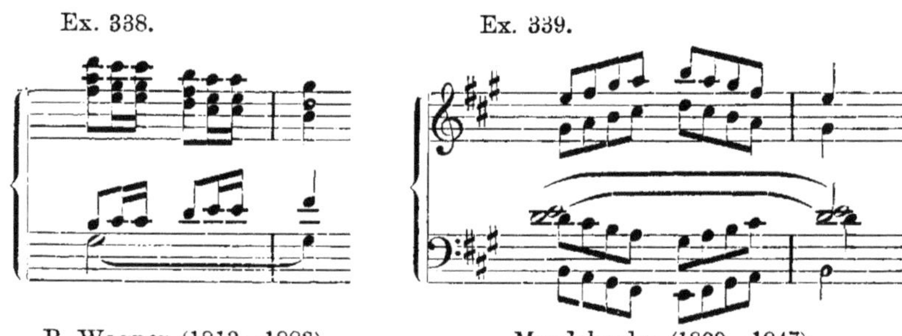

R. Wagner (1813—1883). Les Maîtres chanteurs.

Mendelssohn (1809—1847). 3me Sonate pour orgue.

Ou bien deux parties marchent sous forme de 6tes ou de 3ces par mouvement contraire, avec les deux autres disposées de la même façon. [Ex. 339.]

Les notes de passage se rencontrent aussi sous forme de 3ces ou de 6tes brisées. [Ex. 340.]

Ex. 340.

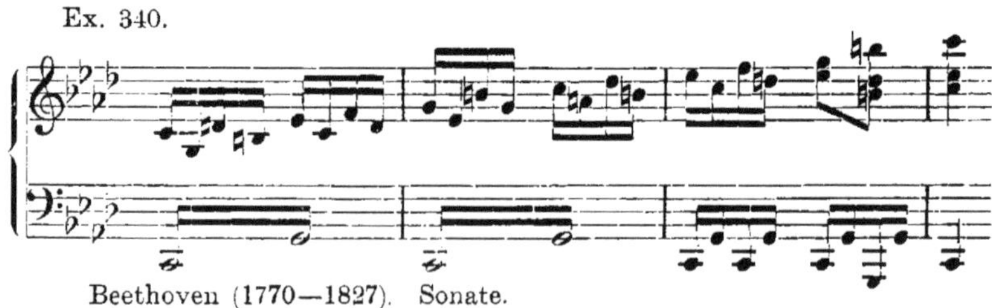

Beethoven (1770—1827). Sonate.

Les notes de passage peuvent former des accords de passage. [Ex. 341.]

Ex. 341.

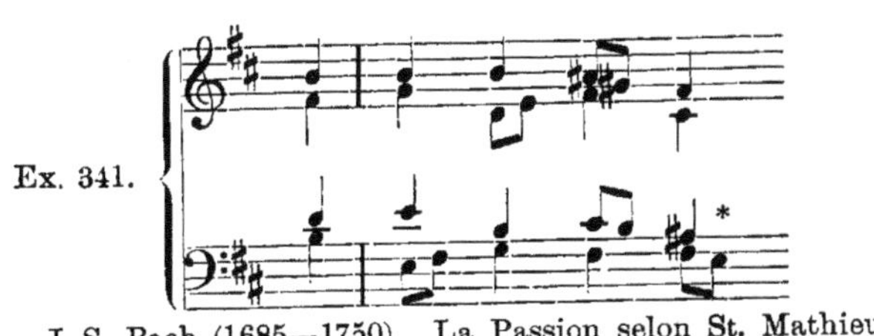

J.-S. Bach (1685—1750). La Passion selon St. Mathieu.

130. *L'ornement* est formé par la note qui est immédiatement au dessus ou au dessous d'une note réelle.

*L'ornement supérieur* se fait à distance d'un ton ou d'un demi-ton de la note réelle, au moyen de la note diatonique. [Ex. 342.]

Ex. 342.

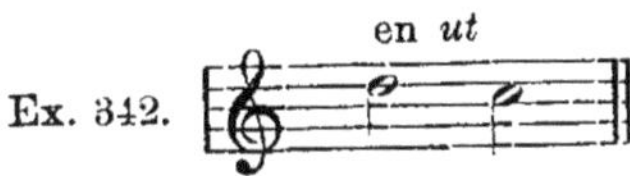


Cependant on a recours parfois à une altération qui place l'ornement supérieur à distance d'un demi-ton de la note réelle. [Ex. 343.]

Ex. 343.

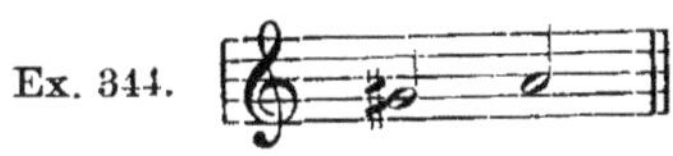

Cette altération peut amener la modulation.

*L'ornement inférieur* se fait à distance d'un demi-ton de la note réelle et, pour cela, on a recours à une altération qui prend l'attraction d'une sensible. [Ex. 344.]

Ex. 344.

L'ornement inférieur peut donc amener la modulation.

On peut orner les notes de passage. [Ex. 345.]

Ex. 345.

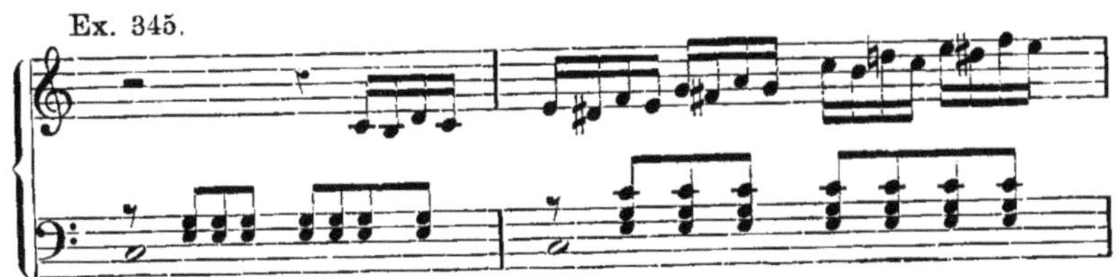

Weber (1786—1826). Concertstück

Les ornements se pratiquent à deux, trois et quatre parties, suivant les règles indiquées pour les notes de passage. [Ex. 346, 347, 348.]

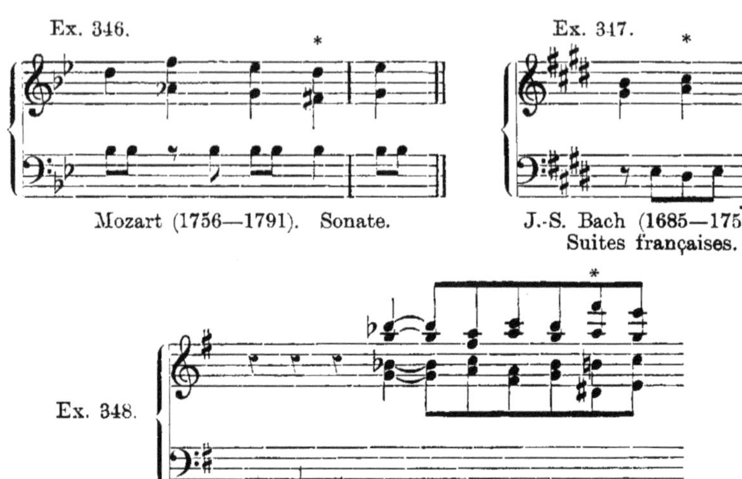


Mozart (1756—1791). Sonate.

J.-S. Bach (1685—1750). Suites françaises.

C. Saint-Saëns. Carillon (A. Durand & fils, éditeurs).

Pour former en mineur les ornements on a recours à la gamme mélodique. [Ex. 349, 350.]

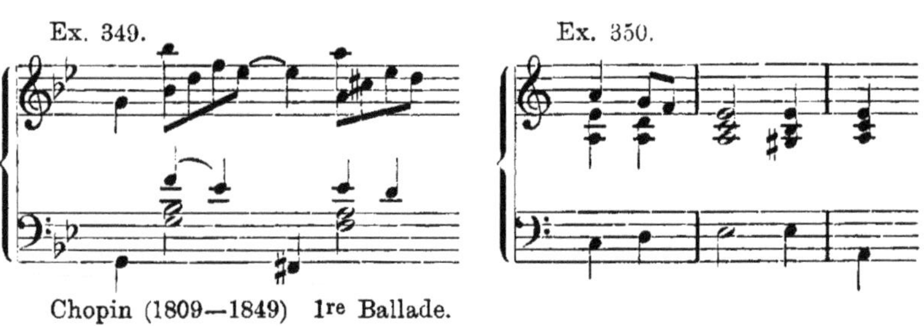


Chopin (1809—1849) 1re Ballade.

L'ornement n'est que mélodique; il ne compte pas au point de vue harmonique. Par conséquent les 5tes et 8ves réelles, séparées par des ornements, demeurent défendues. [Ex. 351.]

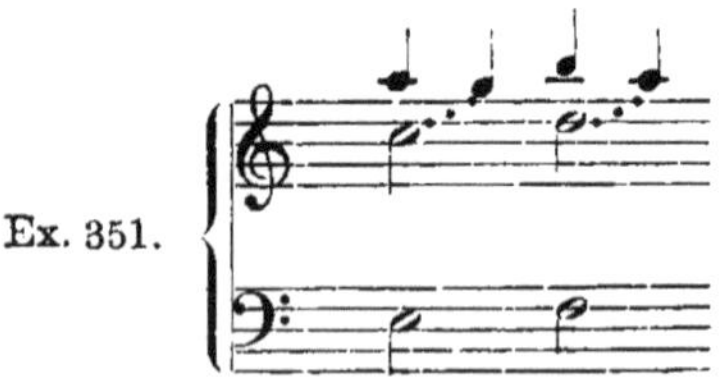

Ex. 351.

Les 5[tes] et les 8[ves] formées par les ornements et notes de passage ne sont défendues que si elles sont successives. [Ex. 352.]

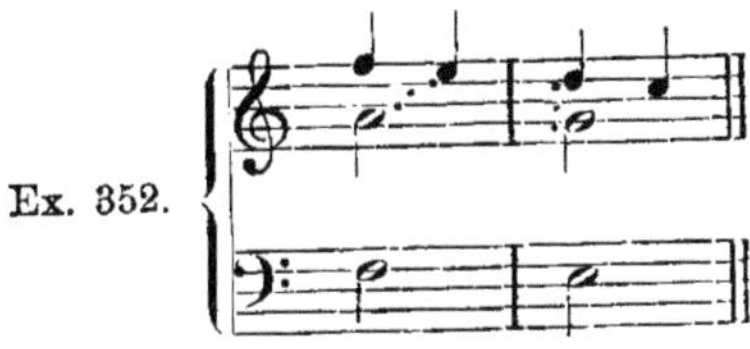


Les fausses relations, amenées par certains ornements altérés et les notes naturelles des accords, ne comptent pas. [Ex. 353.]

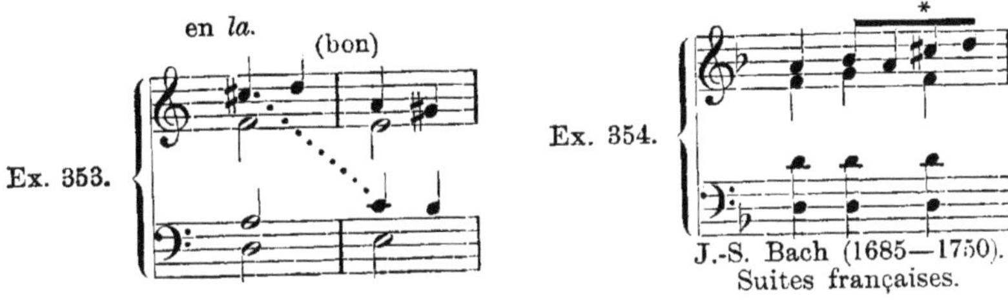


J.-S. Bach (1685—1750).
Suites françaises.

131. L'ornement prend différents noms, suivant la place qu'il occupe par rapport à la note réelle. Il se nomme appoggiature, broderie, échappée.

1° *L'appoggiature* (italien *appoggiare*: appuyer) est l'ornement qui précède la note réelle. Suivant son étymologie, l'appoggiature est un accent mélodique; par conséquent, on la place sur le temps fort ou sur la partie forte du temps. [Ex. 353, 354.]

L'appoggiature est expressive si, étant placée sur un temps faible ou une partie faible de temps, elle détermine un accent rythmique. [Ex. 355.]

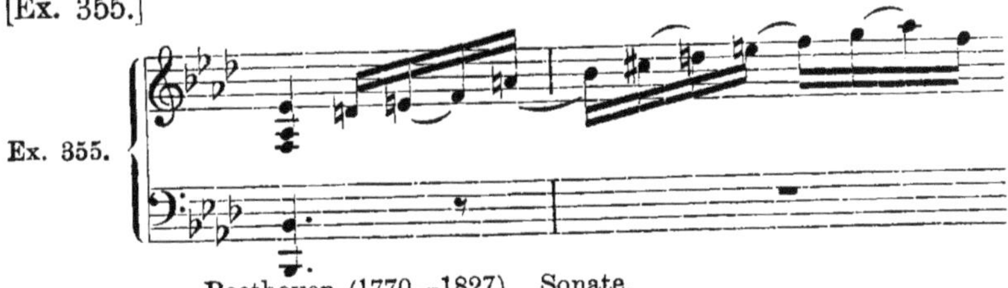


Beethoven (1770—1827). Sonate.

Si elle ne détermine pas cet accent, elle est dite faible. [Ex. 356.]

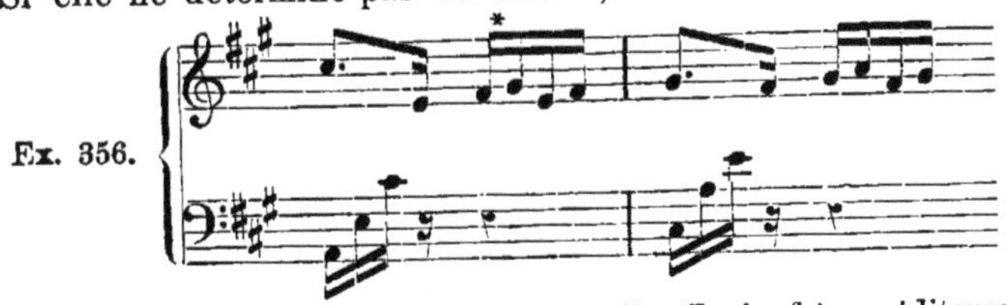


Gabriel Pierné. Bagatelle (Janin frères, éditeurs).

L'appoggiature peut s'écrire en petites notes ou en notes réelles. Dans le premier cas elle ne se mesure pas et dans le second elle se mesure. [Ex. 357.]

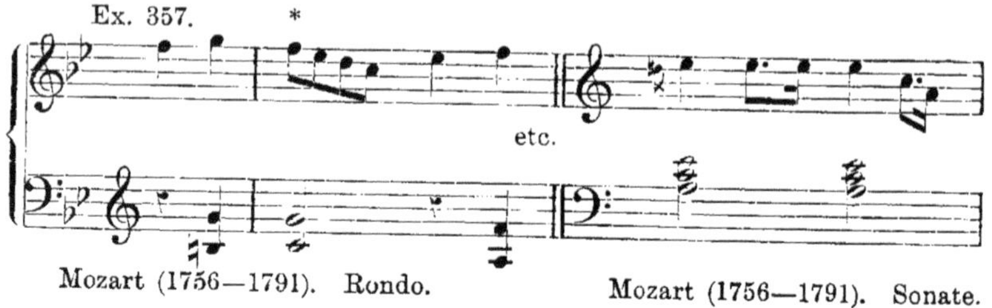


Mozart (1756—1791). Rondo. Mozart (1756—1791). Sonate.

Elle peut avoir parfois plus de durée que la note réelle. [Ex. 358.]

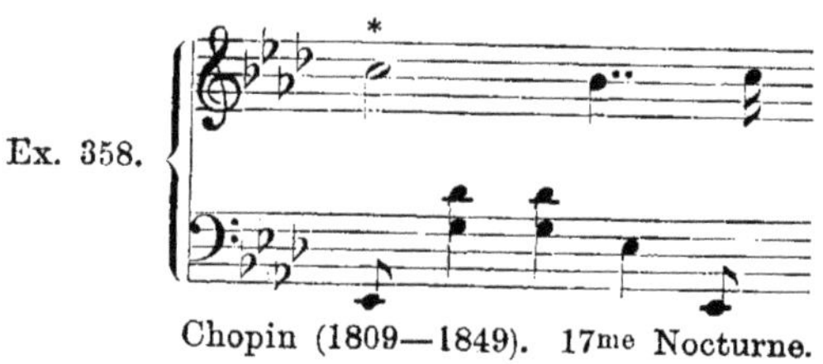


Chopin (1809—1849). 17me Nocturne.

Une appoggiature est en somme un retard non préparé et, considéré comme tel, il a été soumis aux mêmes règles.

On ne peut faire entendre l'appoggiature avec la note qu'elle sert à orner, à moins qu'elle ne soit à distance de 9ème de la note réelle ou qu'on la considère comme retard inférieur de la note réelle, c'est-à-dire à distance de 7ème de cette même note. [Ex. 359 et 359 bis.]

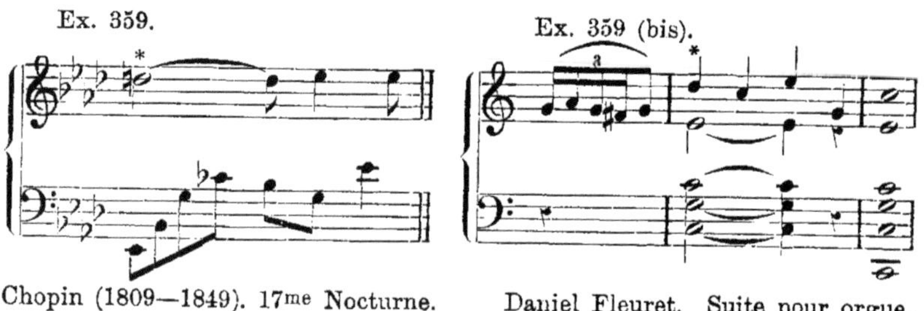


Chopin (1809—1849). 17me Nocturne. Daniel Fleuret. Suite pour orgue.

L'accord peut changer au moment où l'appoggiature fait sa résolution. L'appoggiature peut être double, triple, quadruple. Les agrégations de 9ème de dominante, de septième sur-tonique, de septième de sensible et de septième diminuée sur-tonique, attaquées sans aucune préparation, forment de triples et quadruples appoggiatures et s'expliquent comme telles. [Ex. 360, 361, 362, 363.]

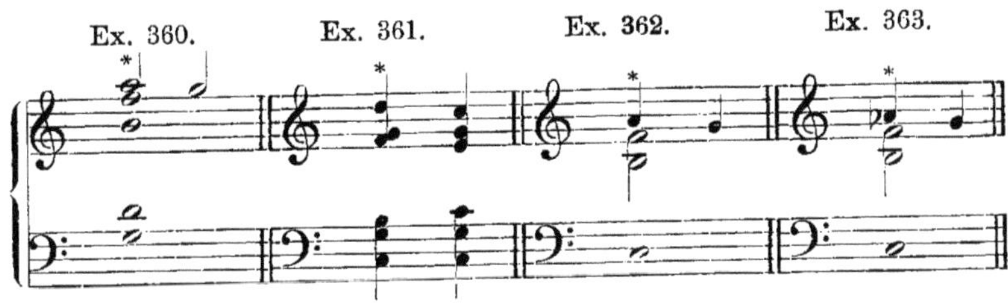


On permet l'attaque de l'appoggiature par mouvement direct avec une note réelle, ces deux notes formant une dissonance. [Ex. 364.]

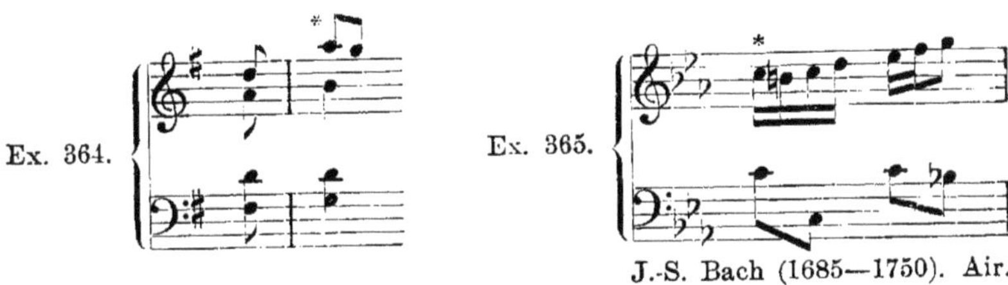

J.-S. Bach (1685—1750). Air.

2º *La broderie* est l'ornement précédé et suivi de la note réelle. La broderie ne détermine pas d'accent mélodique, elle est placée sur le temps faible ou la partie faible du temps. [Ex. 365.]

La broderie peut être double, triple, quadruple, si l'on brode deux, trois, quatre parties. [Ex. 366, 367, 368.]

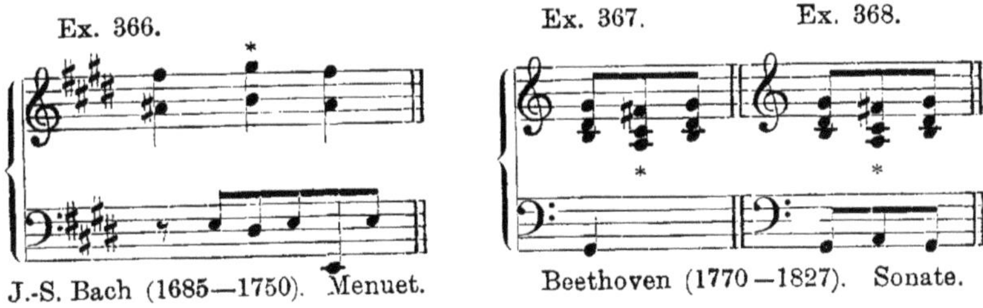

J.-S. Bach (1685—1750). Menuet. Beethoven (1770—1827). Sonate.

L'unisson ne se brode jamais. Il y aurait dans ce cas non résolution de la seconde. [Ex. 369.]

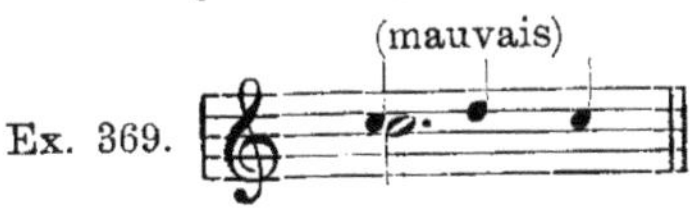

3° *L'échappée* est l'ornement qui succède à la note réelle. Elle est placée sur le temps faible ou la partie faible du temps. [Ex. 370.]

Ex. 370.

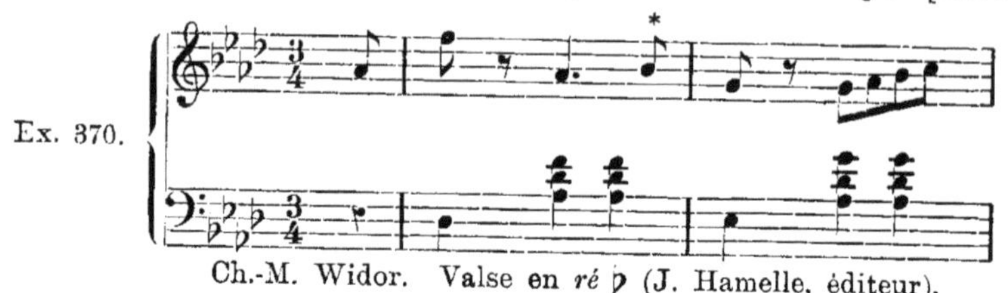

Ch.-M. Widor. Valse en *ré* ♭ (J. Hamelle, éditeur).

Elle peut être double, triple ou quadruple. [Ex. 371.]

Ex. 371. Ex. 372.

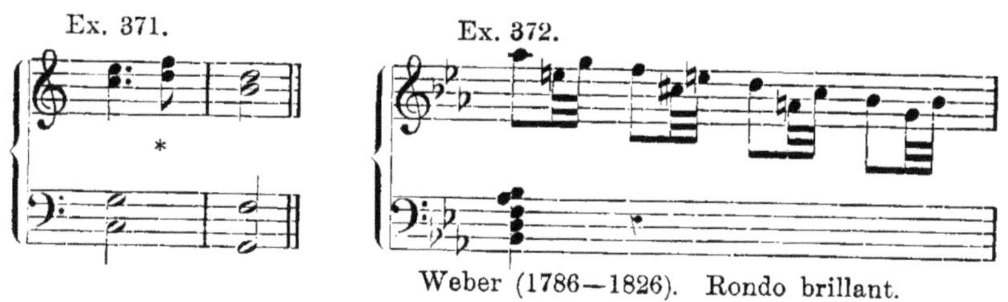

Weber (1786—1826). Rondo brillant.

On peut faire succéder les deux ornements l'un à l'autre. [Ex. 372.]

132. *L'Anticipation* est la note qui succède immédiatement à une note réelle, cet artifice étant emprunté à l'accord suivant. [Ex. 373.]

Ex. 373.

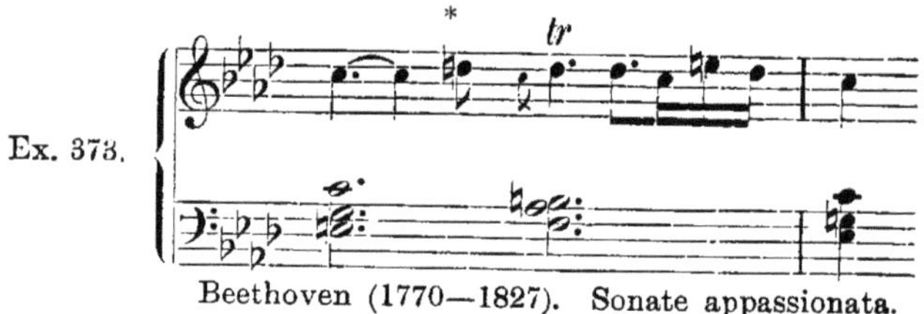

Beethoven (1770—1827). Sonate appassionata.

On peut anticiper deux, trois, quatre notes et même un accord tout entier. [Ex. 374.]

Ex. 374.

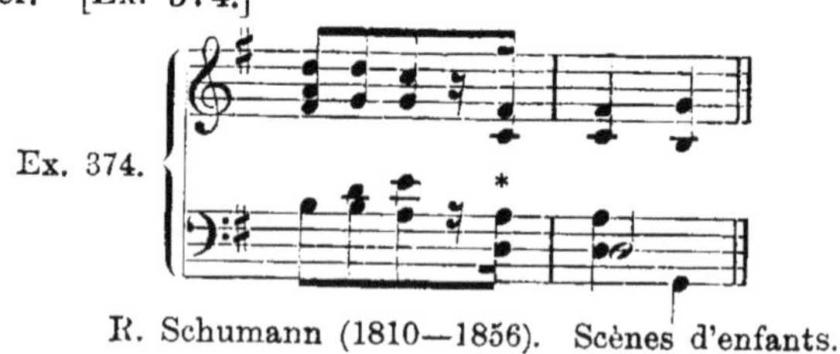

R. Schumann (1810—1856). Scènes d'enfants.

133. La syncope est une note commençant sur un temps faible ou une partie faible de temps et se prolongeant sur un temps fort

ou une partie forte de temps. La syncope permet de retarder ou d'anticiper les différentes notes d'un accord. [Ex. 375.]

Ex. 375.

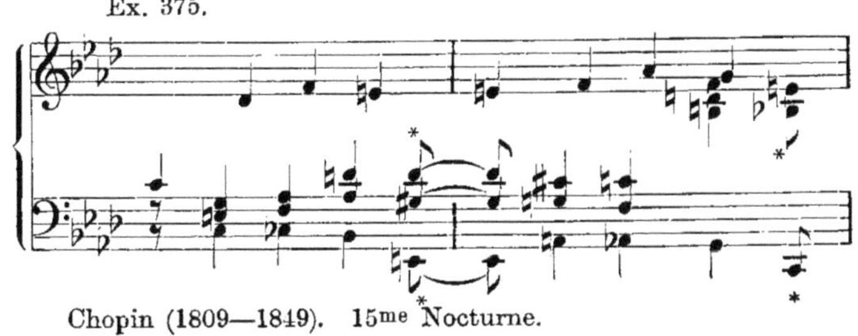

Chopin (1809—1849). 15me Nocturne.

Pour analyser l'harmonie on supprime la syncope.

134. Le mordant, le gruppetto, ne sont que des variantes de l'ornement. [Ex. 376, 377]

Ex. 376. Ex. 377.

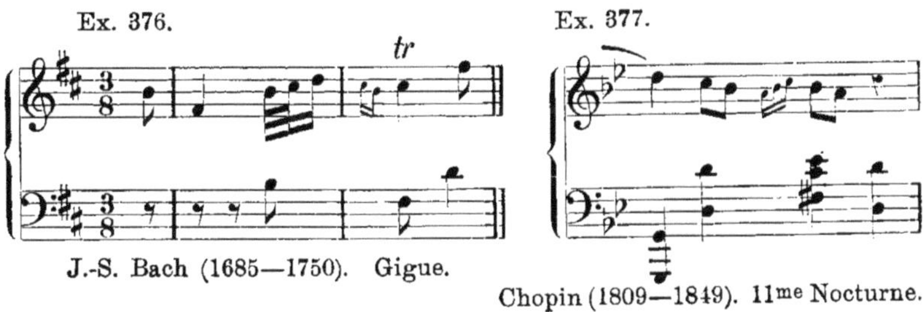


J.-S. Bach (1685—1750). Gigue.

Chopin (1809—1849). 11me Nocturne.

---

# Chapitre XVII

## Du chant donné

135. Si l'on propose, non plus la basse, mais la partie supérieure de l'harmonie, on la nomme dans ce cas «*chant donné*».

136. Les premiers exercices de contrepoint, note contre note, ont indiqué à l'élève les principes de la basse et du chant donné. Étant en possession de toutes les richesses de l'harmonie, il dispose maintenant d'une plus grande variété dans l'art de l'accompagnement.

137. En considérant une note isolément, prise en dehors de toutes considérations tonales et de toutes relations avec celle qui précède et celle qui suit, on voit que dans tout accord elle peut jouer différents rôles:

1° Dans tout accord de trois sons: parfait majeur, parfait mineur et de quinte diminuée, elle remplit les fonctions de tierce, de quinte et d'octave de la fondamentale.

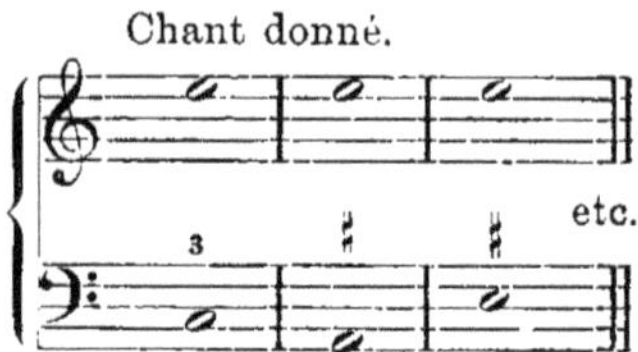


Ce qui donne avec les renversements:

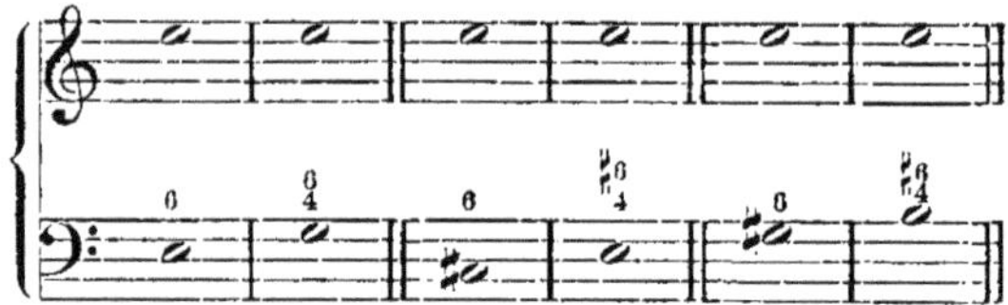

On agirait de même avec les accords mineurs et de quinte diminuée.

2° Dans les accords de quatre sons, cette même note peut remplir les fonctions de tierce, de quinte, de septième et d'octave de la fondamentale.

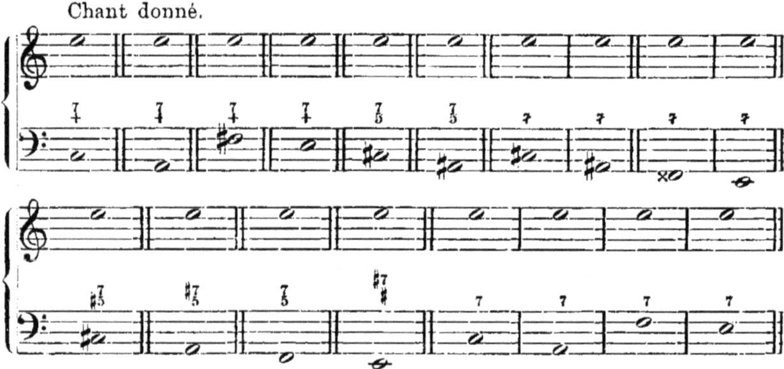


Chacune de ces harmonies peut être employée dans tous ses renversements, mais dans le tableau que nous venons de donner certaines d'entre elles sont impossibles dans la pratique, et cela à cause des fonctions tonales, c'est à dire du caractère attractif de certaines notes, qui ne peuvent être doublées.

138. Ces combinaisons harmoniques deviennent donc restreintes si l'on a égard à la tonalité.

En construisant la basse d'un chant donné on doit se préoccuper de l'accord qui convient à chaque note et dans lequel entrent la note du chant et celle de la basse. De plus, il faut que l'enchaînement soit correct et ne produise aucune faute de quinte, d'octave, fausse relation, etc.

En outre il faut ménager entre la basse et le chant un espace suffisant pour y disposer les parties intermédiaires.

139. Avant de dessiner la basse que l'on place sous le chant donné, il faut examiner soigneusement la structure de ce dernier.

Le discours musical se divise en périodes, chaque période se divise en phrases, chaque phrase en membres de phrases, chaque membre de phrase en incises (on nomme incise la plus petite partie de l'idée musicale). Les phrases, membres de phrases, incises, en un mot toutes les divisions du discours, offrent entre elles une symétrie analogue à celle que présentent les vers dans la poésie. Chaque division de la période offre un repos plus ou moins complet, une césure dirions nous en style littéraire, une cadence mélodique, à laquelle doit correspondre une cadence harmonique. Il ne faut pas oublier que la modulation est intimément liée aux cadences.

Mais il faut que chaque cadence soit placée à propos, car les cadences forment la ponctuation du discours musical, et on ne peut placer indifféremment l'une à la place de l'autre, car elles offrent chacune un sens distinct, présentant un caractère de repos plus ou moins complet.

140. La terminaison d'une phrase est masculine si elle s'effectue sur le temps fort, féminine si elle a lieu sur le temps faible.

141. Toute note répétée demande deux harmonies différentes. On doit varier l'harmonie de toute note ayant une longue durée.

142. Le temps fort doit être souligné par une harmonie nouvelle. Les harmonies dissonantes conviennent principalement au temps fort.

143. Plusieurs notes du chant se succédant dans la même mesure présentent l'aspect d'un accord brisé. Dans ce cas l'harmonie doit rester la même.

---

# Chapitre XVIII

## Rythme, Réalisation, Imitation, Contrepoint renversable

144. Le rythme est le retour périodique de deux en deux, trois en trois, quatre en quatre mesures des mêmes valeurs, formant ainsi des groupes, des dessins symétriques, dont chacun contient un membre de phrases correspondant à un vers de la poésie (MATHIS LUSSY: L'expression musicale, Heugel & C^ie^, éditeurs).

Le rythme est indispensable à la musique. Disons plus, la musique existe encore alors que le nombre des sons est de plus en plus réduit, et que seuls, les instruments à percussion indiquent encore le rythme.

Le rythme nous semble indépendant de la mesure. Le rythme est formé par le groupement de certaines valeurs, notes et silences se reproduisant symétriquement.

Les dessins ainsi déterminés sont les arabesques sonores qui forment l'architecture de l'édifice musical tout entier.

Un rythme peut commencer sur un temps faible ou une partie faible de temps. L'accent rythmique peut ne pas coincider avec l'accent métrique.

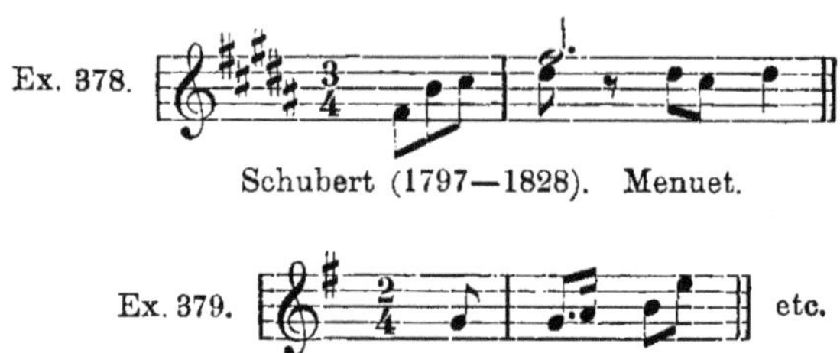


Schubert (1797—1828). Menuet.

J. Haydn (1732—1809). Sonate.

Lorsqu'une phrase débute par un temps faible, ou que les silences par lesquels commence la première mesure représentent dans leur ensemble, au minimum le quart de la mesure, cette première mesure ne sert pas à établir la carrure de la phrase. En la supprimant le sens mélodique n'est point décapité. Ce sont là des notes d'élan, formant un rythme anacroustique. En ce cas il ne faut pas harmoniser ces premières notes. [Ex. 378, 379.]

Le rythme doit être facile, naturel. Le temps fort doit toujours être marqué; les temps faibles peuvent être indiqués dans un mouvement modéré. Parfois dans un mouvement très lent il faut harmoniser chaque partie de temps.

Si le temps faible est indiqué, le temps fort qui suit doit être marqué. Dans la mesure à trois temps l'articulation du second temps appelle celle du troisième, à moins d'un parti pris dans le dessin rythmique.

145. Il faut éviter les syncopes boiteuses, dont la seconde partie est plus longue que la première.

Dans les rythmes aux valeurs inégales les valeurs longues doivent être placées les premières, les valeurs brèves les dernières.

Il est mauvais d'avoir brusquement des valeurs brèves à toutes les parties. Il faut équilibrer le rythme entre les différentes parties, afin d'obtenir un style concertant.

Il est mauvais de lier à la fois les deux parties extrêmes. Il est plat et commun d'articuler deux fois de suite la même note, surtout lorsque la seconde a une valeur supérieure à la première.

146. Chercher surtout dans le chant donné à ce que la basse ait un intérêt mélodique; éviter autant que possible, en dehors des cadences, les sauts de quarte ou de quinte. Les octaves consécutives, par mouvement contraire entre la basse et le chant, sont permises dans les cadences parfaites. Les quintes et octaves consécutives, séparées par des silences, sont défendues.

147. La pédale inférieure de tonique se trouve généralement au début et à la fin du discours musical. La pédale inférieure de dominante se trouve au milieu, généralement à la reprise du thême.

Plus le chant ou la basse sont ornés, chargés de notes, plus l'harmonie doit être simple. Au contraire les notes répétées, les longues tenues, exigent des changements d'harmonie. Un mouvement lent demande des harmonies chargées, dissonantes; un mouvement rapide demande des harmonies plus simples, plus consonantes.

148. *L'imitation* est la reproduction d'un fragment, d'un dessin à une autre partie que celle où on l'a entendu.

Le dessin proposé se nomme *antécédent*, la reproduction de ce dessin s'appelle *conséquent*.

L'imitation se fait à tous les intervalles de la gamme. Les meilleures, les plus tonales se font à l'8ve, à la 4te et à la 5te. [Ex. 380, 381.]

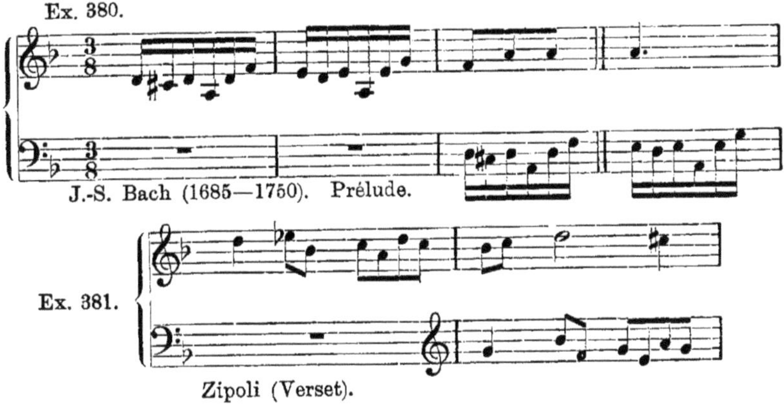


L'imitation *exacte* reproduit exactement tous les intervalles, en conservant l'ordre des tons et des demi-tons. [Ex. 382.]

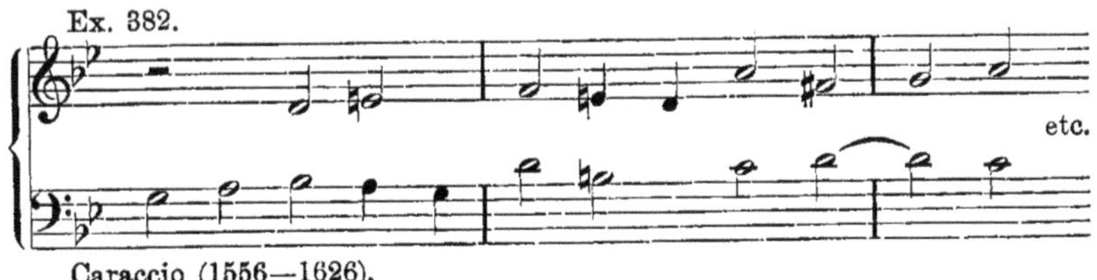

*L'imitation régulière* répond à un intervalle majeur, par un intervalle mineur; à un intervalle diminué, par un intervalle augmenté. [Ex. 383.]

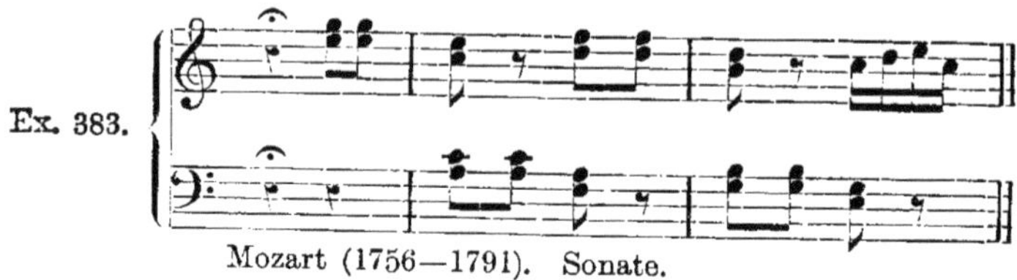

Ex. 383. Mozart (1756—1791). Sonate.

L'imitation est *irrégulière* si elle ne reproduit pas exactement les mêmes intervalles. [Ex. 384.]

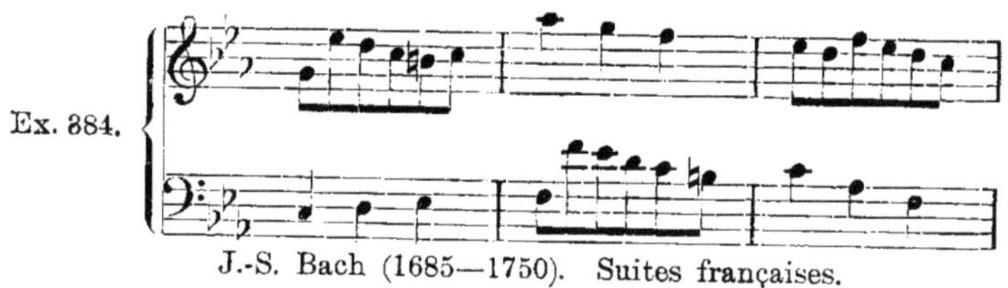

Ex. 384. J.-S. Bach (1685—1750). Suites françaises.

Elle est *rythmique* si elle reproduit les valeurs, sans tenir compte des intervalles. [Ex. 385.]

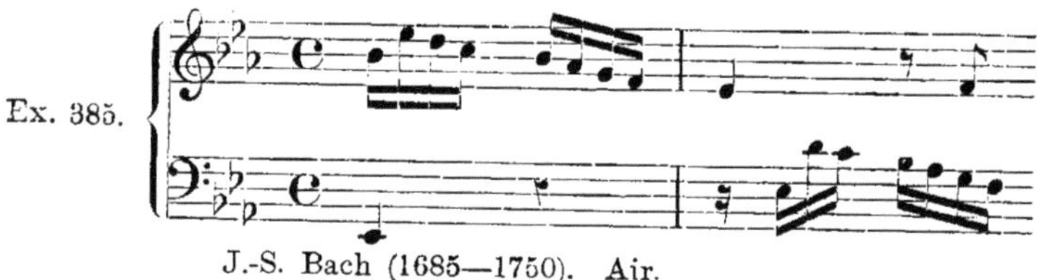

Ex. 385. J.-S. Bach (1685—1750). Air.

*Le canon est une imitation exacte très développée.*

Certaines imitations peuvent être empruntées au style fugué. Ces imitations varient suivant que la fugue est *tonale* ou *réelle.*

Le sujet d'une fugue tonale va de la tonique à la dominante, ou de la dominante à la tonique.

Si le sujet procède du I$^{er}$ degré au V$^{ème}$ la réponse va inversement du V$^{ème}$ au I$^{er}$.

Si le sujet va du V$^{ème}$ degré au I$^{er}$, la réponse va inversement du I$^{er}$ au V$^{ème}$.

Dans les deux cas l'imitation n'est pas exacte puisque l'8$^{ve}$ est partagée en deux parties inégales, par la dominante. Dès lors l'imitation se trouve dilatée, suivant qu'elle part de la tonique pour aller à la dominante, contractée, suivant qu'elle part de la dominante pour aller à la tonique. [Ex. 386.]

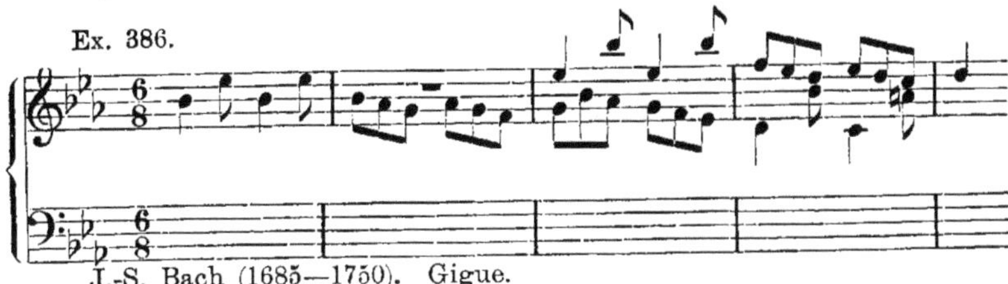


Dans la fugue réelle, l'imitation se fait à la dominante du ton. [Ex. 387.]

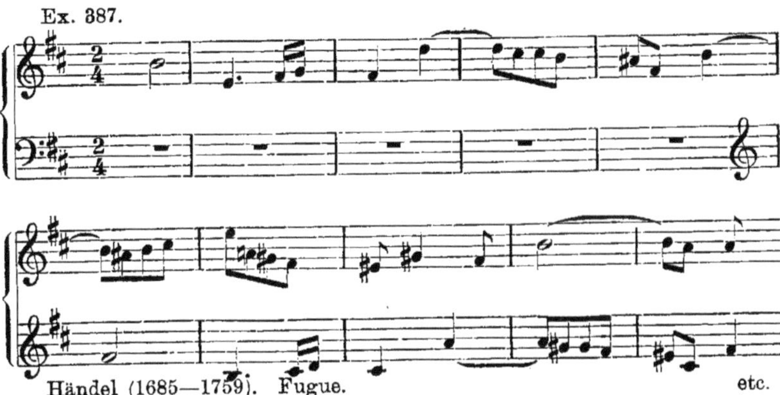


149. Deux parties pouvant se renverser sans inconvénient, de façon qu'elles puissent se servir mutuellement de basse l'une à l'autre, forment un contrepoint renversable. [Ex. 388.]

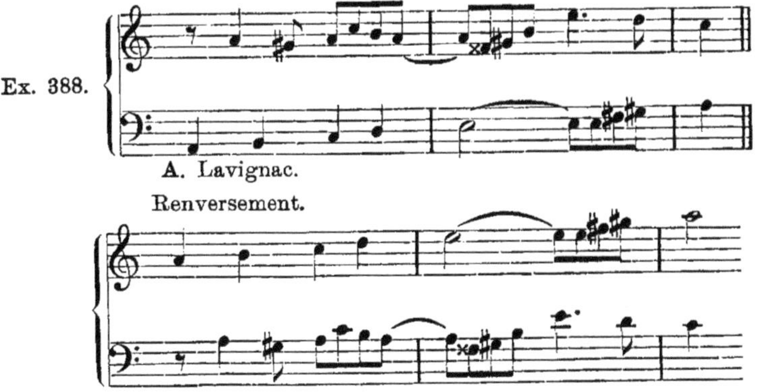


Le contrepoint est double, triple, quadruple, suivant que deux, trois ou quatre parties peuvent se renverser sans inconvénient.

# II

# Histoire abrégée de l'harmonie

## et des développements de cette science à travers les siècles

1. Les origines de l'harmonie sont environnées de mystère. A quelle date exacte a-t-on commencé, en musique, à employer la simultanéité des sons? Un système musical assez complexe, pour avoir donné naissance à des chefs d'oeuvre, tels que la Messe en si, la 9me Symphonie, la Tétralogie, ne s'est pas formé en un jour. L'histoire de la musique et l'étude des maîtres qui ont illustré les différentes époques, prouvent que l'art a toujours suivi une progression et subi d'incessantes transformations. Les origines de l'harmonie ont été modestes, mais à quelle époque précise doit-on les faire remonter? C'est là une question que l'on a cherché souvent à élucider; mais, dans les discussions qu'ils ont entamées, les musicographes n'ont pas donné de réponse précise à ce sujet.

2. Les bas-reliefs et les sculptures trouvés en Egypte, nous montrent de longues théories de chanteurs et de chanteuses, des concerts d'instruments nombreux et variés. Flûtes, harpes, tambourahs, tambours, crotales et cymbales jouent un rôle important. Mais quelle était la symphonie formée par cette réunion d'instruments si différents? Sur cette question plane un mystère profond. Aucun écrit sur la musique des Egyptiens n'est parvenu jusqu'à nous.

La même obscurité règne sur la musique des Assyriens. Seuls, les débris de bas reliefs sont là pour nous donner quelques indications sur la forme et la nature des instruments. Aucun texte ne nous est resté. Nulle part on n'a relevé la trace de l'écriture musicale chez ces anciens peuples.

Les Hébreux ont beaucoup parlé de musique. Si le livre de Daniel, si les Psaumes de David, mentionnent le nom des instruments et la simultanéité des sons obtenus par la trompette, le chalumeau, le psaltérion et tous les engins sonores en usage chez le peuple d'Israël, les textes sacrés mis à la torture par les historiens de la musique ne nous en disent pas plus long. Les anciens peuples de l'Orient ont connu l'emploi simultané des voix et des instruments, c'est certain. Mais comment s'en sont-ils servis? C'est là une question à jamais insoluble. Il est hors de doute que jamais ils n'ont eu une idée de l'harmonie telle que nous la concevons. L'Orient a fort peu changé, malgré les bouleversements par lesquels il a passé. Les instruments actuellement en usage chez les descendants des Egyptiens, des Assyriens et des Hébreux, sont les mêmes que ceux qui ont servi à leurs ancêtres. Héritiers déchus d'une civilisation ancienne, les Arabes, les Egyptiens, les Turcs et les Persans ont sans doute conservé le système musical en usage chez les peuples qui les ont précédés. Or, nulle part dans l'Orient, on n'a relevé trace d'harmonie, à moins qu'on entende par là cette cacophonie formée par un chalumeau aux sons discordants, un bourdon donnant un son qui se prolonge indéfiniment, et les instruments à percussion, qui tiennent une si grande place dans le système musical des Orientaux. Chacun a pu apprécier dans les expositions internationales de Paris la valeur musicale de cette abominable symphonie. Les mêmes observations s'appliqueraient au système musical des peuples de l'extrême Orient, qui lui aussi est demeuré inmuable. Nulle part on n'a relevé des vestiges d'harmonie. au sens véritable du mot, c'est à dire une combinaison de sons intelligemment ordonnée. Le développement musical s'est donc effectué tout entier en Europe. Suivons donc l'histoire de notre art chez les peuples dont nous sommes les héritiers directs, c'est-à-dire les Grecs et les Romains.

3. Les Grecs, artistes raffinés, ont accordé à la musique une large part dans leur civilisation. Chez eux les écrits sur cette matière sont nombreux et instructifs. Les termes dont nous nous servons aujourd'hui, mélodie, rythme, tétracorde, ont une étymologie grecque. Le mot harmonie lui même est grec. Mais ce mot avait-il, 500 ans avant Jésus-Christ, le sens que nous lui attribuons aujourd'hui? Le mot harmonie désignait le mode dans lequel était composé une mélodie, mais non pas, la superposition des sons. Les historiens se sont évertués à tourmenter les textes anciens pour en tirer quelque lumière à ce sujet. Au XVème siècle, le musicien italien Gafori se prononça le premier en faveur de l'existence de l'harmonie chez les Grecs. Au XVIème siècle, le théoricien Zarlino déclara, d'après Aristote et Platon, que les anciens jouaient et chantaient en consonances. Au XVIIème siècle, l'abbé Fraguier, en s'appuyant toujours sur Platon, prétendit que les Grecs connaissaient et pratiquaient le rapport des sons simultanés. Après tant de discussions stériles, on ne peut dire qu'une chose: les Grecs ont connu deux procédés d'harmonisation fournis par la différence du diapason des voix et des instruments, c'est à dire l'octave et l'unisson, ce qui au temps d'Aristote, s'appelait «*magadiser*». Toute autre interprétation des textes anciens n'est que fantaisiste.

4. Pas plus que les Grecs, dont ils recueillirent l'héritage musical, les Romains n'eurent l'idée de combiner simultanément les sons. La musique fut du reste, pendant longtemps, peu en honneur chez un peuple exclusivement guerrier, plus amateur qu'artiste. Cependant un siècle et demi avant Jésus-Christ, l'apparition d'un nouvel instrument qui contribuera largement au développement de l'harmonie, fait naître des doutes au sujet de la question qui nous occupe. L'orgue décrit par Vitruve, chanté par l'empereur Julien, n'apporte-t-il pas, dès sa naissance, les principes de l'harmonie? N'est-

il pas vraisemblable de croire que les premiers organistes, mus par leur curiosité ou leur inspiration, aient laissé errer leurs doigts sur leur clavier, et n'aient pas ébauché les premiers essais d'un contrepoint barbare? Cependant durant sept siècles, l'obscurité la plus grande règne sur cette question. Ce n'est qu'au moyen-âge que la lumière se fait.

5. Le premier écrit nous renseignant à ce sujet, est un texte de St Isidore, archevêque de Séville (570—636). Dans son volume intitulé: «*Sententiae de musicâ*», Isidore fait pour la première fois mention de l'harmonie. «La musique harmonique, dit-il, est une modulation de la voix, la concordance de plusieurs sons simultanés. Il faut distinguer deux sortes d'harmonie: la symphonie ou harmonie des consonances, et la diaphonie ou harmonie des dissonances. La symphonie est l'ordre établi entre les sons concordants du grave à l'aigu, lesquels sont donnés par la voix, le soufle ou le toucher. Par elle, en effet, les voix les plus aigües et les plus graves concordent entre elles, de sorte que si l'une d'elles venait à dissoner, elle blesserait le sens de l'auditeur. Tout autre est la diaphonie, qui est l'union des sons discordants ou dissonants». Au IXème siècle, Aurelien, moine de Réomé, près de Langres, parle également de l'harmonie. A la même époque, le philosophe Scot Erigène disait: «Tandis que les intervalles des sons grands et petits sont entendus dans des proportions discordantes en longues suites, ou en particulier et séparément, ils sont en même temps conjoints entre eux, selon les règles rationnelles de l'art musical.» Mais les renseignements les plus intéressants sur les premiers essais de l'harmonie nous sont fournis par Hucbald, moine de St Amand, né près de Tournai, en 840 environ. Hucbald mourut en 932 comme professeur du monastère où il avait été élevé. Dans son ouvrage de la «*Musica Enchiriadis*», le moine de St Amand déclare que les séries de quartes ou de quintes présentaient un accord agréable de sons divers réunis entre eux. On voit que nos ancêtres au lieu d'être effarouchés par de semblables monstruosités, y trouvaient un grand charme, puisque Hucbald ajoute cette phrase: «Vous verrez naître de ce mélange, un suave concert». Les six espèces de diaphonie, dont parle l'auteur de la *Musica*, produisaient une sensation de deux tonalités coexistantes qui nous révolte aujourd'hui:

1° La diaphonie des quintes à deux voix, formée par une partie qui chante à la quinte supérieure de l'autre.

2° La diaphonie des quintes à trois voix, obtenue par la précédente, à laquelle s'ajoute une troisième partie, qui double le chant à l'octave.

3° La diaphonie des quintes à quatre voix, composée de la précédente à laquelle vient s'ajouter une quatrième voix d'enfant, chantant à la quinte de la basse.

4° La diaphonie des quartes à deux voix. Chaque note du chant est harmonisée à la quarte inférieure.

5° La diaphonie des quartes à trois voix, formée de la précédente à laquelle s'ajoute une troisième partie, qui double la basse à l'octave supérieure.

6° La diaphonie des quartes à quatre voix. A la précédente combinaison s'ajoute une quatrième partie, qui double le chant.

Cependant Hucbald déclare que la symphonie de l'octave est la meilleure. Les séries de quartes sont moins bonnes; tantôt elles sont justes et tantôt augmentées. C'est pourquoi il appelle la quarte, dissonance. Dans le 18ème chapître, Hucbald traite d'une autre diaphonie que nous transcrivons d'après Fétis.

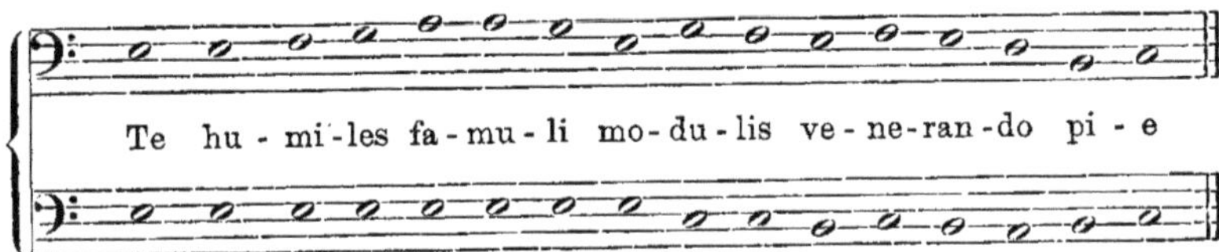


L'exemple ci-dessus marque un réel progrès sur la diaphonie précédente. D'abord les deux voix n'ont pas le même chant reproduit dans deux tonalités différentes. Le caractère d'unité tonale est conservé en dépit des successions de quarte et des dissonances non résolues. De plus on remarque l'apparition du mouvement oblique et du mouvement contraire, l'emploi jusque là inusité de la tierce et de la seconde. C'est cependant dans cette diaphonie si barbare qu'il faut rechercher l'origine de l'harmonie.

6. Il s'écoula près d'un siècle, avant qu'un traité de musique vînt fournir des éclaircissements au sujet de la science harmonique. Ce n'est qu'en 1020 que parut l'ouvrage d'un musicien justement célèbre, et qui tient une large place dans l'histoire de l'art. Nous avons nommé Guy d'Arezzo, né à Arezzo en Toscane, disent les uns, près de Paris, disent les autres, vers la fin du Xème siècle. Guy fut moine de l'abbaye de Pompose, l'un des maîtres les plus réputés de son temps, une des lumières du moyen-âge. Dans son *micrologue*, le moine de Pompose nous montre des exemples de diaphonie qui prouvent que l'harmonie n'avait guère progressé depuis un siècle. En examinant l'exemple ci-dessous, nous voyons la seconde faire sa résolution sur la quarte, et la quarte sur l'unisson. Il n'y a aucune loi, aucun principe directeur, dans un contrepoint aussi barbare.

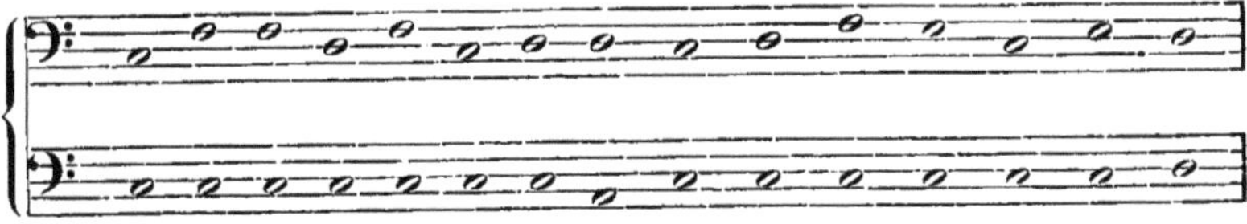

Dans l'*organum* ou la *diaphonie* de Guy d'Arezzo, la relation des sons n'est pas meilleure. Cependant l'usage des quartes et des quintes devient moins fréquent; le choix des intervalles est plus varié; le mouvement oblique et le mouvement contraire apparaissent plus souvent. Il y a là un progrès, qui nous conduira lentement à un art constitué d'une façon régulière et complète.

A quelle époque ce genre d'harmonisation fut-il introduit dans l'église? On ne peut rien préciser à ce sujet. Les historiens se sont appuyés sur un texte du VIIème siècle, d'après lequel le pape Vitalien aurait adjoint à la chapelle pontificale des enfants de choeur, nommés *symphonistes* (symphoniaci). Sans doute, comme l'a fait remarquer Kiesewetter, le terme de symphoniaci indique que les voix de sopranos formaient l'harmonie naturelle, en chantant à l'octave supérieure des voix d'hommes, comme cela se pratiquait chez les Grecs. La chronique du moine d'Angoulême, biographe de Charlemagne, pourrait faire croire, que ce fut sous le règne de cet empereur que l'usage du chant accompagné par la diaphonie fut mis en vigueur. Les chantres romains, dit-il, apprirent aux chantres français l'art d'*organiser* (ars organandi). Une telle interprétation est douteuse. Mais ce qu'il y a de certain, c'est qu'à la fin du IXème siècle, d'après le moine de St. Amand, la diaphonie était en usage.

7. Guy d'Arezzo mourut vers le milieu du XIème siècle. L'impulsion que le célèbre moine avait donnée à l'art musical ne devait pas rester sans effet. On avait essayé de nouvelles combinaisons harmoniques; on avait remarqué qu'il existait d'autres intervalles agréables à l'oreille que la quinte, la quarte et l'octave; que la tierce et la sixte formaient des consonances tout aussi satisfaisantes que les autres, enfin que la monotonie, engendrée par les quintes et octaves parallèles, était rompue au moyen de la seconde et de la septième. De plus on avait observé l'heureux effet du mouvement oblique et du mouvement contraire, qui rendent chaque voix indépendante, et confient à chaque partie un dessin particulier. Toutes ces observations furent condensées en principes par Francon de Cologne. Né à Dortmund, dans la dernière partie du XIIème siècle, il fut abbé du monastère des bénédictins de Cologne. Les principes indiqués par Francon sont ceux du déchant, qui marque un réel progrès sur la diaphonie. N'étant plus borné à la simultanéité de deux notes l'une contre l'autre, le déchant admet les notes de passage. A l'origine il n'était composé qu'à deux voix, d'une mélodie (ténor) et d'une partie qui l'accompagnait (discant). De plus, le déchant était mesuré. A une mélodie grégorienne, on adaptait un autre chant qui paraissait s'harmoniser avec elle; on ajustait tant bien que mal ces deux chants, en diminuant ou en augmentant la valeur des notes suivant les besoins de la cause. Puis le déchant se fit à trois voix (triplum), à quatre voix (quadruplum), dans les mêmes conditions, c'est à dire en agençant trois et quatre mélodies simultanément. Cet étrange assemblage offrait parfois les contrastes les plus extraordinaires: Tandis qu'une voix faisait entendre un fragment de plain-chant, la voix qui lui servait

d'accompagnement chantait une mélodie populaire et même grivoise. Francon nous donne des exemples de déchant, et des conseils empiriques pour le construire. Il classe d'abord les consonances en trois catégories: 1° Consonances parfaites (octave, quinte et unisson), 2° Consonances accidentelles (tierce mineure, et tierce majeure, sixte majeure), 3° Dissonances (seconde mineure, et majeure, quarte augmentée, sixte mineure, septième majeure et mineure). Quant à la quarte juste, elle n'est point classée, bien que Francon l'énumère parmi les intervalles, et qu'il en indique l'emploi. Les procédés indiqués par le théoricien pour la succession des intervalles, ont pour principe la seule routine. On passe: 1° de l'octave à l'unisson, et vice versa, par mouvement contraire; 2° de l'octave à l'octave, par mouvement direct; 3° de l'octave à la quinte, et vice versa; 4° de la quarte à la quarte; 5° de la sixte au triton, et inversement; 6° de la septième à la septième, par mouvement direct; 7° de la sixte à la quarte, et vice versa. La tierce se rencontre rarement, mais seulement comme note de passage.

8. Tous les musiciens du XIème, du XIIème et du XIIIème siècle suivirent ces principes, c'est à dire que le déchant persista jusqu'au XIVème siècle. Parmi les plus célèbres déchanteurs mentionnons:

Au XIIème siècle: Perotin, maître de chapelle de Notre-Dame de Paris. Au XIIIème siècle: Adam de la Halle, le fameux Bossu d'Arras, né dans cette ville en 1240, mort à Naples en 1287, auteur du premier opéra comique intitulé «*le Jeu de Robin et de Marion*». Le déchant de ce génial trouvère est déjà moins grossier que celui de ses prédécesseurs. Malgré les fautes de quintes et d'octaves, on perçoit un sens plus artistique. Les successions de tierces et de sixtes, viennent adoucir l'effet déchirant de ces harmonies barbares. Il y a là une tentative d'amélioration, bien faible il est vrai, mais qui existe néanmoins. Citons au XIIème siècle: Walter Odington, bénédictin anglais.

Les nombreuses compositions d'Adam de la Halle prouvent que le goût de la musique à plusieurs voix s'était répandu en France. C'est sans doute à ce moment que les chantres imaginèrent une sorte de déchant à trois voix, nommé *faux-bourdon*. D'après Guilielmus Monachus, qui vivait à la fin du XIVème siècle, le faux-bourdon prit naissance en Angleterre, de là il se répandit en France, et en Italie à la chapelle pontificale. Dans le faux-bourdon, les deux voix supérieures qui accompagnaient le plain-chant, procédaient l'une à la tierce, l'autre à la sixte supérieure de la partie principale, confiée au ténor. Le faux-bourdon rompait avec la diaphonie, qui n'admettait que les quartes et les quintes. De plus il déterminait la formation de l'accord de sixte, renversement de l'accord parfait. Ainsi s'établissait l'unité tonale qui manquait jusqu'alors. Le déchant en s'étendant de plus en plus, se transformait: parfois les deux voix chantaient à l'unisson et, à certains endroits, le déchanteur descendait d'un degré, tandis que le ténor montait de la même quantité, ce qui produisait par mouvement contraire des tierces et des sixtes. Parfois encore, le déchanteur se livrait à des ornements, notes de passage, qu'on appelait fioritures.

9. Le déchant, ainsi livré à la fantaisie des chantres, s'affranchit bientôt des règles scolastiques. Les théoriciens, comme Jean de Muris (1330 environ), lancèrent contre les déchanteurs de violentes diatribes. Pour mettre fin aux scandales amenés dans les églises par les excès du déchant, le pape Jean XXII écrivit une bulle datée de 1322. Mais, malgré les foudres pontificales, la musique déchantée n'en continua pas moins à vivre. Les heureuses modifications que subit le déchant, nous ont été transmises par les théoriciens. Marchetto de Padoue, vers la fin du XIIIème siècle, a laissé un volume instructif à cet égard: «*le Lucidarium in arte musicae planae*». On y relève des hardiesses harmoniques vraiment prodigieuses pour l'époque, notamment l'emploi du demi-ton chromatique, comme dans les exemples suivants.

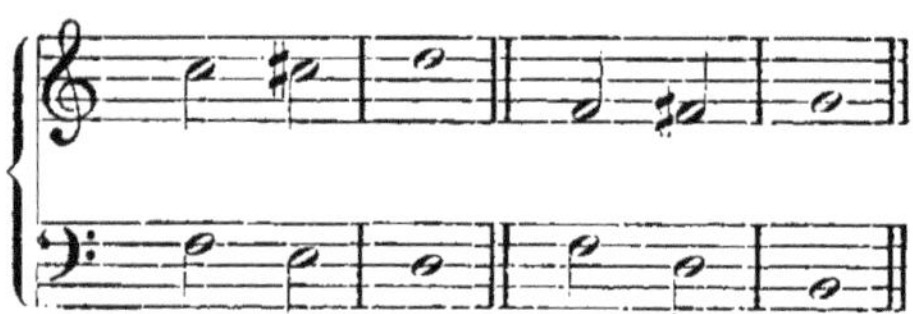

Marchetto avait pressenti l'attraction du demi-ton chromatique et le principe de l'art moderne. Mais ces innovations, entièrement étrangères au déchant, demeurèrent incomprises et sans effet.

Les œuvres de Philippe de Vitry sont un témoignage frappant des progrès de l'harmonie. C'est chez cet auteur, né en 1230 environ et mort évêque de Meaux en 1316 que, pour la première fois, nous relevons le mot de *contrepoint*, substitué à celui de déchant. Les œuvres de Philippe de Vitry sont renfermées en trois volumes: *Ars nova*, *Ars perfecta in musica et Liber musicalium.* Pas plus que Jean de Muris, Philippe de Vitry ne songe à synthétiser les phénomènes harmoniques dont il donne des exemples, pour en tirer les principes conducteurs, nécessaires à tout traité. Il se contente d'écrire des exemples très corrects, comme on peut en juger.

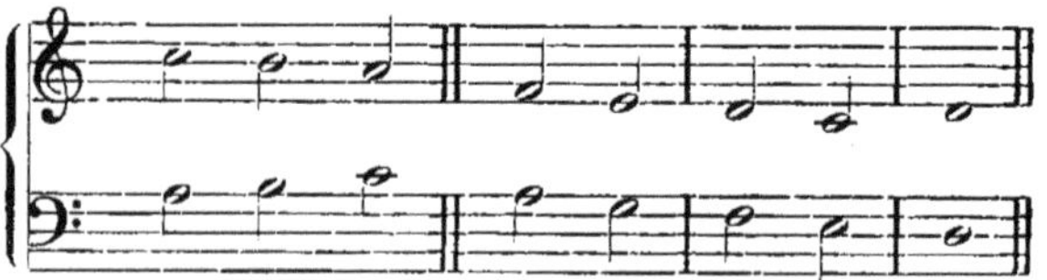

Les exemples de Jean de Muris, savant docteur en Sorbonne, sont plus hardis. Le premier, il a enseigné que l'on devait éviter les quartes, les quintes, ou les octaves consécutives. C'était un dernier coup porté *à l'organum.* Philippe de Vitry, comme Jean de Muris, ne mentionne que le contrepoint à deux voix. La conception de l'harmonie écrite à trois ou quatre voix, n'existait pas à cette époque. La troisième partie s'ajoutait aux deux premières, et dans cette adjonction, le musicien ne s'occupait que des rapports existant entre cette nouvelle partie et le ténor, sans s'inquiéter de ce qui pouvait en résulter avec l'autre. Parmi les compositeurs de cette époque, citons Guilleaume de Machaut, auteur de la messe exécutée pour le sacre de Charles V; le célèbre organiste italien Laudino, surnommé *Francesco il cieco*, qui fut couronné de lauriers par le roi de Chypre.

10. Vers la fin du XIVème siècle, un mouvement musical important se dessine, part de l'Angleterre, s'étend en Belgique, pour se répandre de là en Italie, puis en Allemagne. L'art s'épure, les doctrines des théoriciens se perfectionnent et déterminent la brillante école flamande, qui resplendira pendant plus d'un siècle.

C'est d'abord Dunstaple, nommé par Tinctor, le père du contrepoint, né en Ecosse vers 1400, mort à Walbrook, où il est inhumé en 1453. Puis vient Binchois son élève, né dans le Hainaut vers 1400, maître de chapelle de Philippe le Bon et mort en 1460 à Lille. Enfin Guilleaume Dufay, né à Chimay en 1400, attaché à la personne de Philippe le Bon et mort à Cambrai en 1474. Les compositions de Dufay ont une grande importance au point de vue historique. Comme celles de tous ses contemporains, ses œuvres ont pour thème une chanson populaire confiée au ténor, pendant que les autres parties viennent broder un contrepoint fleuri. Ce travail harmonique, très serré et assez correct, ne renferme aucune succession de quintes, d'octaves ou d'unisson. Relevons en plus de nouvelles agrégations harmoniques: retard de la tierce, emploi de la quarte préparée et résolue, de la septième descendant sur la sixte et de la neuvième descendant sur l'octave. Ce sont là des innovations précieuses, qui établissent sur des bases solides la science du contrepoint. De plus on rencontre chez Dufay des progressions ascendantes ou descendantes, et surtout l'emploi des imitations, germes de la fugue et de toute composition véritable. L'imitation fut pour les musiciens une source inépuisable de richesses et devint prétexte à de véritables rébus musicaux, nommés canons énigmatiques. Dans ces plaisanteries musicales, l'imitation ne pouvait se trouver qu'au moyen d'une devise, placée au dessus de la partie donnée, devise au sens parfois obscur, et dont le déchiffrage était pour les musiciens un véritable casse-tête.

11. Les compositeurs flamands, qui suivirent Dufay, tombèrent de plus en plus dans les subtilités du contrepoint et les chinoiseries du canon énigmatique. Un des plus célèbres fut le maître flamand Ockeghem (1430—1495), l'auteur d'une messe intitulée: *Ad omnem tonum*, que l'on pouvait chanter dans tous les tons, et qui n'avait en tête de la portée, qu'un point d'interrogation en guise de clef. En dehors de ces plaisanteries musicales, Ockeghem mérite particulièrement notre attention. Avec lui, la science du contrepoint fut portée au plus haut perfectionnement; l'art de l'imitation, développé

aux extrêmes limites. On a d'Ockeghem un motet à 36 voix, formant neuf canons différents. A ses cotés nous trouvons le théoricien flamand Tinctor (1446—1511), qui fonda à Naples la première académie de musique, et son élève, l'italien Gaforio (1451—1522). Tous deux nous ont laissé des traités de contrepoint renfermant des exemples à trois, quatre et cinq voix. Un élève d'Ockeghem devait bientôt surpasser le maître et jouir d'une renommée universelle: C'est Josquin Desprès ou de Prés, maître de chapelle de Louis XII (1450—1521). Son habileté contrapuntique était si grande que Luther écrivait de lui: «Josquin est un maître ès notes; il leur fait faire ce qu'il veut, tandis que les autres compositeurs doivent faire ce qu'elles veulent.»

La renommée de Josquin fut portée au loin par ses élèves: Jean Mouton, maître de chapelle de Louis XII, et Henri Isaac, maître de chapelle de l'empereur Maximilien.

12. Si les flamands avaient à cette époque le privilège exclusif de former les compositeurs, il ne faut pas croire que les autres pays aient été privés de musiciens nationaux. A la même époque nous trouvons en Allemagne Adam de Fulde et Stephan Mahu; en France Agricola, Elzéar Genet de Carpentras. Le rôle de Josquin des Prés a une importance plus grande au point de vue historique. Sa renommée avait franchi les Alpes, et sa science si profonde, transmise par ses disciples, devait servir à fonder cette école vénitienne qui fut le berceau de la musique italienne. Parmi les flamands qui vinrent s'établir en Italie pour y porter la bonne parole, le plus célèbre fut Adrien Villaërt (1480—1562), élève de Jean Mouton. C'est lui le fondateur de la célèbre école vénitienne, qui eut une influence décisive sur l'art du XVI$^{ème}$ siècle. Villaërt est également l'inventeur des compositions à deux chœurs, qui lui furent inspirées par la disposition même de l'église S$^t$ Marc de Venise, dans laquelle deux tribunes et deux orgues se faisaient face et prêtaient à des effets nouveaux au point de vue musical. Parmi les élèves de Villaërt, citons Cyprien de Rore, auteur d'un traité de contrepoint, et Zarlino, l'auteur des *institutions harmoniques*, ouvrage qui le premier, renferme les germes d'une théorie rationnelle de l'harmonie. Zarlino n'admet que la tierce majeure, et suivant sa théorie, les tierces d'un accord parfait majeur et d'un accord parfait mineur ne diffèrent l'une de l'autre que par leur position respective, mais non pas leur grandeur. De plus, Zarlino nous donne des renseignements précis, ainsi que des exemples, sur le contrepoint renversable à l'octave, à la douzième, sur le canon à l'unisson, à l'octave, à la quinte et à la quarte.

13. La science si brillante et si touffue des flamands, avait conduit les musiciens à des subtilités ridicules, à un pédantisme exagéré, qui dégénéra vite en excès. Déjà à l'époque de Luther, le choral protestant en contrepoint, note contre note, indiquait aux musiciens un style plus musical et plus convenable au culte. C'est contre les scandales auxquels les excès de la science avaient conduit les musiciens d'église, que s'éleva le concile de Trente. Les arrêts de

l'ecclésiastique assemblée étaient terribles: la musique polyphonique était condamnée à disparaître, pour faire place au plain-chant. Il appartenait à un des plus purs génies de l'art, de sauver la musique, et de donner au contrepoint ce qui lui manquait jusqu'alors, c'est à dire la couleur, l'expression, la vie en un mot. Nous avons nommé Palestrina (1524—1594). Avec Palestrina le contrepoint n'est plus seulement une science, il devient un art. Le travail harmonique n'est plus une fin, ce n'est qu'un moyen. Sans connaître toutes les ressources de l'harmonie chromatique, sans avoir recours à l'enharmonie, au coloris de l'instrumentation, ce grand maître est parvenu au sublime. Quoi de plus poignant que le début du Stabat! Ici Palestrina, par l'opposition des accords de trois sons est parvenu à les faire dissoner. En revanche, quel charme extatique dans la messe du Pape Marcel et dans les Hymnes! Le système de Palestrina est borné à l'emploi exclusif des accords de trois sons fondamentaux, à leurs renversements et aux modifications qui y sont introduites, et que nous appelons retards. Les dissonances naturelles n'y apparaissent pour ainsi dire jamais: par-ci par-là dans l'œuvre du maître romain, on rencontre bien quelques septièmes sans préparation, mais ce sont là des exceptions.

14. Cependant ces innovations harmoniques et ces tendances vers une tonalité nouvelle deviennent plus accusées chez les madrigalistes, notamment chez Marenzio (1560—1599), et surtout chez Gesualdo, prince de Venouse, dont les hardiesses font pressentir nos modernes du XIX^ème^ et du XX^ème^ siècle.

Nous sommes ici à l'un des tournants de l'histoire musicale, nous touchons à l'époque décisive de la transformation de la tonalité. Déjà en 1555, le savant Vicentino avait compris que le plain-chant, au caractère calme et diatonique, composé de sons n'ayant aucune tendance, avait donné tout ce qu'il renfermait, et que pour répondre aux aspirations des musiciens il fallait un art nouveau, aux accents variés et pathétiques. Sous l'empire des idées de la Renaissance, Vicentino estimait que pour transformer la musique, il fallait y introduire le genre chromatique des Grecs. La musique de l'antiquité devint l'idéal des compositeurs et l'objet de leurs spéculations. Vincent Galilée, père du célèbre physicien, s'éleva avec force contre le style pédantesque et les raffinements contrapuntiques de Zarlino. Florence devint le foyer des idées nouvelles, qui devaient en rayonnant aboutir à la fondation de l'opéra, à la transformation de la tonalité et par suite de l'harmonie. C'est Monteverde (Crémone 1567 — Venise 1643), le génial compositeur *d'Ariane* et *d'Orphée*, qui fut le créateur des innovations harmoniques destinées à révolutionner le monde musical. En 1590, Monteverde publia son cinquième livre de madrigaux, dans lequel on relève, entre autres nouveautés, l'emploi du triton, de la quinte diminuée et de la septième, le tout sans préparation. Le Chanoine Artusi de Bologne s'éleva contre ces hardiesses dans son livre intitulé: *Les imperfections de la musique moderne.* Monteverde se défendit d'avoir voulu innover dans la tonalité, mais seulement dans l'harmonie; il n'avait pas aperçu lui même toute l'importance de ses découvertes. En créant un système harmonique nouveau, il déplaçait la tonalité. La sous-dominante, la sensible et la dominante étaient créées, car l'intervalle de triton ne se trouve qu'entre le IV$^{ème}$ et le VII$^{ème}$ degré. L'attraction existant entre ces deux notes, établissait la modulation, renversait l'ancienne tonalité grégorienne et fondait la gamme moderne, sous ses deux formes majeure et mineure. Dans les œuvres suivantes de Monteverde, on relève l'emploi des agrégations de neuvième de dominante, de septième de dominante et de septième diminuée.

Ces innovations firent grand bruit. Du théâtre elles se répandirent dans l'église.

15. Un autre compositeur de la même époque, dont le nom mérite d'être cité ici, est Viadana (1564—1645), auquel on attribue l'invention de la basse chiffrée (continuo). Cependant, les fondateurs de l'opéra: Cavalieri, Caccini et Peri, avaient déjà fait usage de cette sténographie musicale. Souvent les ressources musicales dont disposaient les maîtres de chapelle les obligeaient à faire exécuter par deux ou trois chanteurs un morceau écrit à quatre ou cinq voix. On remplaçait les parties manquantes par l'orgue ou les instruments. C'est pourquoi vers la fin du XVI$^{ème}$ siècle, en prévision de cette exécution restreinte, les compositeurs faisaient une sorte de réduction au clavecin, en ajoutant à leur œuvre une basse, nommée *basse continue.* L'invention de Viadana, consiste en ce qu'il écrivit ses *concerti,* pour une ou deux voix et basse chiffrée.

16. Toutes les innovations harmoniques de Monteverde, loin d'être adoptées par l'église, furent même repoussées par les papes, et c'est encore à la tradition palestrinienne que nous devons le Miserere d'Allegri (1629—1652), ainsi que les Messes à plusieurs chœurs de Benevoli (1602—1672), notamment la Messe de ce dernier écrite à 48 voix, réparties en 12 chœurs. Avant d'abandonner cette époque de transition, citons Frescobaldi (1583—1644), dont les œuvres sont en quelque sorte placées à la limite qui sépare les deux tonalités. Tandis que dans ses compositions pour l'église, le maître de Ferrare procède de l'ancienne école romaine et de la tonalité grégorienne, il affirme les tendances nouvelles, par des hardiesses inouïes, dans ses toccatas pour orgue, ses canzones pour clavecin. Chez Frescobaldi, la fugue prend un développement logique, un intérêt vraiment musical. Ce sont des œuvres de transition, qui relient la grande école italienne du XVI$^{ème}$ siècle à la période des classiques allemands, de Bach et de Händel.

Les principes de l'art moderne trouvaient cependant des représentants illustres dans la musique religieuse. C'est en Italie, Carissimi (1604—1674), l'auteur des cantates; en Allemagne, Henri Schütz, le père de la musique allemande (1585—1672). Après avoir étudié à Venise sous la direction de Gabrieli, les principes de son art, Schütz fit connaître à l'Allemagne les réformes musicales. Penseur profond, génie national, Henri Schütz communiqua aux innovations de Monteverde un cachet vraiment personnel. Il est le précurseur de Bach.

17. Au XVIIIème siècle, le centre du monde musical se déplace, l'art italien qui avait atteint son apogée aux époques précédentes, va péricliter. C'est en Allemagne désormais qu'il nous faut étudier le développement progressif de l'harmonie. Ce n'est pas que l'Italie n'ait eu au XVIIIème siècle quelques représentants illustres, comme les deux Scarlatti; mais la musique est destinée à s'affaiblir, atteinte du mal néfaste du virtuosisme. L'intérêt musical et harmonique s'efface de plus en plus, pour faire place à la mélodie travestie, qui permet au ténor et à la prima donna de régner sans partage. Alexandre Scarlatti (1659—1725) mérite d'être cité ici, car il est le chef de l'école napolitaine, qui fournit au XVIIIème siècle les théoriciens comme Durante (1684—1755), dont le style est fortement influencé par l'école romaine; Sala (1701—1800), auteur des règles de contrepoint pratique; Fenaroli (1730—1818), qui a laissé un traité de basse chiffrée.

18. En Allemagne, la réforme avait donné dans le culte une large part à la musique. Le choral accompagné, *figuré*, devait fournir un vaste champ à la science et à l'improvisation des organistes. Le choral sera la pierre angulaire des compositions religieuses en Allemagne pendant le XVIIIème siècle. Le mouvement musical ira sans cesse ascendant, et recevra son plein épanouissement avec Bach et Händel. Nous n'avons pas ici à faire l'analyse de l'œuvre de ces grands maîtres. Nous n'avons qu'à les envisager au point de vue harmonique. Si Händel, par suite de ses nombreux voyages et de sa vie agitée, est éclectique, plus mondain, plus théatral, s'il sait allier une inspiration d'une limpidité sereine à une grandeur de conception colossale, si son harmonie est plus diatonique, plus italienne, en revanche Bach, en raison de sa vie modeste, est plus intime, plus austère, plus profond, vraiment allemand. Chez lui, rien n'est sacrifié au goût du public; ses tours de force contrapuntiques tiennent du prodige. Dans cet art merveilleux de manier les voix, il sait allier la polyphonie palestrinienne à toutes les ressources de l'art moderne. Le chromatisme, l'enharmonie n'ont pas de secrets pour lui. Ecoutez les puissantes modulations, les prodigieuses agrégations de la *fantaisie en sol mineur* pour orgue et de la *fantaisie chromatique* pour piano. Toute l'œuvre de Beethoven et de Wagner, toute la musique du XIXème siècle est là. Bach est la synthèse du passé et de l'avenir, le cosmos musical. Le nom de Bach amène par association d'idées celui de son élève Kirnberger (1721—1783), auteur d'un traité d'harmonie. D'après Kirnberger, les accords fondamentaux sont l'accord parfait majeur, l'accord parfait mineur, l'accord de quinte diminuée, l'accord majeur, avec 7ème majeure ou avec 7ème mineure, et l'accord mineur, avec 5ème diminuée et 7ème mineure. Ne terminons pas cette courte esquisse de l'harmonie allemande au XVIIIème siècle sans prononcer le nom de Mozart. Le maître de Salzbourg a su tirer des effets surprenants

de l'enharmonie dans *Don Juan*, les sonates pour piano et violon, et dans sa *fantaisie en ut mineur* pour piano seul.

19. Les œuvres de compositeurs français, au XVIIème et au XVIIIème siècle, n'offrent rien de particulier pour l'étude de l'harmonie. Constatons que à cette époque, la France était singulièrement en retard sur l'Allemagne et l'Italie. Les œuvres de Couperin, de Daquin et de Marchand sont agréables à entendre, rien de plus. Seul, au milieu de XVIIIème siècle, le nom de Rameau brille d'un vif éclat.

Rameau, compositeur, théoricien, est une de nos gloires nationales. Rameau (1683—1764), peut être considéré comme le fondateur d'une théorie rationnelle de l'harmonie. Influencé par les écrits de Descartes et du père Mersenne, l'auteur de *Castor et Pollux* avait été amené à simplifier cette science, en ramenant toutes les agrégations à un petit nombre d'accords fondamentaux. Le premier, il montra que les renversements n'étaient que les modifications des accords précédents. A l'appui de cette démonstration, Rameau imagina une basse fictive, nommée *basse fondamentale*, servant à vérifier les rapports harmoniques des accords qui se succédaient. Notons en passant que Rameau, le premier en France, sans connaître l'œuvre de Bach, a indiqué les effets puissants de l'enharmonie, et en a donné des exemples fort intéressants dans ses pièces de clavecin.

La nouvelle théorie de Rameau devait révolutionner le monde musical. Déjà en Italie, le violoniste Tartini (1692—1770), reprenant la théorie de Zarlino, et se basant, comme Rameau, sur la résonance des corps sonores, avait déterminé la formation de l'accord mineur par des harmoniques inférieures, directement opposées aux harmoniques supérieures qui avaient servi à former l'accord parfait majeur. Le système de Tartini fut attaqué par Valotti, lequel n'admettait pas le fondement de l'harmonie sur la résonance des deux harmoniques principales: la 12ème et la 17ème. Cependant, il avait reconnu, comme ses antagonistes, le principe du renversement des accords. En Allemagne, le système de Rameau avait fait grand bruit. Le compositeur Marpurg, venu à Paris en 1746, avait eu l'occasion d'étudier la nouvelle théorie du maître français. Ce fut d'après les méditations faites à ce sujet, que Marpurg fit paraître son manuel de basse continue et de composition. Mais, de même que Rameau en formant les accords par superposition de tierces, et en ramenant les renversements à l'état fondamental, Marpurg avait isolé toutes les agrégations, sans saisir le principe de tonalité qui détermine la division de l'harmonie en deux catégories: harmonie naturelle et harmonie artificielle.

20. En 1796, à la formation du Conservatoire de musique de Paris, Catel (1773—1830), fut appelé comme professeur d'harmonie, et proposa à la commission le plan d'un nouveau traité d'harmonie, lequel fut pendant de longues années le seul ouvrage théorique de ce genre qui fût en France. Catel avait aperçu les vices du système harmonique de Rameau; il avait compris que la génération har-

monique inventée par ce dernier n'était pas conforme aux lois qui régissent l'enchaînement des accords. Il voulut débarrasser le système des accords fondamentaux échafaudés tierces par tierces, et produits d'après Rameau, par l'adjonction d'une tierce au dessus ou au dessous de l'accord. Le système de Catel ne valait guère mieux. Prenant comme point de départ une corde dont le son fondamental était *sol*, par exemple, le théoricien en tirait les différentes harmoniques: D'abord, un *sol* à l'octave du premier, puis un *ré* à la douzième, un *sol* à la double octave, un *si* à la 17ème, un *ré*, puis un *sol* à la triple octave, un *la* à la 23ème. C'est pourquoi, ajoutait Catel, il n'existe en harmonie qu'un seul accord, qui contient tous les autres, c'est l'accord de 9ème. Mais dans ces divisions arbitraires du monocorde, Catel aurait pu aller beaucoup plus loin, jusqu'à *ut* et à *mi*, par exemple. Et alors, plus de distinction entre les accords naturels et les accords artificiels. D'après cette erreur, les accords de 9ème de dominante et de 7ème de sensible ont passé jusqu'à nos jours pour des accords naturels.

21. Mais pendant que la science marche lentement, l'art progresse, se modifie et se transforme complètement. Au XIXème siècle, l'art répond aux aspirations, aux goûts et au tempérament d'une société nouvelle. L'art classique est mort. Dans cette révolution, la théorie est isolée, les usages foulés aux pieds, la routine délaissée. C'est Beethoven, qui par ses dernières *sonates*, la *neuvième symphonie* et ses *derniers quatuors*, jette l'effroi parmi les esprits timorés, comme Oulibicheff et Fétis. C'est Schumann, jetant un cri de guerre aux formules démodées, qui enchaînent les musiciens et viennent entacher les œuvres des compositeurs de l'opéra italien, et les fabricants de morceaux à la mode pour le piano, Schumann qui, méconnu longtemps, commence à prendre seulement aujourd'hui la place qu'il mérite. C'est Schubert, le génial harmoniste, qui plie la science des accords au service d'une inspiration à la fois élégiaque et intarissable. C'est Chopin, dont les combinaisons sonores, toujours délicates, et parfois maladives, flattent si bien notre sensibilité raffinée. C'est Liszt, le précurseur du plus puissant génie de l'harmonie au XIXème siècle: nous avons nommé Wagner, en qui vient se résumer toute la puissance de cette science. C'est encore avec inquiétude, que les musiciens errent autour de la *Tétralogie* et de *Tristan*. L'émotion suscitée chez les artistes par le maître de Bayreuth est telle, que personne n'échappe aujourd'hui à l'influence wagnérienne. Cependant quelques raffinés tentent de s'y soustraire, et par des essais fort curieux, semblent indiquer aux jeunes de nouvelles voies à explorer. *Le Rève* de Bruneau et les compositions de Debussy, sont des œuvres fort intéressantes pour étudier cette nouvelle transformation musicale, mais déconcertent en même temps l'harmoniste d'école. Le chromatisme tend sans cesse à se développer. Les résolutions évitées se multiplient, les notes d'ornement prennent plus d'importance que les notes réelles, et s'y substituent même tout à fait, les dissonances les plus ardues se passent de préparation.

L'unité tonale, conservée même par Franck, tend à disparaître. La musique devient pluritonale. La révolution qui se prépare, aboutira-t-elle au renversement d'une tonalité vieille de trois siècles? L'avenir nous le dira.

D'après ce court aperçu historique, il semble résulter que de tous temps, les règles de l'harmonie ayant été violées, cette science est sujette à des changements incessants, déterminés par le génie des artistes, le tempérament et le goût d'une époque; *un traité d'harmonie n'est en somme que la moyenne d'opinions admises sur cette matière par le sens commun des musiciens.* Mais, avant de se permettre des licences, l'élève doit être familiarisé avec la grammaire et la rhétorique de l'art musical. Il doit savoir pourquoi il s'écarte des règles usitées, car une licence n'est pas une faute. Ce n'est qu'en étudiant avec soin la science de l'harmonie, en observant attentivement les maîtres, qu'il peut former son goût, acquérir une personnalité, et devenir non plus un élève terrorisé par la crainte des quintes et des octaves, mais un harmoniste véritable.

*Fabricando fit faber.* C'est en forgeant qu'on devient forgeron.

Juin 1903.

**Daniel Fleuret.**

# Appendice

L'élève connaissant la formation et l'enchaînement des accords, doit apprendre maintenant les lois qui président à leur naissance, les font se mouvoir et en un mot sont leur raison d'être.

Le maintien de l'unité tonale est, nous l'avons vu, le principe directeur de l'harmonie. Toutes les combinaisons sonores se ramènent à quelques accords primordiaux; tous les degrés gravitent autour de quelques fonctions tonales, formant les éléments essentiels de l'harmonie.

La tonique est le point de départ et le point terminus de toute composition musicale; elle est le centre d'où partent tous les accords et vers lequel ils tendent tous. De ce point fixe le premier mouvement harmonique est formé par une oscillation se dirigeant vers la quinte supérieure qui est la dominante; puis revenant à la tonique cette oscillation tend vers la quinte inférieure qui est la sous-dominante.

Enfin, si revenant par la tonique on tend de nouveau vers la dominante, c'est pour aller vers une autre tonique appartenant à un ton voisin, c'est à dire le sixième degré, qui en majeur est la tonique du relatif mineur. Si de la dominante on tend vers un autre point c'est vers une tonique appartenant à une gamme plus éloignée.

C'est donc une loi d'équilibre tonal, une loi mécanique expliquant les enchaînements harmoniques, les modulations et la marche d'une composition musicale, telle que: un leçon d'harmonie, une fugue, une symphonie.

Il n'y a donc en musique que trois fonctions essentielles: celles de *tonique*, de *dominante*, et de *sous-dominante*.

Et maintenant, pour ce qui nous concerne dans un cours d'harmonie, cherchons l'application de ce principe qui explique la formation des accords, leurs enchaînements, les cadences harmoniques et les modulations.

La tonique est, nous l'avons vu, le point initial de toute composition musicale, elle en forme aussi la conclusion; c'est l'infini vers lequel tendent tous les autres degrés. La tonique est immuable, elle seule procure cette impression de repos déterminé par l'accord parfait. Remarquez que si l'on place sur la tonique l'accord de $^{6}_{4}$, c'est qu'on décrit un mouvement vers la sous-dominante, puis qu'on revient immédiatement vers la tonique, l'accord de $^{6}_{4}$ se résolvant sur l'accord parfait du même degré; on peut dire également que l'accord de $^{6}_{4}$ placé sur la tonique est une double broderie.

Le deuxième degré procédant conjointement à la note suivante porte l'accord de $6^{te}$ ou celui de $^{6}_{4}$.

Or, l'accord de $6^{te}$ du second degré est le renversement de l'accord de $\not{5}$ de sensible. L'accord de $\not{5}$ du $7^{ème}$ degré étant à peu près inusité dans la pratique, on y ajoute généralement la dominante.

L'accord de $\not{5}$ n'est donc qu'un fragment de l'accord de $^{7}_{+}$, on en a retranché la basse.

Dès lors, l'accord de 6^te et l'accord de $^{6}_{4}$ du second degré apparaissent tous deux comme faisant partie de la fonction de dominante.

Si la basse procède par degrés disjoints, la sus-tonique porte l'accord parfait. Ici l'accord de trois sons apparaît comme tronqué, il appelle une quatrième note: la 7^ème qui donne ainsi un accord artificiel de 7^ème faisant fonction lui même de sous-dominante, si l'on retranche la basse.

La médiante porte accord de 6^te, c'est là une fonction de tonique. La sous-dominante porte l'accord de 6 ou de 5. En faisant entendre simultanément les notes de ces deux accords, on obtient le premier renversement de l'accord de 7^ème sur le second degré dont nous avons parlé plus haut.

La dominante porte accord parfait car, nous l'avons vu, c'est la fonction tonale la plus importante après la tonique et avant la sous-dominante.

L'accord de $^{6}_{4}$ précédant l'accord parfait sur la dominante est une véritable appogiature double de l'accord parfait sur ce même degré. L'enchaînement de la dominante à la sus-dominante détermine une cadence rompue, véritable cadence évitée, puisque l'on se porte vers une tonique étrangère. Dans ce cas la sus-dominante porte l'accord parfait. Portant accord de 6^te ce degré n'apparaît que comme fonction de sous-dominante.

L'accord de 6^te ou de $\not{5}$ sur la sensible s'explique comme fonction de dominante, puisque, nous l'avons vu, l'accord de $\not{5}$ n'est que le fragment de l'accord de $^{7}_{+}$.

Il va de soi que les accords de $^{7}_{5}$ et de $\not{7}$, ainsi que leurs renversements, s'expliquent comme fonction de dominante; en effet nous avons déjà vu que les accords de septième de sensible se ramènent à des accords de septième de dominante, dont ils forment le retard ou l'appogiature.

Remarquez bien que si théoriquement il est vrai que les accords de quatre sons soient formés par l'adjonction d'une quatrième note à l'accord de trois sons, dans la pratique il n'en va pas de même; certains accords de trois sons apparaissent comme des accords de quatre sons, dont on a retranché la note fondamentale. Remarquez également que les cadences sont formées par le mouvement des trois degrés importants l'un vers l'autre; que toute modulation s'opère par le mouvement d'une dominante vers une tonique, ou d'une dominante vers une autre dominante.

L'élève devra donc étudier avec soin ce chapitre; il comprendra que l'accord n'est pas un simple échafaudage de sons, établi et classé d'une façon arbitraire par les théoriciens, mais que c'est un organisme recevant la vie et le mouvement par cette loi mystérieuse de la tonalité, à laquelle les musiciens obéissent la plupart du temps sans la connaître.

---

# III

# Tableau des accords à employer sur chaque degré.

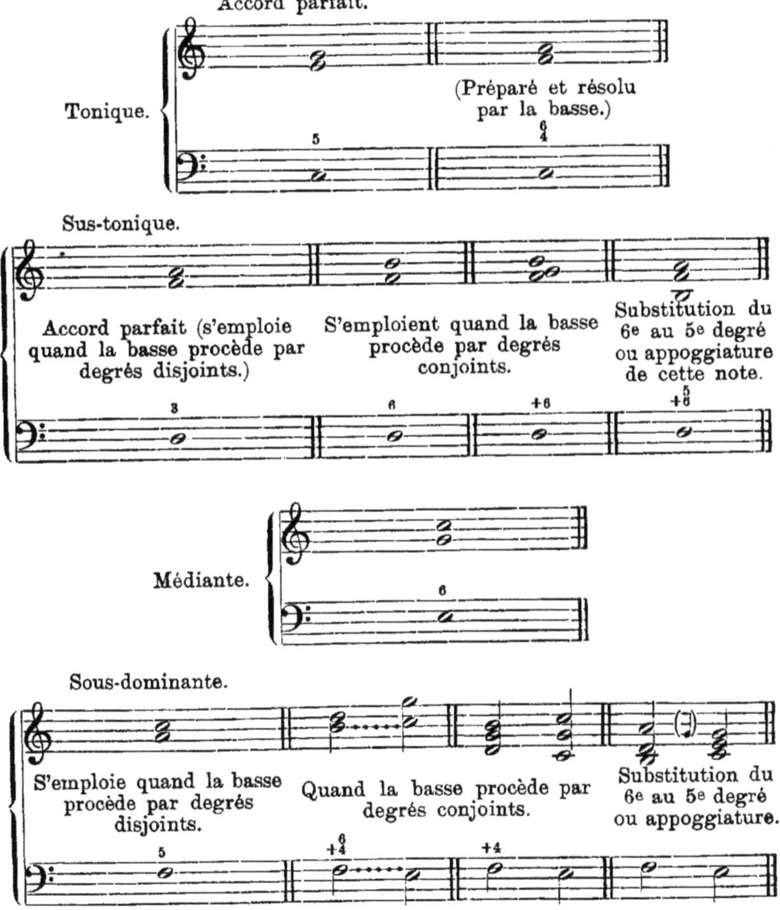

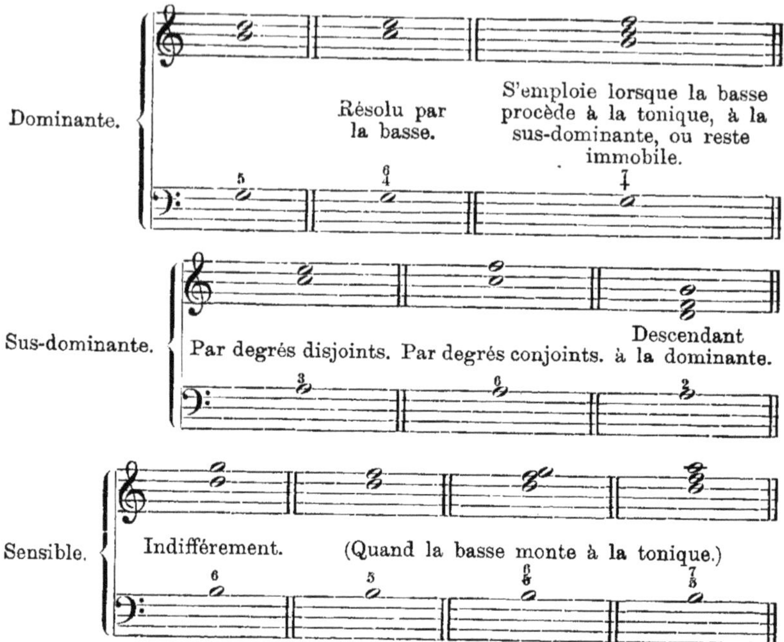


«Plusieurs mesures forment la période musicale, répartie aussi en deux moitiés égales, l'une montante, qui aspire à s'élever jusqu'à la dominante et l'atteint presque toujours, l'autre descendante, qui apporte le calme et retombe sur le ton fondamental

«L'élément rythmique suppose une mesure donnée; de même l'élément harmonique suppose le ton fondamental: il consiste ensuite à s'en écarter, à parcourir tous les sons de la gamme, jusqu'à ce qu'il atteigne, après des évolutions plus ou moins longues, un degré harmonique, le plus souvent la dominante ou la sous-dominante, qui lui procure un demi-repos. Puis il revient, par un chemin d'égale longueur, au ton fondamental, où il trouve le repos parfait. Mais ces deux circonstances, l'arrivée au susdit degré et le retour au ton fondamental, doivent encore coïncider avec certains moments du rythme privilégiés, sans quoi l'effet est manqué; ainsi, de même que la suite harmonique des sons demande certaines notes, la tonique d'abord, puis la dominante, etc., de même le rythme exige de son côté certains temps, certaines mesures et parties de mesures en nombre fixe, que l'on appelle les temps forts, favorables ou accentués, par opposition aux temps faibles, contraires ou non-accentués; or il y a désaccord entre les deux éléments lorsque les exigences d'un seul des deux sont satisfaites; il y a réconciliation lorsque les exigenres des deux sont satisfaites à la fois et du même coup.

«En d'autres termes, cette série de notes, qui court à l'aventure avant d'atteindre un degré plus ou moins harmonique, ne doit y parvenir qu'après un nombre déterminé de mesures, et de plus sur un temps fort, pour y trouver un certain repos; de même le retour à la tonique doit s'effectuer après un nombre égal de mesures, et toujours sur un temps fort, pour qu'il y ait satisfaction complète. Aussi longtemps que la coïncidence nécessaire entre les satisfactions des deux éléments ne se produit pas, le rythme a beau suivre sa marche régulière, et de leur côté les notes convenables ont beau se présenter et se représenter, nous n'obtiendrons pas l'effet d'où naît la mélodie.

. . . . . . . . . . . . . . . . . . . . . . . . . . .

«A proprement parler, il n'y a dans toute la musique que deux accord fondamentaux: l'accord dissonant de septième et l'accord parfait harmonique; tous les autres peuvent s'y ramener.

*(Le monde comme volonté et comme représentation.)*
(Schopenhauer.)

---

# Exercices pour l'étude des accords.

## A. Basses chiffrées.

Pour l'étude des accords de trois sons fondamentaux.

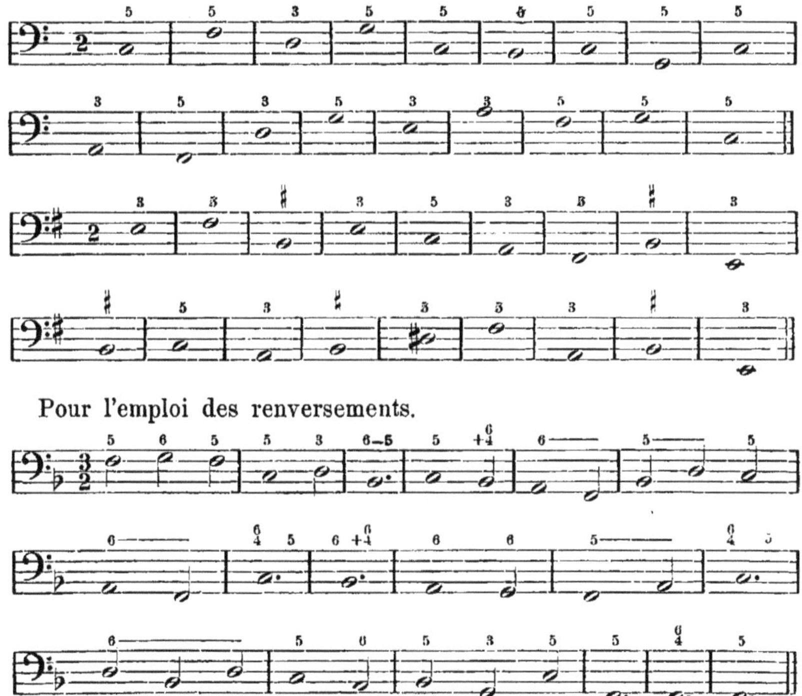

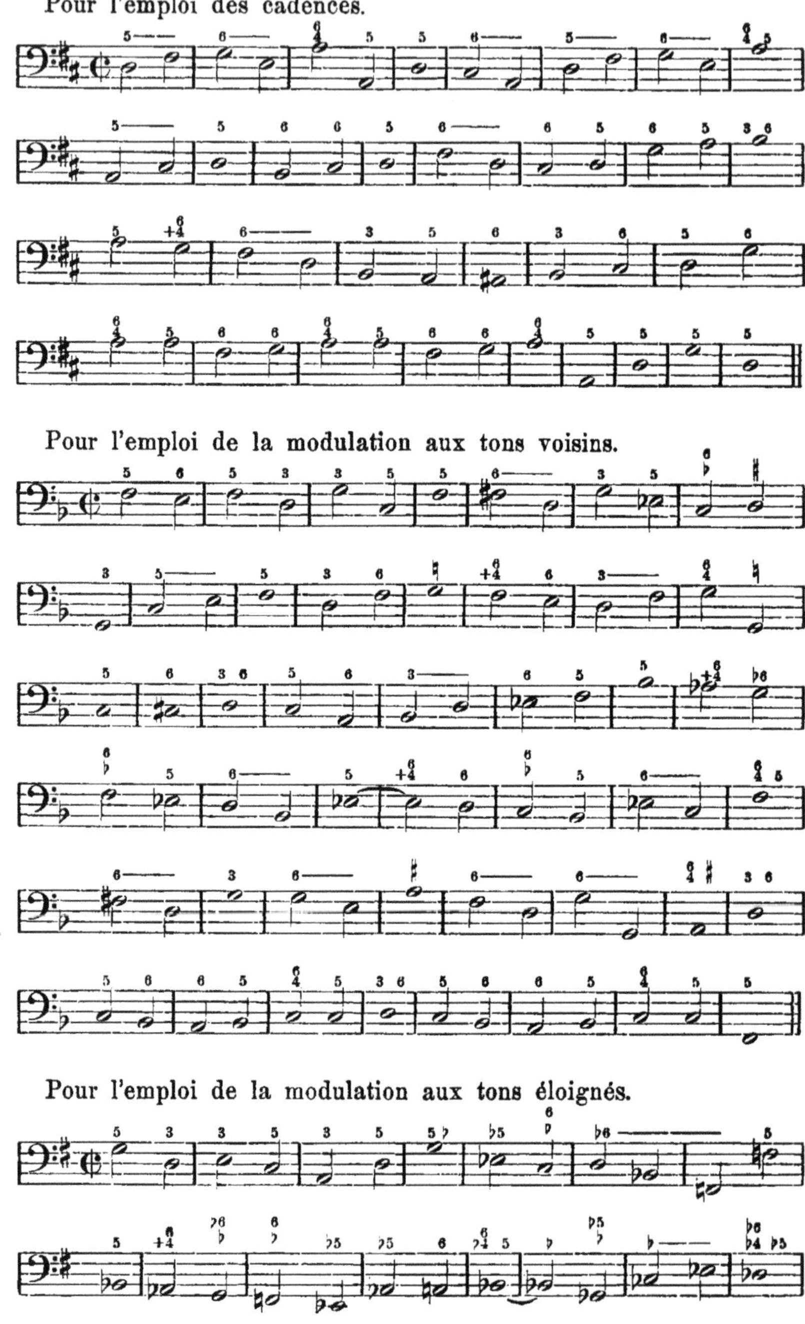
Pour l'emploi des cadences.
Pour l'emploi de la modulation aux tons voisins.
Pour l'emploi de la modulation aux tons éloignés.

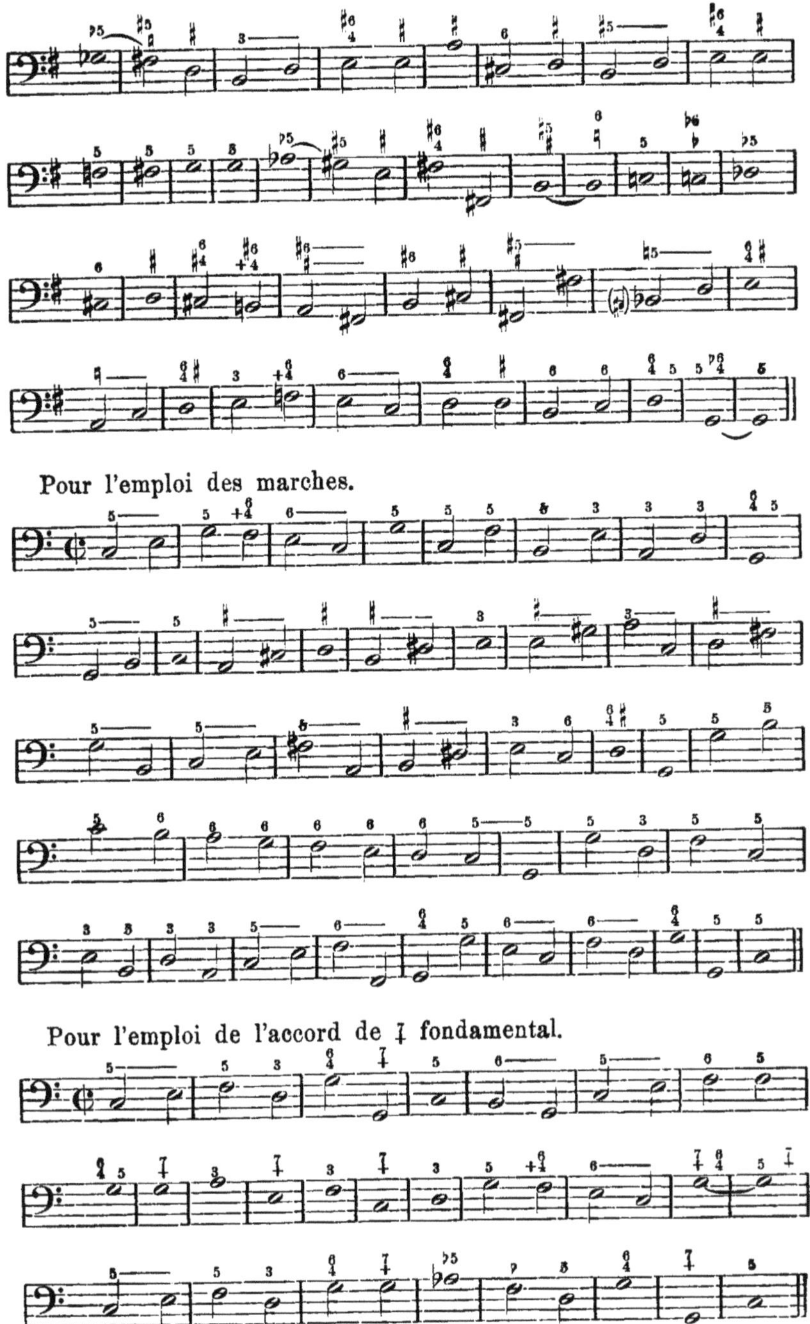

Pour l'emploi des marches.

Pour l'emploi de l'accord de $\frac{7}{+}$ fondamental.

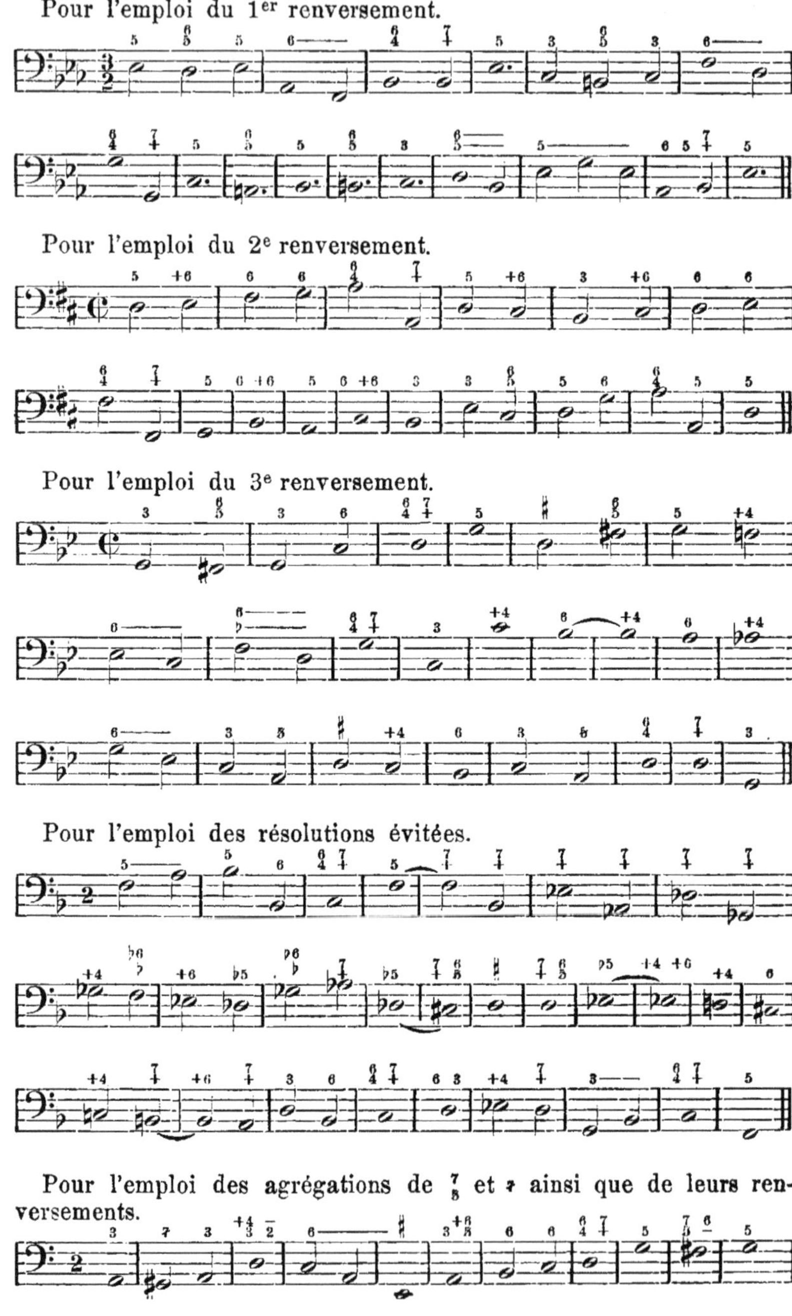

Pour l'emploi du 1er renversement.

Pour l'emploi du 2e renversement.

Pour l'emploi du 3e renversement.

Pour l'emploi des résolutions évitées.

Pour l'emploi des agrégations de $\frac{7}{5}$ et + ainsi que de leurs renversements.

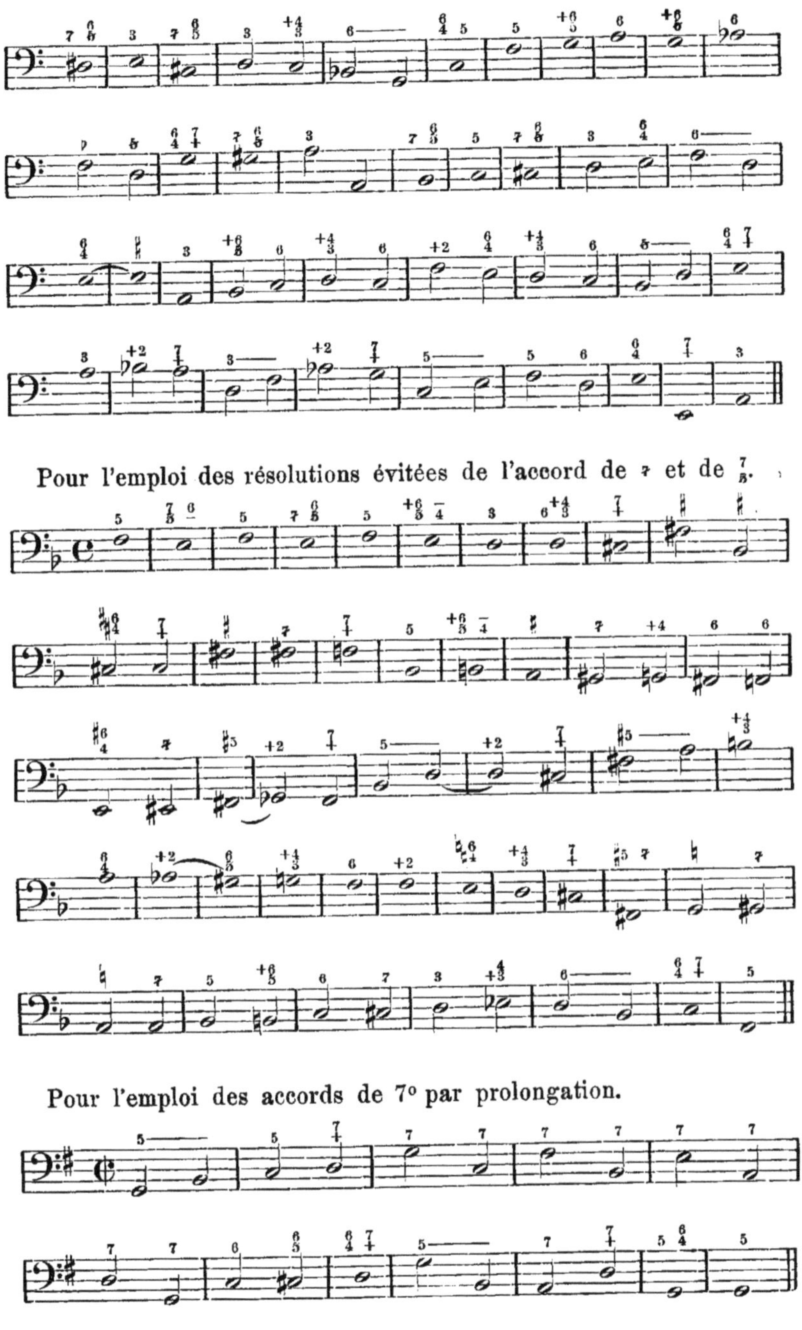
Pour l'emploi des résolutions évitées de l'accord de 7 et de $\genfrac{}{}{0pt}{}{7}{5}$.
Pour l'emploi des accords de 7° par prolongation.

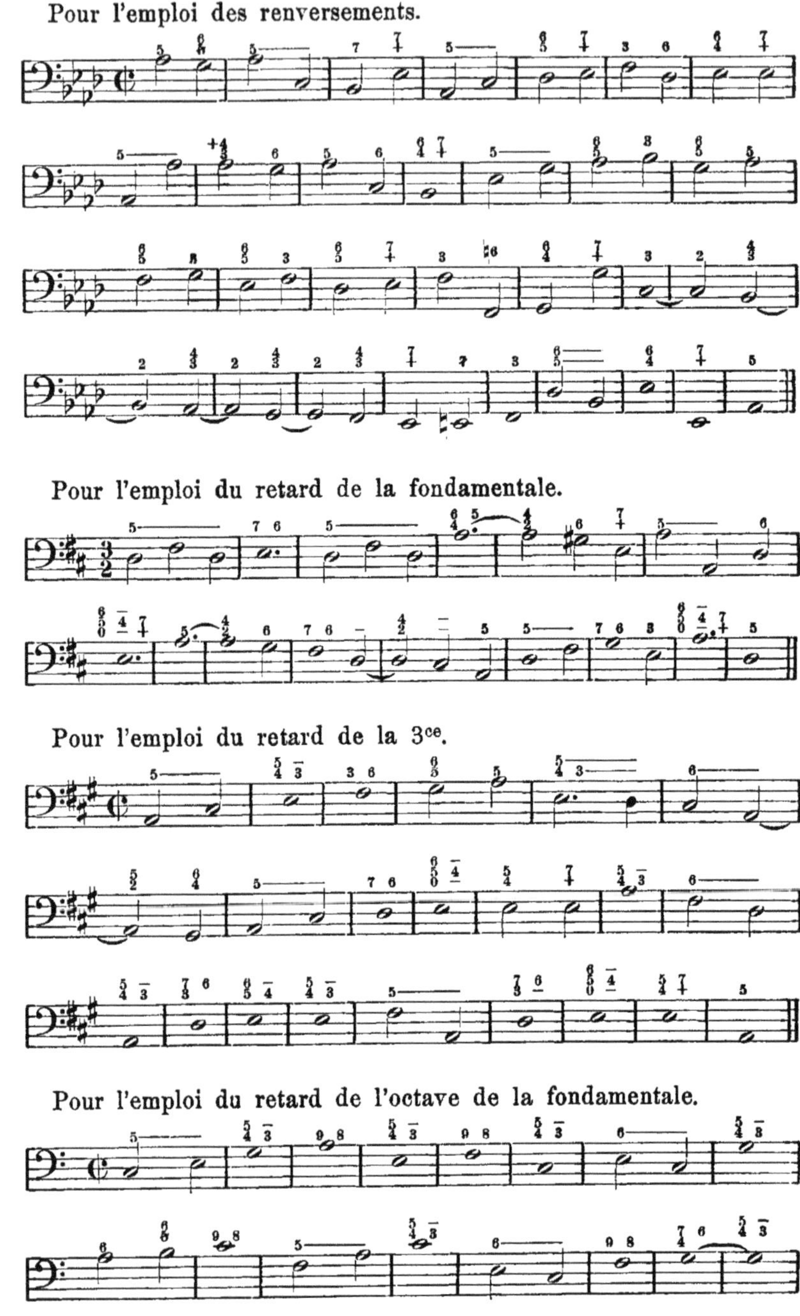
Pour l'emploi des renversements.
Pour l'emploi du retard de la fondamentale.
Pour l'emploi du retard de la 3ce.
Pour l'emploi du retard de l'octave de la fondamentale.

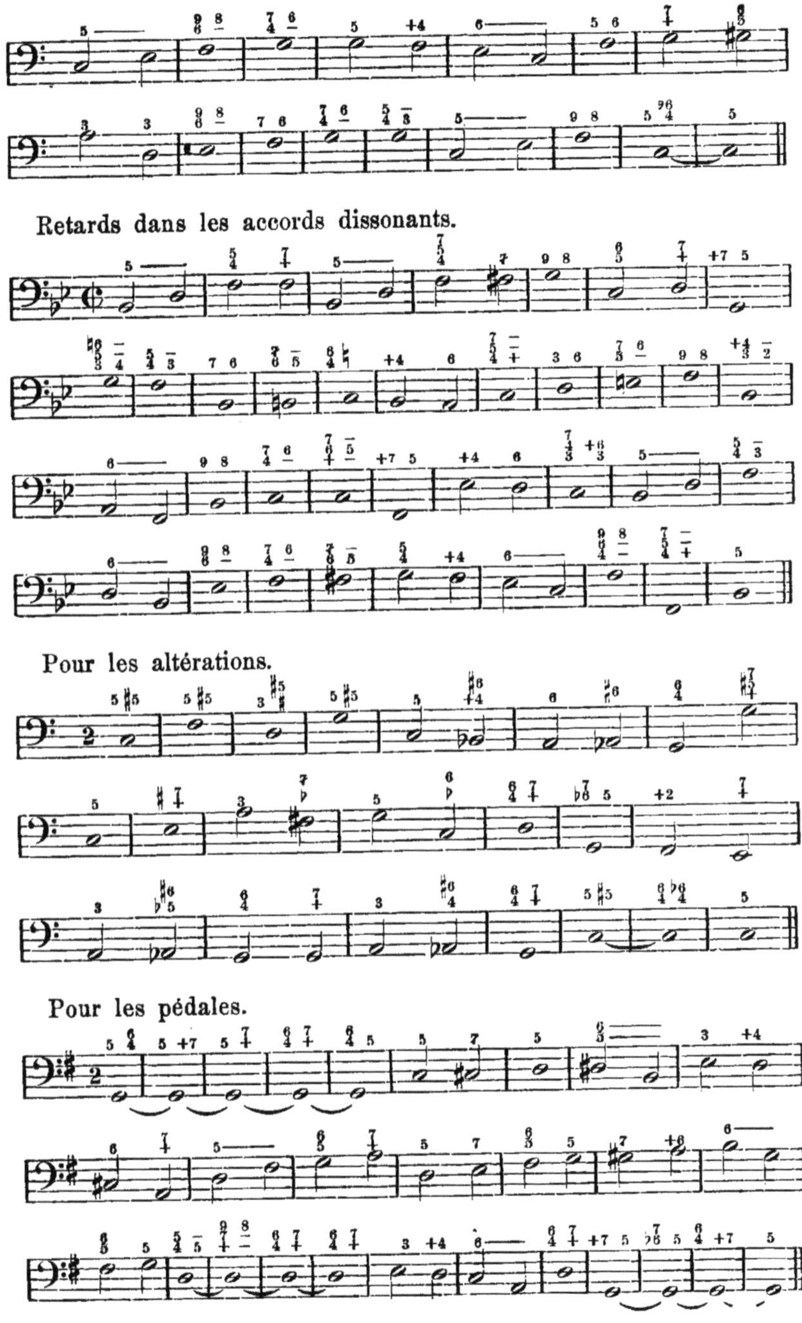
Retards dans les accords dissonants.
Pour les altérations.
Pour les pédales.

Pour l'emploi des notes de passage.

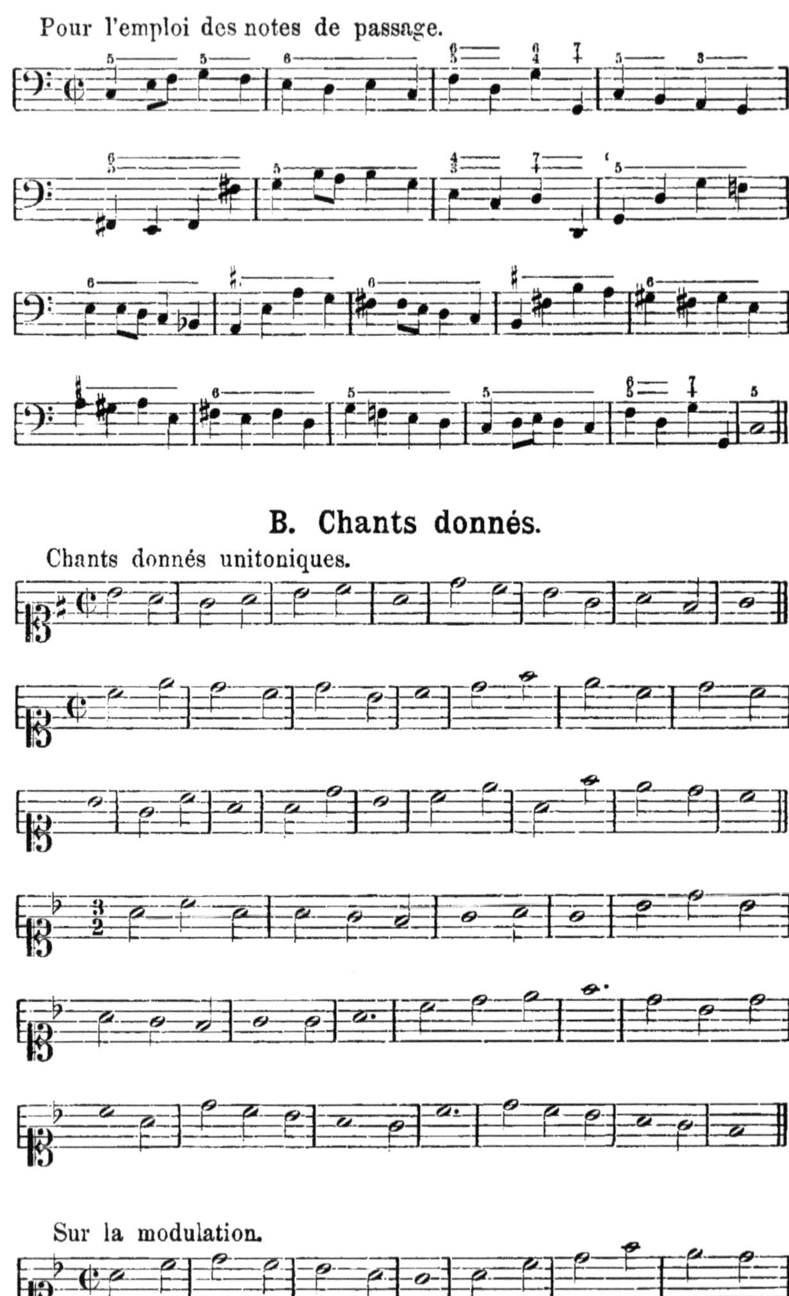

## B. Chants donnés.

Chants donnés unitoniques.

Sur la modulation.

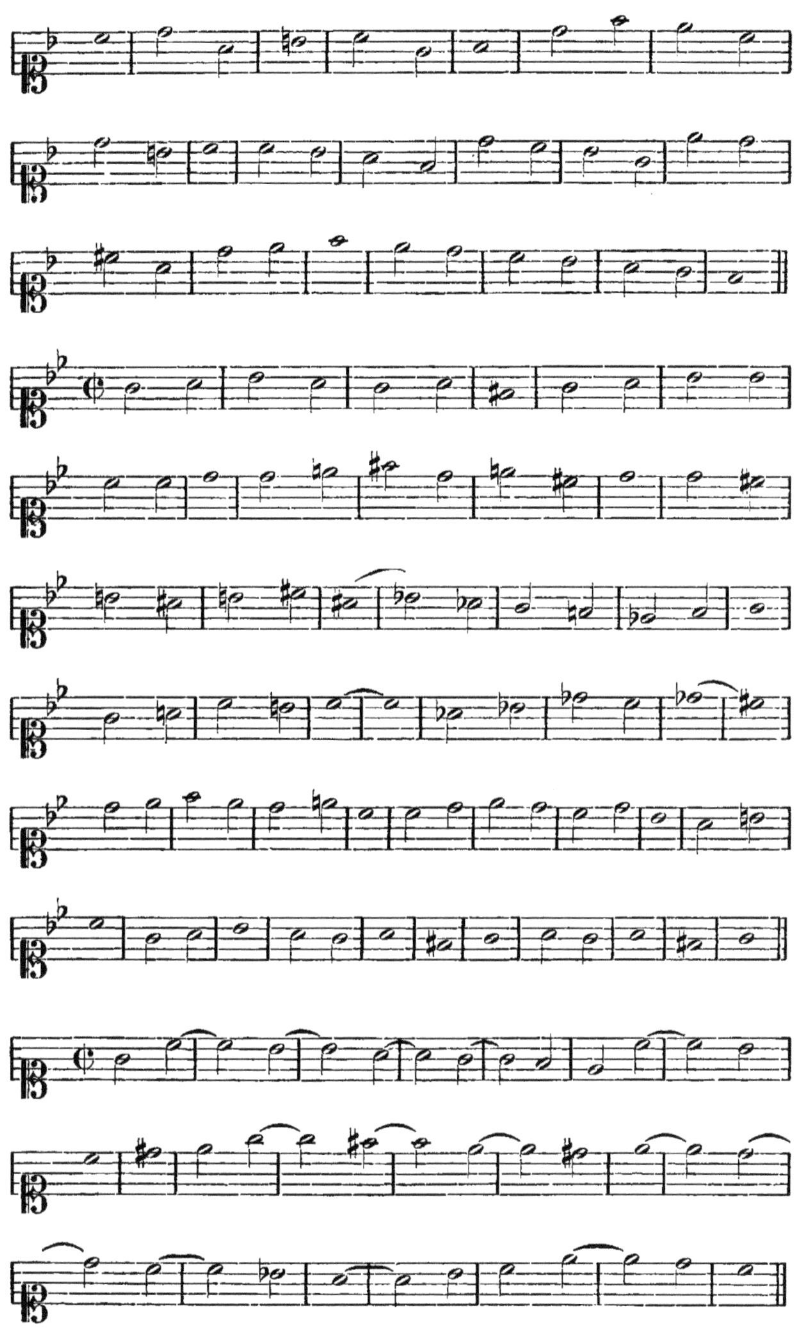

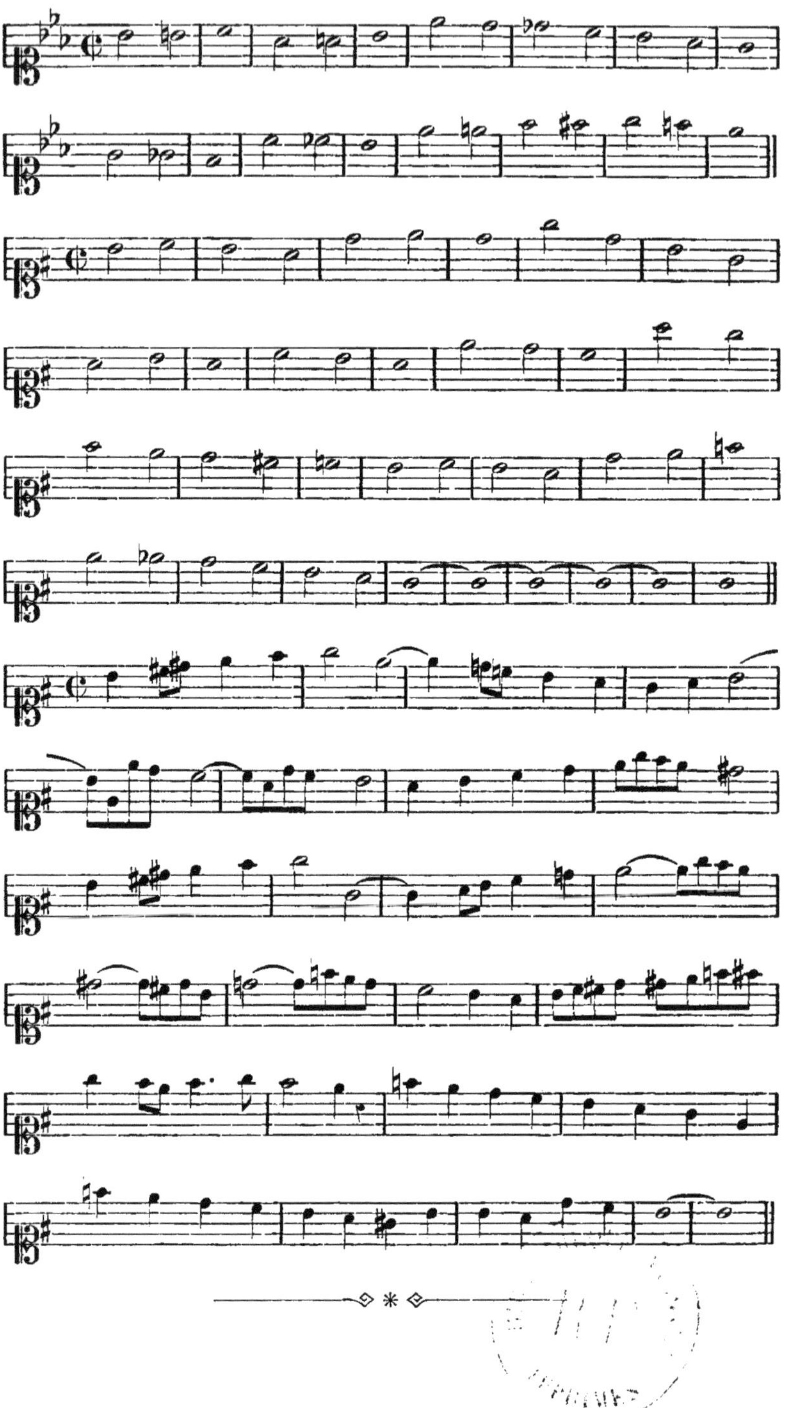

www.ingramcontent.com/pod-product-compliance
Ingram Content Group UK Ltd.
Pitfield, Milton Keynes, MK11 3LW, UK
UKHW021824190726
13853UKWH00003B/1180